中华英杰 **章太炎**

为纪念章太炎先生诞辰 150 周年而作

卓介庚 著

红旗出版社

图书在版编目(CIP)数据

中华英杰章太炎 / 卓介庚著. — 北京:红旗出版社,2019.1
ISBN 978-7-5051-4830-7

Ⅰ.①中… Ⅱ.①卓… Ⅲ.①章太炎(1869-1936)-传记 Ⅳ.①B259.25

中国版本图书馆CIP数据核字(2019)第000111号

| 书　　名 | 中华英杰章太炎 | | |
| 著　　者 | 卓久庚 | | |

出 品 人	唐中祥	责任编辑	赵　洁
总 监 制	褚定华	文字编辑	曾晓蓉
总 策 划	徐　澜	责任印务	金　硕
封面设计	乐读文化		

出版发行　红旗出版社
地　　址　(北方中心)北京市朝阳区化工路18号　邮编100023
　　　　　(南方中心)杭州市体育场路178号　邮编310039
编 辑 部　0571-85310198
E-mail　21802151@qq.com　　发 行 部　(北京)010-57270296
　　　　　　　　　　　　　　　　　　　　(杭州)0571-85311330
欢迎项目合作　项目电话　(北京)010-57270296
　　　　　　　　　　　　　(杭州)0571-85311330
图文排版　杭州兴邦电子印务有限公司
印　　刷　杭州高腾印务有限公司

开　　本	710毫米×1000毫米	1/16	
字　　数	24千字	印　张 15.75	插　页 4
版　　次	2019年7月北京第1版	2019年7月杭州第1次印刷	

| 书　　号 | ISBN 978-7-5051-4830-7 | 定价:56.00元 |

章太炎像　杭州名人纪念馆提供

青年章太炎　杭州名人纪念馆提供

晚年章太炎　杭州名人纪念馆提供

章太炎与汤国黎结婚照　杭州名人纪念馆提供

章太炎、汤国黎（后排左一）与两位太
夫人合影　杭州名人纪念馆提供

章太炎全家福　杭州名人纪念馆提供

章太炎书法"养气慎言" 杭州名人纪念馆提供

章太炎书法"短歌行" 杭州名人纪念馆提供

章太炎苏州故居　杭州名人纪念馆提供

余杭仓前章太炎故居　作者提供

章念驰先生(左)与作者合影　作者提供

我的祖父章太炎

　　我的祖父章太炎,被世人誉为泰山北斗,如同一座大山。他的功绩太大,被誉为中华八十二英杰之一;他的学问太高,被誉为"五百年才出一位"的伟人。人们敬畏他,但很少人愿意去攀登这座高山,因为这比研究其他历史人物要多下数倍工夫。章太炎研究成了少数学术精英的专利,以至于长期以来他的家乡——杭州乃至浙江几乎拿不出一部高质量的研究章太炎的学术著作,更不要说他的出生地杭州余杭。

　　如今,终于不再遗憾了。余杭的一位学者卓介庚先生近日完成了《中华英杰章太炎》,这是一部有质量的学术著作,史实清楚,条理清晰,纠正了不少历史传讹,还原了一个真实的章太炎。此书对章太炎的功过评价实事求是,对他的学术成就介绍详尽,而且以通俗文字做了娓娓叙述,可读性强。该书一改章太炎研究的引经据典、注释林立的晦涩,既是一部正宗的学术著作,又是一部雅俗通赏的文学作品,满足了余杭区政府一直想创作一部作品来介绍章太炎的愿望,真是值得称道。这是对余杭、对杭州、对浙江文化发展的一大贡献。

　　要创作这样一部作品是非常不易的,首先要参考众多资料,吸收各方研究成果,卓介庚先生做到了。他过去创作过多部以章太炎为题材的文学作品,这为他奠定了很好的写作本书的基础。其次,这部作品结构严谨,文字流畅,一气呵成,而且还用夹述夹议的方式,将章太炎的诗夹在文中,更好地表达了章太炎的心路历程,十分成功。

　　我是章太炎的孙儿,说起来也从事了几十年的章太炎研究,所以卓介庚先生第一时间将自己的作品请我审阅,让我先睹为快,并请我作序,我觉得这一切都是我应尽的义务。

　　是为之序。

章念驰

2018年8月16日

（本文作者为章太炎之嫡孙,曾在上海社科院历史所工作,现为上海东亚研究所所长）

我为什么要写章太炎

2019年是章太炎诞辰150周年,章太炎是一位在浙江余杭出生的英杰。从发现良渚文化以来的五千年历史中,余杭还没有出现过第二个像他这样称得上英杰的人。因此,余杭人说到章太炎,总是感到特别亲切、特别自豪。

1981年,胡耀邦同志在纪念辛亥革命70周年大会上代表中共中央讲话,讲到辛亥革命时期34位风云人物,章太炎便是其中之一。《人民日报》在当年3月19日《爱国主义是建设社会主义的巨大精神力量》一文中,说到中华民族历史上82位杰出人物时,也说到了章太炎。

2017年9月,历经40年的搜集整理,一部比较完善的《章太炎全集》,由余杭区人民政府和上海人民出版社合作出版,分三辑,共20卷,680万字。这是对章太炎最好的纪念,也是对太炎精神最好的传承。

读章太炎的书,是每个热爱章太炎的读者的共同愿望。然而,真要读懂章太炎的原文著作,对一般读者来说太难。20多年

来,我读了许多介绍章太炎的书,写了长篇传记《章太炎》(由西泠印社出版社出版),写了长篇小说《太炎传奇》(由中国文联出版社出版),写了电视专题片文本《国学泰斗章太炎(上下集)》(由浙江省电视台和余杭电视台联合摄制并播出),电视专题片《卓介庚和他的"太炎传奇"》(由中国黄河电视台传送美国斯科拉卫星电视网转播)。我还在老年大学和电视讲座系统讲解章太炎的生平事迹,并在报刊发表论述章太炎的文章10余篇。

我写章太炎,完全出于一种敬仰之情,每读一次关于章太炎的书,我都会激情澎湃,不能自已。我敬重他对祖国、对人民的无比热爱,敬重他对中华文化的执着追求,敬重他奋不顾身、视死如归的奋斗精神,敬重他倔强固执、百折不挠的钢铁意志,同时也正视他的缺点和错误。因此,我要一而再,再而三地写章太炎。

近年来,学术界又出版了许多关于章太炎的新著,特别是章太炎的嫡孙章念驰先生撰写的《我的祖父章太炎》《我所知道的祖父章太炎》《章太炎生平与学术(上下集)》《面壁集》等著作,丰富了相关的史料,也澄清了一些原来模糊甚至错误的说法,读后大有裨益。余杭的章太炎故居多次举办学术讨论会,各地学者发表很多有意义的文章,对章太炎研究提供了许多有价值的资料。

海内外学术界对章太炎的研究已经相当深入。我的写作目标是面向大众，面向具有中等文化水平的普通读者，写一部通俗的普及读本。现在各地都提倡讲好中国故事，我以为浅近地讲好章太炎非凡的一生，即是最好的中国故事之一。我尽量避免大量引证章太炎著作的原文，改用轻松的语言作出正确的表达。对必须引用的诗文，参考专家的评析略加解释。在我心中，章太炎实在太伟大了，他极其丰富的知识往往是常人无法复述的；他卓然不群的性情、超凡脱俗的才华，是今天的人们所无法想象的；他在20世纪初的复杂政坛上所展现的叱咤风云的形象、呼啸猛进的风采，简直是无法复制的神话。章太炎的一生，时时处在躁动不安的状态，他要凭借一腔热血，使冷却的中国渐渐解冻，用生命开启新的时代。他的行动锋利激进，无所顾忌，就像飓风过岗，扫荡一切。他的作品是惊奇，是放肆，是大刀阔斧，无人可挡。对于这部作品，我只能尽力而为，因为在章太炎先生的文字前，我没有能力写得更好。

本书附录二《章太炎大事年表》摘于徐立亭著《晚清巨人传章太炎》，在此致谢！

卓介庚

2018年8月8日

目录
contents

序 / 1

前言 / 3

章家是仓前镇上的乡绅大户 / 1

　　章太炎的故乡与故居 / 1

　　曾祖父与祖父含辛茹苦创建家业 / 2

　　父亲章濬的曲折人生 / 3

　　外祖父朱有虔 / 6

酷爱经学的章家三公子 / 7

　　藏在名字中的丰富含义 / 7

　　最爱读书的神童少年 / 8

　　外祖父的教育和影响 / 9

　　科举考试的叛逆者 / 11

　　在古文化中自由遨游 / 12

　　潜移默化中播下反清种子 / 12

　　忘不了父亲的遗言 / 13

在诂经精舍中苦读儒学经典 / 15

一所造就经学人才的学院 / 15

经学家俞樾的不平凡经历 / 16

严肃的学院制度和学习风气 / 17

孜孜不倦、发愤苦读的七年 / 18

与侍妾王氏的一段婚姻 / 20

结识了不少良师益友 / 21

波翻浪涌的国家大势 / 22

《新学伪经考》是怎样一部书 / 24

毅然决然地走出书斋 / 25

从时务报馆走上维新之路 / 27

两篇引起关注的文章 / 27

初闻孙中山大名就引为知己 / 28

与康门弟子发生激烈冲突 / 29

敢与湖广总督直言相抗 / 32

几番办报,寻找维新救国之路 / 32

国难当头,向李鸿章进言 / 34

武昌之行,看清了封建卫道士的嘴脸 / 34

变法失败,长诗祭奠"六君子" / 38

避祸台湾的半年 / 42

进入《台湾日日新报》任编撰 / 42

与康、梁之间的友好交往 / 44

在台湾文化界交朋友 / 45

初编论文集《訄书》/ 47

不满报社,离开台湾 / 48

与孙中山第一次见面 / 50

在横滨见到孙中山 / 50

讽刺投机政客梁鼎芬 / 52

《菌说》是对唯物论的弘扬 / 53

对维新党人发出忠告 / 53

割辫易服,向清政府示威 / 56

对顽固派的迎头痛击 / 56

进入《亚东时报》任编务 / 56

又一次逃脱清政府的追捕 / 57

与改良派彻底决裂 / 58

悼念维新烈士唐才常 / 61

在东吴大学疾呼反清 / 63

与吴保初的深情厚谊 / 63

义正词严,撰写《正仇满论》/ 65

与恩师俞樾断绝师生关系 / 66

向学生鼓吹反清言论 / 67

与孙中山结盟,共同反清 / 69

与梁启超一场面对面的争论 / 69

孙中山在横滨设宴欢迎 / 70

用南明永历帝的覆灭做文章 / 71

大刀阔斧地删改《訄书》/ 73

三年西牢显示不屈斗志 / 76

爱国学社聚集了一群革命师生 / 76

震动社会各界的革命檄文 / 78

监狱中不屈不挠的斗争 / 80

为歌颂孙中山的书题词 / 83

坚持斗争到第三年 / 84

主持《民报》,为反清革命大造舆论 / 87

一场精彩绝伦的演说 / 87

与康、梁改良派的大决战 / 89

同盟会高层领导出现裂痕 / 91

《民报》被日本政府封禁 / 93

东京重建光复会总部 / 94

东京讲国学,激发留学生的爱国心 / 96

在东京办起国学讲习会 / 96

向印度讲师密史逻学梵文 / 98

在艰难困苦中坚持 / 98

《民报》封禁后,专心撰写新著作 / 100

在民国初年的政治漩涡中 / 102

武昌起义出人意料的成功 / 102

章太炎回国指导革命 / 103

民国政府成立,章太炎被排斥内阁之外 / 107

与南京临时政府意见相左 / 108

对袁世凯抱有幻想 / 110

出任东北筹边使的沮丧 / 112

章太炎关注东北局势 / 112

在东北筹建中处处碰壁 / 113

宋教仁之死的警醒 / 114

受到上海革命党人的热烈欢迎 / 116

袁世凯的笼络之计 / 117

与袁世凯彻底决裂 / 118

与女诗人汤国黎结为夫妇 / 119

诗人兼社会活动家汤国黎 / 119

在爱俪园举行隆重的婚礼 / 121

被袁世凯幽禁北京三年 / 123

孙中山发动"二次革命" / 123

章太炎"时危挺剑入长安" / 124

怒气冲冲大闹总统府 / 126

在龙泉寺绝食抗议 / 127

汤国黎保存的"两地书" / 132

将《訄书》删改成《检论》 / 133

长女在忧郁中自缢身死 / 134

一封大骂袁世凯称帝的"劝进书" / 134

章太炎第二次出逃失败 / 135

袁世凯逝世,章太炎终于获释 / 136

随孙中山护法讨逆,出征西南 / 137

孙中山酝酿新的革命运动 / 137

成立护法讨逆军政府 / 139

不顾千难万险赴西南 / 140

形势急变,护法运动终归失败 / 142

在各省军阀中推行"联省自治" / 144

面对军阀混战的复杂局面 / 144

试图以"联省自治"医"国病" / 145

黎元洪授予他"勋一位"的大勋章 / 146

驱逐"贿选总统"曹锟的说客 / 146

他成了各省军阀的座上宾 / 148

创办《华国月刊》 / 149

与孙中山的新政策逆向而行 / 151

孙中山的第一次北伐 / 151

反对"联俄联共"新政策 / 152

孙中山为国事抱病北上 / 154

章太炎撰联悼念孙中山 / 155

在被通缉的压力下重返书斋 / 158

一个爱国者的仗义执言 / 158

成立"反赤救国大联合" / 159

揭露蒋介石的倒行逆施 / 160

无奈之下的文化逸民 / 160

国民党党部的第一次通缉 / 161

对时局的愤慨和迷茫 / 162

又一次被国民党党部通缉 / 163

隐居书斋的日子 / 164

居住上海时的家庭生活 / 166

居所几次迁徙,夫妻琴瑟和鸣 / 166

住南阳桥时家境最为清贫 / 168

十分注重对两个儿子的教育 / 169

以祖传《家训》教诲子孙 / 170

抗日烽火中的英雄气概 / 171

日军三个月占领东北全境 / 171

章太炎发出抗日的呼声 / 172

全力支持十九路军的英勇抗战 / 173

以衰老之身北上责问张学良 / 175

为"国联"提供强有力的历史证据 / 176

坚决支持冯玉祥将军抗战到底 / 177

痛斥汤玉麟丢失热河之罪 / 178

鞭挞蒋介石的不抵抗主义 / 179

支持中国共产党的抗日主张 / 179

在苏州开办章氏国学讲习会 / 182

全家迁往苏州定居 / 182

颇具规模的国学讲习会 / 183

简易淡泊的晚年生活 / 184

一万元大洋充作办学经费 / 186

弟子黄侃去世,他伤心至极 / 186

他也是知过能改的人 / 187

晚年寿宴上说起玩笑话 / 188

一代英杰的终结 / 190

临终留下爱国家爱民族的遗愿 / 190

英杰长辞,举国同悲 / 191

国葬遥遥无期 / 194

汤国黎忠贞如玉的骨气 / 195

人民政府厚葬章太炎 / 196

革命业绩和学术成就永世长存 / 198

举世无双的学术成就 / 200

近现代的大学问家 / 200

集清代三百年之大成的小学 / 200

坚持"六经皆史"的观点 / 202

全面研究诸子百家 / 203

对中国历史学特别精研 / 205

用无神论改造佛学 / 206

欣赏和效法魏晋文学 / 209

在医学上留下的宝贵遗产 / 210

深入探索国家制度和法律 / 212

书法上有独特的风格 / 213

附录一　章太炎的夫人及子孙 / 215

章太炎的夫人汤国黎 / 215

章太炎的子孙 / 218

章太炎的女儿和外孙、外孙女 / 220

附录二　章太炎大事年表 / 221

附录三　参考书目 / 235

❀ 章家是仓前镇上的乡绅大户

▌章太炎的故乡与故居▐

章太炎出生于浙江余杭县仓前镇。余杭历史悠久，早在5000年前，这里就是良渚文化的重要发祥地。余杭之名，春秋时已见之史册。公元前221年，秦朝建立，推行郡县制，余杭县位列其中，至今已有2200多年了。

余杭县地处杭嘉湖平原南端，与杭州山水相连。明清时，县治所在地为余杭镇，镇东十里即是仓前镇——这里是南宋时杭州的"粮仓"。南宋绍兴二年（1132年），杭州府在此建临安便民仓。仓前方圆几十里皆是良田，所产粮食都储存在这一带的粮仓中。杭州居民用粮或贡奉朝廷的粮食都从这里运出去。古时候，人们以南为前，这里的镇区在粮仓之南，所以称仓前。

仓前境内，余杭塘河贯穿全镇，向东流到杭州卖鱼桥，与京杭大运河连接。镇西有苕溪流过，水利十分方便。镇的西南边缘有宋家山、万金山，与东北角的寡山、吴山相对峙，中间一大片水乡平原，水网交织，土地肥沃。春夏之交，油菜花开，黄澄澄一片。到了秋季，稻谷飘香，是一个山川秀丽、物产丰富的地方。

章太炎的故居坐落在仓前镇上。故居在街市的中段，坐北朝南，面临官塘河，隔河相望就是大片的农田。整座房子全是木质结构，四进一边弄。前面三幢房屋是清朝乾隆年间建造的，四进房子，一进比一进高，后楼

地基比前厅地基高一米多。第一厅是平房,两边房一过道,清代时作为轿厅。章太炎的上一辈人进余杭镇十余里,都是坐轿进县城的。第二厅也是平房,三间一边弄一厨房,正厅是接待宾客的,窗棂雕花,木板铺地,陈设雅致,厅正中高悬"扶雅堂"的木匾。"扶雅堂"三字是章太炎祖父章鉴的手笔,含有不入俗流、扶持正义的意思。第三厅是二层楼房,底楼为家人日常居所,东侧经过边弄即是书房。楼上是主人卧室,章太炎就出生在这里。第四厅是辛亥革命后建造的二层楼房,因家庭人口增加而扩建的。至今,章宅经历了200多年的风雨洗礼,依旧完好无损,保留着当年的历史风貌。现在这座故居是国家级重点文物保护单位。

曾祖父与祖父含辛茹苦创建家业

章家世代书香传承,历代有家谱延续,因此谱系比较清晰。据章太炎在《先曾祖训导君先祖国子君先考知县君事略》一文中自述,早在明朝洪武年间,章家的先祖从桐庐分水迁来仓前,距章太炎的时代已500多年了。

章太炎的曾祖父章均,字安圃,一作安溥,生于清朝乾隆中期。章均继承祖上的遗业,又苦心经营数十年,家境殷实,有田地、房屋、牲畜等资产,在仓前成为富户。章均年轻时,是余杭县学的增广生,类似"计划外"的秀才,实际上增广生也有定额,是经过考试才录取的。后来任训导官,到浙江海盐县负责教育方面的事务。

章均回仓前后,因经营有方,家产富足,出巨资在余杭东门桥北、白塔寺前,建了一所苕南书院,招收余杭四周的书生,是余杭附近的有名学府。之后他又买进田产千亩,稼穑之事颇具规模。他辟出一部分田亩设立章氏义庄,以义庄的收入赡养族中的孤寡、残疾人和老人,每月提供粮食,穷人的婚丧之事由族中开支。他又开设家塾,供章氏子弟免费读书。当时仓前已有章氏宗族300余人,依靠章均的精心操持,章氏一族过着比较富足的生活。章均生活节俭,经常训诫后辈不许沉溺于华衣美酒,或染上其他不良嗜好。章均在道光十二年(1832年)去世,享年63岁。留下六房子孙。

章太炎的祖父章鉴,字聿铭,自署晓湖,生活在清朝嘉庆至咸丰年间。曾攻读于余杭县学,为附学生员,简称附生,即是初入县学的学生。后成为国子监的学生,相当于今天的大学生,但按当时的制度,这只是一种身份,不要求到校读书。章鉴生于1802年,死于1862年,享年60岁。在兄弟六人中,他排行最小,所以故居墙界石上刻有"章六房界",这是父亲留给他的房产。章鉴生活的年代,依靠祖上留下来的家产,过着悠闲的读书人的生活。他特别喜欢搜集古籍书刊,家里收藏着宋、元、明各种版本的书籍约有5000卷之多。他在家督促子弟诵读古书,为维持这个"世代书香之家"付出了大量的心血。

章鉴精通医道,能为人治病。他年轻时,妻子生病,被庸医误诊而丧命。所以他遍购古今医书,发愤研读30年,终于成为一名良医。1860年,太平军占领仓前,有受伤的将官住在章家,经他治疗而痊愈。将官见章家满屋古书,知道是书香人家,怀有敬意,又兼有治病报恩的原因,遂下令保护章家的图书,不许损坏,所以几千册古籍才得以保存下来。

▌父亲章濬的曲折人生 ▎

章太炎的父亲章濬,字轮香,一作楞香,幼年好学不倦,能诗善文。中年遭遇战乱,家道中落,剩下田地30余亩。章濬生于1825年,1890年去世,享年65岁。他生活的年代正是清朝中后期,他进县学为廪生,享有拿生活补贴的读书资格。明清时,生员每月有粮食供应,且有一定名额,名额内的廪膳生员,简称廪生。太平军打下仓前后不久,他与父母及长子四处逃难,他没有携带贵重物品,却不忘携带《章氏家谱》,一路上靠行医勉强维持生活,一年后才回到家乡。

1863年,左宗棠率领清军镇压太平军,入驻余杭闲林镇,章濬专程赶去献地图,并陈述善后策略,得到左宗棠的赏识,后被任命为候选知县。他痛

章家是仓前镇上的乡绅大户

恨太平军流寇式的骚乱,希望早日过上太平日子。太平军败退后,他被推荐进入杭州府作为知府谭钟麟的幕僚。几年后,谭知府奉调河南任按察使,邀请章濬随同前往。章濬不愿远离家庭,便辞职回乡。

章濬在杭州时,曾在诂经精舍担任监院,职掌精舍监察事务,职务仅次于山长(又称院长)。他与山长俞樾关系很好,两人脾气颇为投合。章濬的学识与才能出众,现存1869年刊刻的《诂经精舍课艺文三集》上下两卷和1879年刊刻的《诂经精舍课艺文四集》16卷,就是由章濬和当时有名的汉学家孟沅、高学治等人校刊的。

章濬精通诗词,又长于医学,为乡邻诊治,不收分文,深受乡人敬重。晚年回到余杭县任县学训导。明清时在县学任训导官,协助同级学官教育所属的生员,相当于现在县级教育局副局长。彼时,余杭镇上有位人称"小白菜"的毕秀姑,与杨乃武交往甚密,毕秀姑丈夫葛品连突然中毒而亡。毒药从何而来?章濬受余杭知县刘锡彤的威胁诱使,劝说仓前"爱仁堂"药店老板钱坦假称向杨乃武出售砒霜,提供了伪证。杨案平反后,章濬受此牵连受革职处分。经过这番挫折,章濬从此闭门自读,与外界接触少了。

据说,他在闲暇愁闷之时,曾赋诗一首:

我有一间屋,不共热客逐。

松棚生阴凉,柴门少剥啄①。

清风徐徐来,枕书还倦读。

把卷自科头,微吟便坦腹。

…………

高卧侣羲皇②,静坐休贪沐。

夜凉明月生,飞过几蝙蝠。

①剥啄,敲门声,意谓客人来临。
②羲皇,是太古的人,指伏羲氏。

古人想象伏羲氏那样的人是无忧无虑，淡散闲适的。从这首诗可以猜测，也许章濬的晚年生活是寂寞清闲的。

章濬曾经立下家训，教导儿女如何为人和为学，主要有两条：第一，"妄自卑贱，足恭谄笑，为人类中最佣下者。吾自受业亲教师外，未尝拜谒他人门墙。汝曹当知之。"第二，"精研经训，博通史书，学有成就，乃称名士。徒工辞章，尚不足数，况书画之末乎？然果专心一艺，亦足自立，若脱易①为之，以眩俗子，斯即谓斗方②名士，慎勿堕入。"第一条指的是人格气节方面，做人不要下贱，去讨好别人的人是人类中最下等的。章濬说自己只有对老师亲近过，没有对其他人上门叩求过。第二条指的是学问方面，对历史与经典要努力学习，争取有所成就。技艺方面如果学好一门，对一生也是有用的。如果随便玩玩技艺书画之类，借以炫耀自己，这是不应该的。在小地方称为名士，这也是不可以的。章濬这种见识，不仅是对自己的道德规范，也深刻影响了后代，所以章太炎很注意自己的气节和人格。

章濬前后娶有两房妻子，原配夫人陆氏，育有二子，即长子章籛，又名炳森；次子章篯，又名炳业。兄弟两人都考取浙江乡试举人。陆氏亡故后，章濬续娶海盐县朱有虔之女朱氏为妻，育有一子一女，即炳麟、炳芹。章濬对子女严加督促，使得他们都学业有成。章籛任嘉兴儒学训导，后来随瓶窑名医仲学辂（字昂庭）学医。仲学辂曾被清廷所聘，传说给慈禧太后治过病，因此章籛的医术也较高明。章炳芹所嫁的余杭镇人张荫椿，考中进士后在朝廷为官，任铨分度支部福建司主事。度支部是户部下面分管财政收支的机构，张荫椿分管福建省的财政。主事相当于七品官员。章太炎的先辈和父兄都没有显赫的功名，但都向往仕途，这在旧时代是知识分子的共同追求，把科考为官作为唯一的前途。

---

①脱易，指轻率。
②斗方，指一二尺见方。

外祖父朱有虔

与少年时期的章太炎关系密切的外祖父朱有虔,是章家最重要的客人。朱有虔,字左卿,又名有泉,字秉如。庠生出身,庠生是科举时期县学生员的别称。他在浙江海盐县是有名的诗人,著有《双桂轩集》20卷和《读书随笔》若干。他的祖父朱兰馨是乾隆时的进士,任职吏部稽勋司员外郎,撰有《松乔诗抄》。朱有虔的父亲朱锦琮,历任安徽、江西、山东等省的知县、知府等职,著作有《治经堂诗文集》《信疑随笔》《治经堂外集》等,是研究汉学的学者。朱有虔有四个兄长,都在清朝衙门中做官。长兄朱有源任县学教谕,次兄朱有常任广东盐大使,三兄朱辰煦任永嘉县学训导,四兄朱有毂为候选知州。

据说,章太炎的舅舅朱子春,有一段时间也住在仓前章家,他是一位风趣的人物,又是绘画高手,善画仕女画,沿袭的是东晋大画家顾恺之的笔法,以形写神,线似吐丝。他的每幅画售价不菲,只因生活不善打理,嗜酒成性,所以常常入不敷出。有一年秋天,他听到门外有卖蟹的,赶紧出门买蟹,可是身无分文。卖蟹者要离开,他急忙解裤子换钱。恰好有人前来求画,拿五百钱换一幅画,朱子春急于买蟹,就便宜卖出了。而平时,他的一幅画可卖四两黄金。也许是受到这位舅舅的脾气与性格的影响,章太炎好酒的习性和狂放不羁的性格与他有些相像。

❀酷爱经学的章家三公子

▎藏在名字中的丰富含义 ▎

章太炎出生前5年,轰轰烈烈的太平天国运动被清朝统治集团镇压下去,社会暂时安定了,经济逐渐复苏,各地纷纷要求重建文苑机构,恢复传统文化教育。在这样的环境下,章太炎出生了。

章太炎生于清同治七年十一月三十日,公元1869年1月12日。章太炎父亲对这个初生的孩子是寄托希望的,且看他给孩子的取名。章太炎初名学乘,使人想起西汉的辞赋家枚乘,以赋作《七发》出名。章太炎的父亲也许希望他成为像枚乘一样的文学家。章太炎也是章家炳字辈的一代。他有两位兄长,长兄章篯(炳森),比章太炎大16岁;次兄章箴(炳业),比章太炎大4岁;小妹炳芹;章太炎名炳麟。"炳麟"两字按古字解,"炳"是点燃的意思,"麟"同燐,是光明的意思,炳麟即是点燃光明,仿佛预示章太炎的一生要举起火炬,迎接光明的到来。

后来,他走上社会,投身反清斗争。他十分崇敬明末清初的两位思想家。一位是顾炎武,江苏昆山人。清兵南下时,曾参加昆山、嘉定一带的抗清起义,失败后,不忘兴汉;对汉学有很深的研究。另一位是黄宗羲,字太冲,浙江余姚人。清初时,曾招募义兵进行武装抵抗,失败后拒绝朝廷征召;后来在史学上有很大的成就。章太炎为表达对两位前辈的敬意,各取"太"和"炎"两字,作为自己的别号。后来章太炎的大名震动华夏,"太炎"

二字更为大家所常用。章太炎曾因顾炎武初名"绛",章太炎也曾改名"绛",却不常用。

　　章太炎常在报刊上发表文章,有许多笔名,如章燐、章缁、绛叔、西狩、末底、戴角、独角、菿汉阁主、台湾旅客、亡是公、支猎胡、支那夫、陆沉居士、刘子政私淑弟子、毛一等,有20多个,但用得最多、名声最响亮的还是章太炎。

▎最爱读书的神童少年 ▎

　　章太炎从小生活在一个有文化教养的知识分子家庭中,不但父亲和兄长都是饱读诗书的书生,母亲朱氏也是出身书香门第的淑女,他们的言行使章太炎自小就接受了传统文化的熏陶。

　　章太炎幼小时体弱多病,身形消瘦,却爱好读书,他刻苦忘我的读书精神在家中传为美谈。当时家中照明用的是油灯,为了节省,晚间大家只能聚在一盏油灯下玩乐或做事。有一日,晚间空闲,家中女眷围着一张方桌玩雀牌消遣,在桌子角上放一盏油灯照明。这时候,小太炎就坐在桌子旁,借着微弱的灯光看书,尽管有时比较喧闹,他也能专心致志,旁若无人。夜深了,大人要去睡觉了,他还舍不得离开那盏油灯。

　　关于章太炎痴迷读书,有二则传说故事。6岁那年夏天,一家人在院子里纳凉,天色将晚,小太炎借着月光在院子里读书。大嫂说:"天气凉了,你进屋去加件衣服。"小太炎进屋去穿了件衣服急忙又跑到院子里来。因为他只记着读书,也没有辨别衣服的颜色和式样,竟然穿着女式的马甲就来读书了。这件事引得在场的一家老小笑个不停。

　　章太炎是个早慧的孩子,天赋高,从小就会作诗。7岁那年,有一天,有客人来访,见小太炎坐在凳子上晃着脑袋朗诵诗句,便对小太炎说:"大家都说你聪明,我今天考考你。天在下雨,你能不能就雨天这个题目作一首诗?"小太炎朝院子里看了一阵,忽然有雷声隐隐传来,顿时启发了思绪,吟道：

> 天上雷阵阵,地下雨倾盆。
> 笼中鸡闭户,室外犬守门。

短短四句,把雨天的景象都表达出来了,十分传神。客人听了,连声称赞他小小年纪,诗作得好。之后,父亲便把这几句诗写在纸上,现在这张纸就保留在章太炎故居的陈列柜中。

▌外祖父的教育和影响 ▌

在章太炎的少年时期,对他影响最大的是外祖父朱有虔。在他9岁时,朱有虔从海盐县来仓前小住,顺便教小外孙读书写字。

朱有虔对孩子很注重字音教育,做到每音必审。他说:"小时候读音基础打好了,以后学什么知识都有用。"第二年开始讲经学。所谓经学,就是指儒家的经典著作,也就是"四书五经"。小太炎先读"四书",知道《论语》是孔子言行的记录,反映孔子"以仁为本"的思想;《大学》是讲修身、齐家、治国、平天下的道理;《中庸》是讲道德行为不偏不倚的学问;《孟子》记录了思想家孟子的政治学说、伦理道德、教育思想。读完"四书"读"五经",知道《诗经》是中国最早的诗歌总集;《尚书》是中国最早的历史文件和著作汇编;《礼记》是秦汉以前的礼仪著作;《易经》(现存于世的只有《周易》)是占卦用的书;《春秋》是鲁国史官所编的春秋时期的史书。这几部书章太炎读了4年,在头脑中形成了中国传统学说的一些基本框架。

章太炎深受外祖父身上的民族大义的影响。那时的知识分子对汉族文化的观念是根深蒂固的。在清政府统治的200多年,汉人受明朝遗民的文化影响很深,始终抱着一种敌对情绪。外祖父对这个聪明的小外孙,除了每日督促诵读古书之外,也给他讲历史上优秀人物的故事;给他讲清兵

进攻江南时发生的"扬州十日""嘉定屠城"这些痛彻心肝、不能忘记的历史；给他讲郑成功从荷兰殖民者手中收复台湾的故事……当他讲到"夷夏之防，严于君臣之义"时，小太炎问："这种话太深刻了，是谁说的？"外祖父说："这是大知识分子顾炎武、王夫之①的思想。尤其是王夫之，他说历代亡国无足轻重，唯有南宋之亡，连衣冠文物都亡了。因为宋亡于金是被夷族所灭，衣冠之亡就是传统的东西丧失了，民族的东西丧失了，因此是很严重的事。"

这些对话说的都是国家盛衰、民族兴亡的宏大主题，在幼小的章太炎脑中留下了不可磨灭的记忆，一种民族革命的思想无形中已灌入少年的脑海。

据说，小太炎10岁那年，听人说杭州城里有家书铺在卖一本"杀鞑子"的书，讲的是宋朝时蒙古人侵犯中原的事。他听到消息后很想看看这本书，可是周围的人都没有这本书，他就决定自己去买。他家门前河埠下停靠着一艘航船，每天去杭城载货，早上开船，晌午归来。某日，他悄悄地躲进船舱，没有被人发现。待航船驶出一段水路后，他才从舱内出来。船工劝他回去，他不肯，船工想着既然船已行了一阵，就带他到了城里。小太炎早打听了书铺的地点，径自去买到了那本书，回到船中就看起来。归途两小时，他已经把那本书看完了。回到家里，大哥问他："你买的书呢？"小太炎指指胸腹说："就在这里。"说罢，就朗朗地背起来。大哥笑了，说："你记性不错，但以后不要单独去杭城，免得家里人担心。"

章太炎13岁那年，外祖父由于年事已高，回海盐老家休养去了。外祖父在仓前的4年间，让小外孙萌生了"夷夏之辨"的思想，他播下的反清思想的种子和传授的汉学知识，为小外孙将来进入国学殿堂打开了一扇大门。

---

①顾、王都是明末清初的抗清知识分子。王夫之晚年居湖南衡阳石船山，人称"船山先生"。

科举考试的叛逆者

　　章太炎16岁时，父亲希望他能进县学读书，规定他读南宋朱熹写的"考试必读书"《四书集注》，学会做八股文。章太炎对此很反感，总觉得八股文束缚自己的思想，不愿在这方面努力。到了县里考试那天，父亲为他准备了考篮，篮中备齐了笔墨、点心、蜡烛等物。临要出门时，他的癫痫症（俗称羊癫疯）忽然发作，两眼朝天，口吐白沫，身子往后倒去，不省人事。父亲见了，心事重重，说："不能参加县学考试，就断了以后的乡试、会试，怎么办？"母亲说："病成这样，不要去考了吧。"此后，父亲没有劝他再考，章太炎也不再参加一年一度的县考了。他后来说："场屋之文，我是不喜欢的，我喜欢的是历史和经文。""场屋之文"就是考科举的八股文。

　　据说，过了一年，县里又通知他去参加"童子试"。章太炎却说："不去考。"街坊上有人说："他说是不愿考，其实是没有文化，不敢去考。"这一下，章太炎听不下去了，决定去试一试。那次考试在余杭镇的文庙举行，发下来的考卷试题是《论灿烂之大清国》。章太炎一看见这个题目就按奈不住心中的怒火，大清国"灿烂"在哪里？清朝官僚对洋人卑躬屈膝，对百姓作威作福，国家腐败到这种地步，还有什么"灿烂"可言？于是，他挥毫疾书，把满腔愤怒挥洒在字里行间。他写道："吾国民众当务之急乃光复中华也。"写罢第一个交了卷。主考官见他才思敏捷，洋洋洒洒，一挥而就，不由得暗暗称奇。但待他往考卷上浏览一遍，立刻拍案大怒，骂道："大胆狂生，你可知罪？"章太炎不卑不亢，坦然自若，说道："我写的内容都是实际国情，何罪之有？"顿时，考场一片混乱。主考官想反驳却无言可对，又怕事态扩大，如果张扬出去会连累自己的乌纱帽，不如掩饰过去，于是速命两名差役把章太炎挟出考场。

酷爱经学的章家三公子

11

在古文化中自由遨游

　　章太炎是一个天生的叛逆者，普天下的读书人都追求功名利禄，拼命往科举路上挤，他却反其道而行之。他读书不是为了做清朝的官，他当时的人生目标是为了继承国学传统，成为一个杰出的经学家。

　　外祖父回海盐之后，父兄接下了授课的担子。章太炎在父兄指导下，如饥似渴地阅读家中收藏的丰富的古籍。在他18岁之前，涉猎了《史记》《汉书》《后汉书》《三国志》《昭明文选》等文史著作，可以说博览群书。后来为了全面了解清代的汉学成就，他又用两年时间通读各类经书著作，逐字逐句地解读古代圣贤的原文原意。在阅读中，他非常推崇和心仪的人物是荀子、司马迁、刘向、诸葛亮等。荀子是战国时代的思想家，他著名的思想是"人定胜天""人性恶"，他主张礼治和法治相结合，韩非和李斯就是他的学生。司马迁在受腐刑之后，发奋写完《史记》，其思想文采传之千年，令人称颂不绝。刘向是西汉时期的经学家，校阅群书，有《说苑》传之后世。诸葛亮是三国时蜀国的军师、丞相，学识渊博，有勇有谋，帮助刘备三分天下。可以看出，章太炎选定这些历代圣贤作为自己的偶像，是因为在他们的著作中可以得到许多他自己所需的智慧，为他今后的学习提供了较高的起点。

潜移默化中播下反清种子

　　章太炎在阅读经典古籍的同时，也读了许多反清的史料。他读了清代蒋良骐等人编写的《东华录》，知道了戴名世、吕留良、曾静被屠杀的惨案。戴名世在康熙时任翰林院编修，因为搜罗明代史实，以"大逆"罪被杀，牵连数百人。吕留良是明末清初思想家，明亡后，他意图反清复明，失败后剪发为僧，作《祈死诗》6篇，其中有两句诗"清风虽细难吹我，明月何尝不照人"

流露了对清廷的不满情绪。清朝雍正年间,曾静读吕留良的遗著,受其影响而反清,同样被杀害。这时,吕留良已死50多年,竟被剖棺戮尸。清廷的种种文字狱惨案,使章太炎切齿腐心,痛愤之极。章太炎读了留云居士编写的《明季稗史初编》,其中有许多清朝镇压汉人的重要史料,如《扬州十日记》《嘉定屠城纪略》等记载清军屠杀汉人罪行的文字,激起他对无辜受害者的巨大同情,使他对清政府存在的合法性产生怀疑和抵触,反清的思想日渐增长。"异种乱华"从此成了他心中的第一恨事。

距离仓前镇七里的溪塘上,有一座张老相公庙,庙内祀奉的神像就是明末抗清英雄张煌言。清兵下江南时,张煌言奉鲁王朱以海为监国,在东南各地率领义军抵抗清兵。兵败后隐居象山县东南岛上,后被清兵捕获,于杭州被害。余杭父老仰慕其忠烈,假借祭祀水神的名义在余杭县城内及仓前等地建庙纪念。章太炎小时候常到张老相公庙祭祀,这位身穿锦袍、气派威武的神像给他留下深刻的印象。后来他读《张苍水集》,读全祖望的《张公神道碑铭》,知道了张煌言壮烈牺牲的经过,更为钦佩。章太炎参加革命后,回乡扫墓,曾再一次到张老相公庙祭祀,还写下《张督师祠记》。张煌言曾官至兵部尚书,故称督师。文中章太炎对他的仰慕之情,跃然纸上。史书上的反清故事和家乡留下的反清人物事迹都让少年时期的章太炎植下了反清的思想种子。

▍忘不了父亲的遗言 ▍

1890年1月,章太炎23岁时,父亲章濬因病去世,终年65岁。父亲临死前,对家里人说:"我章家在清朝生活了七八世,死去的祖宗都用深衣入殓,我虽然做了县里的小官,但我是汉人,我将死也不敢违背祖宗定下的规矩,我不要用官服入葬。"深衣是汉人士大夫平时穿的闲服,即直筒式的长衫,衣与裳相连,与清人服装相异。章濬的遗言表明他心目中是忠于汉族,蔑视清朝统治者的。章太炎的父辈、祖辈都是汉族观念极强的士人,这对章

太炎的思想形成产生了极为重要的影响。

　　父亲在弥留之际,对章太炎说:"你酷爱经学,好学不倦,又不愿走科举的路,你就为继承儒学努力吧。我在杭州诂经精舍工作多年,与山长俞樾交往较密,已为知己。你可以到他那里去深造,不要辜负为父的一片希望。"章太炎连连点头,说:"孩儿的志向就是以学问救国家,做个经学的继承人。"那时候,他还没有革命的念头,一心所想的就是穷尽一生研究诸子百家的著作,做个有学问的人。

在诂经精舍中苦读儒学经典

一所造就经学人才的学院

1890年春天，章太炎来到杭州西湖之畔的孤山。孤山在西湖的里湖与外湖之间，南麓有收藏《四库全书》的文澜阁，北麓有纪念北宋诗人林和靖的放鹤亭，西南麓就是浙江有名的书院，称作"诂经精舍"①。

杭州的诂经精舍，创办于嘉庆二年（1797年），距章太炎入学已过了将近百年。当时的浙江学政阮元选了这个地方建屋50间，办起书院。后来阮元升任了浙江巡抚，将书院开辟成精舍。精舍供奉汉朝经学大师许慎、郑玄的画像，藏书极为丰富。阮元规定的办学原则与其他书院不同，其他书院以科举考试为目的，重点教"四书五经"。诂经精舍是以培养经世致用人才为目的，指导学生研究经义为主，崇尚汉学，研究经史学术。精舍的负责人称主讲或山长，也可称院长，由巡抚聘任。下设监院，执教的人称学长。章太炎的父亲章濬就在精舍担任过两三年的监院。太平天国期间，诂经精舍毁于战火。1866年重建，由著名的经学家俞樾担任主讲，之后连续30余年未曾更换。

杭州的诂经精舍当时是浙江省的最高学府，也是学术研究中心，前来报考的学生是全省在经学上有相当基础的优秀子弟，可以说网罗了两浙才

①诂经，是用通俗的语言来解释经书的词句，精舍是优秀学生学习的地方。按现代的说法，这是一所高才生读书的学院。

俊，规定的课程是经籍训诂，学期为8到10年。办学近百年，培养的学生有2800余人，许多学生后来都成了汉学家，为中国培养了一大批汉学人才。

经学家俞樾的不平凡经历

1890年，俞樾年迈七旬，到杭州诂经精舍已经20多年了。

俞樾，出生于1821年，字荫甫，自号曲园居士，浙江德清县人，4岁随母亲和兄长定居仁和县临平镇。他在此一住就是30年，曾为《临平记补遗》作序，又为《唐栖志》作序，在此期间游塘栖，登超山，游丁山湖，游广济桥，留下多首诗作。他23岁中举，30岁中进士。朝考时，主考官曾国藩出题：淡烟疏雨落花天，按诗意写一篇春景图。俞樾作诗一首，其中"花落春仍在，天时尚艳阳"两句得到曾国藩赏识，名列第一，选入翰林院任编修。俞樾于咸丰五年（1855年）出任河南学政，次年主持乡试。学政三年一任，不问本人官阶大小，任职期间，官位与督抚并行，是一省的重要官员。他到任后，有一位旗人来访，请俞樾将京城曹登镛御史的亲属录取为举人。这是公然作弊的行为，俞樾拒绝了。考试时，俞樾出的试题比较隐僻，选经书上的句子，采用截句之法，就是割断经文上下句，在不应当连接的文字上加以连接，在不应当割断的地方加以割断，以测试应考者对经文的熟悉程度。一题是"王速出令反"，语出《孟子·梁惠王·齐人伐燕》，原文是"王速出令，反其旄倪"。又一题是"二三子何患乎无君我"，语出《孟子·梁惠王·滕文公问曰》，原文是"二三子何患乎无君，我将去之"。谁知曹御史怀恨在心，向皇帝启奏，说："俞樾出题'王出令使造反''无君而有我'，这是反叛皇上，居心叵测。"咸丰帝听后大怒，下谕将俞樾拘捕入狱，处以重刑。后经曾国藩力保，才改为"革职回籍，永不录用"的处分，从此，俞樾正当壮年却结束了仕途生涯。同治四年（1865年），44岁的俞樾走投无路，依靠李鸿章的照顾，被推荐到苏州紫阳书院任主讲。46岁时，接受了浙江巡抚马新贻的邀请，这才到杭州担任诂经精舍主讲。他是1868年到杭州的，次年章太炎出生了。

俞樾被罢官之后，全身心投入到经学的研究上来，开始深研王念孙、王引之父子的《读书杂志》《广雅疏证》《经义述闻》等书，写下了大量的著作，其中《群经平议》《诸子平议》各35卷，《古书疑义举例》7卷，最为博大精深。晚年，他将所有的著作汇集为《春在堂全书》500卷。他用这一书名，也是为了纪念曾国藩在他考试时的知遇之恩。

俞樾治学的成就是多方面的，主要在研究经学和诸子学，其次是文学，他写的诗文也有几个集子。他还喜好戏曲、小说，作有杂剧《老圆》，又把《三侠五义》加以润色，改为《七侠五义》，流传甚广。

▌严肃的学院制度和学习风气 ▌

章太炎秉承父亲的遗训，到诂经精舍求学。初到杭州时，寄居在小塔儿巷外叔祖朱洁泉家里。他去诂经精舍报考之前，先去拜谒了俞樾。虽然父亲章濬与俞樾是故旧，但不经考试俞樾不肯接收。俞樾要求出题考试，看应考者的汉学基础，绝不轻易收徒。

到了考试那天，俞樾出了两道题目，他问："《礼记·明堂位》有'虞氏官五十，夏后氏官百，殷二百，周三百'，郑注'周三百六十官，此云三百者，记时冬官亡也'。冬官亡于汉初，周末尚存，何郑注谓冬官亡乎？"章太炎略一思索答道："《王制》三卿五大夫，据孔疏，诸侯不立冢宰，宗伯、司寇之官，有小司徒、小司寇、小司空、小司马、小卿而无小宗伯，故大夫之数为五而非六，依《周礼》，当减三百之数，与冬官存否无涉也。"俞樾又问："《孝经》有'先王有至德要道'，'先王'谁耶？郑注谓先王为禹，何以孝道始禹也？"章太炎答道："《经》云'先王有至德要道以顺天下'者，明政治上之孝道，异寻常人也。夏后世袭，方有政治上之孝道，故孝道始禹。且《孝经》之制，本于夏后；五刑之属三千，语符吕刑。三千之刑，周承夏旧，知先王确为禹也。"

把上述问答简化一点就是，俞樾问："《礼记》上周官人数是多少？"章太炎答："约三百之数。"俞樾问："《孝经》上说的先王是谁？"章太炎答："是

禹。"这两道题的知识点偏僻艰涩，一般考者会知难而退。章太炎却引经据典，头头是道地说出来，俞樾听了满心欢喜，同意接纳章太炎为弟子。

俞樾治学态度相当严谨，对弟子的要求也非常严格，要踏踏实实做学问，必须做到六条规定。第一，审名实。名目与实际内容一致，不能张冠李戴。第二，重佐证。说明一个观点，要有充分的证据，孤证还不够，要有多个证据。第三，戒妄牵。材料运用不能牵强附会。第四，守凡例。写论文要有规则。第五，断情感。以客观事实为根据，不能凭个人好恶。第六，汰华辞。事实和观点都是实实在在的东西，不能夸张粉饰。这是对每个学生最基本的要求。诂经精舍的课程分为句读、抄录、评校、著述四类。句读和抄录的内容由老师指定。评校和著述的内容学生可以自己选择。每月有两次考查，分别在朔（初一）、望（十五），通常朔日考词章，望日考经史。

孜孜不倦、发愤苦读的七年

章太炎来此求学之后，俞樾知道他是一个天赋很高又很勤学的书生，对他关怀备至。章太炎来到这里学习如鱼得水，觉得自己的志愿能得到实现了，他当时的目标就是要系统研究诸子百家的典籍，做一个学问渊博的青年汉学家。

章太炎从小在父兄和外祖父的指导下，熟读"四书五经"，已经有了极好的基础，现在决心从头学起，做好进一步的深知深解。俞樾当时已经是声名卓著的经学家，尤其在小学方面最为精通。这里说的小学是指文字的音韵和训诂。汉字自古以来有一种奇妙的构造，比如每一个字的形状怎样构成，它的读音有几种变化，它的含义又怎样多样，它的来源又怎样讲究，所以一个汉字包藏着许多的东西。归结起来说，小学就是语言文字学，是治学的基础。俞樾告诉他，你不要好高骛远，先要集中精力把小学学好，把《说文解字》这部书弄懂读透。于是，章太炎再次全神贯注地阅读东汉经学家许慎所著的《说文解字》。这部书有15卷，将9000多个常用汉字分析得极为精细。历代以来的经学家又对《说文解字》做了大量的注疏,加以解释和深化,这样汇成的著作又有10多部。章太炎本来就有超强的记忆能力,他潜心研究,竟有了许多超越前人的新的见解。他后来说过,《说文解字》这部书,他读过70多遍。后来他在东京讲学时,往往一个字可以讲上一两个小时,引证比喻,条分缕析,让学生听得津津有味。这是因为他早年在诂经精舍打下了扎实的基础。

章太炎在弄通文字语言之后,又重读《楚辞》《庄子》《汉书》《文心雕龙》《毛诗》《文史通义》等,提出疑问,加深理解,往往在通读之后写下笔记。他特别喜欢阮元主编的《学海堂经解》一书。这部书有188种,1408卷,将清初到乾隆、嘉庆年间74家治经学者研究成果汇总。他又喜欢读《南菁书院经解》一书,这部书收录了111家治经著作,有209种,1430卷。经过精读、细读、反复读,他对清代朴学有了全面的了解。章太炎攻读的经学,主要是儒家的经典著作,要进行真伪疑难的考证。这种学问很朴素,就像真理一样朴实无华,所以又称"朴学"。做这门学问的人要求做到"精审明辨",需要科学求实的态度、严格的训练、扎实的功夫。

章太炎在诂经精舍读了7年,接受了系统的基础知识学习和严格的基本训练,开始懂得做学问的真功夫,逐步进入渊博、精审的求学之门。他以小学为路径,以汉学为根基,扎扎实实做学问,没有一丝一毫的松懈和疏漏。在这样严格的要求下,最初几年专心研究文字、声韵、训诂之学,写下了《膏兰室札记》《诂经札记》等著作,提出了许多重要的见解,在学术上初露才华。

《膏兰室札记》是他的第一部学术笔记,共分4卷,主要是对经史子集、群经百家做了系统的考证研究,写下了几百条心得,奠定了他的学术根基。他以后写的论文和著作,都可以在这四本笔记中找到雏形。膏兰室是他给自己在诂经精舍读书的房间所取的斋名。膏,指灯火、油灯,也指古代典籍和老师的学问对他的滋养。兰是兰花、兰草、兰言,指美好的言语文字,也有使自己成为芝兰一样的优异人才的意思。从这个室名可以看出章

太炎作为一个青年学者的抱负,他在狭小的房间中,在微弱的灯火下,刻苦地钻研自己喜欢的学问。在这部札记中,他对各家学说探幽发微,考究论证,下了大量的工夫。他对古代典籍的娴熟记忆和治学的严谨作风得到了老师的肯定,其中有30多篇文章被选进《诂经精舍课艺》这本集子中。

与此同时,章太炎又完成了《春秋左传读》,这部著作共50万字,分9卷,采用读书札记的体例,将《左传》与周秦、两汉典籍进行比较研究,考订诠释,提出了不少独特的见解。《春秋左传读》是章太炎对《春秋》和《左传》两书研究的成果,也是他的又一部著作,奠定了他在古文经学的地位。

从这两部著作可以看到章太炎研究历史的深入细致。他的许多见解与考证都有独到之处,很多观点是前人没有想到的。此外他还记有读《论语》和《尚书》的笔记,其新知新解都远胜于其他的研究者。学界对他的研究成果也非常推崇,说他登上了清代三百年学术史的顶峰,几乎没有第二人可以与他比肩。观其成就,与他的极度努力是分不开的。

与侍妾王氏的一段婚姻

章太炎在诂经精舍进修到第3年时,在过年前接到母亲的来信,唤他回家有事。待他回到家中,才知道母亲为了他的婚姻大事很着急。当时章太炎已经25岁,一心求学,脾气古怪,在家乡竟然没有人愿意将女儿嫁给他。母亲想到自己已经年迈老弱,不解决这个小儿子的婚姻,于心不安。于是想到10多年前自己从海盐领养来的一个贴身丫头王氏,尚未婚嫁,可以先让她成为儿子的侧室。

王氏是海盐一户贫苦农民家的女儿,服侍章母多年,对章家和章太炎都比较了解,她知道这位三少爷是读书人,人很善良,因此也很愿意。这一年冬天,章家不请媒人,不举行婚礼,就让他们成婚了。那时这种没有媒妁、没有婚礼的婚姻,称"纳妾"。婚后两人感情笃厚,王氏对太炎也体贴关心,太炎的癫痫症也不再复发。第二年生下长女㸒(音里),几年后又生下次女㷹(音苗),三女㻞(音展)。王氏照料三个女儿十分辛苦,也曾跟随章太炎去台湾、去日本,因体质较弱,常患疾病。1903年王氏去世,三个女儿便托给章太炎的兄嫂照顾。因长兄膝下无嗣,章太炎便将二女过继给长兄为女。

▌结识了不少良师益友 ▌

章太炎在诂经精舍读书期间,结识了许多良师益友,他经常寻师访友,切磋学问,互相砥砺。他除了敬重老师俞樾外,也很敬重黄以周先生。黄以周,浙江定海人,是博综群经的学问家。黄以周考察古代典章制度,写下《礼书通故》100卷,晚年寓居杭州。章太炎读了这部书后,认为非常有价值,就登门向他请教,得到很多指点。这时,黄以周已经是七旬老人,章太炎敬重他的学问,特别是古代典章制度及其沿革的学问,为此,他专门写了一篇《黄先生传》,表达自己的仰慕之情。

章太炎知道经学家高学治的大名后,经常前去请教,高学治是浙江仁和县人,擅长经学。他早年曾与章太炎的父亲章濬一起在诂经精舍共事,所以对章太炎格外关心。他常对章太炎说,做学问的人必须具有好的品德,操行不衰,才能成为君子。高先生那时也是70多岁的长辈了,他的话铭刻在章太炎的心中,留下难忘的烙印。

章太炎与经学家谭献非常要好,向他学习写文章的方法。谭献于同治年间中举,做过县官,崇尚今文经学,擅长写诗填词,他的文章风格仿效魏晋文人的简质清刚。在与他的交往当中,章太炎的文章也趋向魏晋风格了。那时,谭献在湖北武昌主持经心书院,每逢冬夏,仍返回杭州。这时,章太炎便登门求教,并将自己的著作呈请他审阅。总之,章太炎在诂经精舍时,时常向各处的大师请教,以弥补自己的不足之处。

章太炎有许多朋友都是在经学上卓有成就的,他们互相切磋,取长补短,交流心得。他有一好朋友,名宋恕,字平子,号六斋,浙江平阳人。章太炎亲切地唤他宋平子,子是古代对男子的美称或尊称,平子就是平阳的有学问的人。宋恕著作丰富,又是社会革新运动者。他深通内典①,又精研儒学。章太炎对佛学的兴趣,就受宋恕影响很大。章太炎自己说过:"平子疏通知远,学兼内外,治释典。炳麟少治经,交平子,始知佛藏。"

章太炎在诂经精舍与同学杨誉龙、夏曾佑关系甚好。杨誉龙,字云成,对经学深有研究。在《诂经精舍课艺》第七、八两集中,杨誉龙被选录的课艺文有28篇,仅次于章太炎。他们在倾向维新方面观点一致,交情颇深。夏曾佑,字遂卿,浙江钱塘人,对历史较有研究,著有《中国古代史》。章太炎与夏曾佑一起参加强学会,一起投身维新运动。章太炎在诂经精舍的7年中,与许多年轻的学子多有交往,互相鼓励,朝夕相闻,共同在探讨学业中不断进步。

章太炎也常去参加其他书院的课艺竞赛,从1894年春到1896年冬这3年中,他曾经去上海求志学院、格致学院和宁波辨志精舍参赛。这些活动每年4次,每季一次,每次参赛人员有八九十人。章太炎经过考评,获奖17次。他得奖的项目是经学、史学、汉学,其中史学获奖三次,全部是超等。经学获得过两次第一名,一次第二名,可见他在历史和经学方面十分出众。比赛的课题涉及中外条约、万国公法、西书翻译、修筑铁路,还有数学、物理、海关等。有的数学题目涉及开方、方程,说明当时有些西方自然科学的知识已经传入中国,由此章太炎也开始关注外面的世界。

▎波翻浪涌的国家大势 ▎

就在章太炎专心研究经学的7年中,精舍以外的世界已经是波翻浪涌,狂涛触天了。章太炎所处的时代,正当鸦片战争之后,清廷腐败,外患频发。那几年,帝国主义正欲瓜分中国,中华民族处在岌岌可危之中。从朝

---

①所谓内典,佛教徒自称佛教典籍为内典,佛教以外的典籍为外典。

廷到社会的洋务运动已经蓬勃兴起,不光是与外国进行外交事务,而且模仿、学习西方的技术,兴办实业,翻译外文,开办学堂,有学识的精英人物甚至在议论变法了。

1894年,在黄海上爆发了中日海战,就是历史上有名的甲午战争。日本海军突然袭击中国舰队,中国海军全军覆没。中国战败,李鸿章到日本马关签订屈辱的卖国条约,承认日本对朝鲜的殖民统治,割让台湾、澎湖等岛屿和辽东半岛,在中国内地加开沙市、重庆、杭州、苏州4个通商口岸,允许日本船只在中国内河自由航行,赔偿日本战费两亿两白银,按中国四亿人口计算,平均每人分担半两,也就是说,一个婴儿刚出生就欠下日本半两白银。

于是,国际舆论哗然,国内民声鼎沸,章太炎也受到极大的震动。国家的耻辱,民族的伤痕,这一切是怎么发生的?他认定这是官场的腐败引起的。他奋笔疾书,写下一篇《独居记》。他在文章中描写了一个不随俗的官员汪曾唯。汪曾任湖北咸丰县知县,为官廉洁,守正不阿,只因为见解独立,得罪了上司,被撤职罢官。他回乡后,为民众鸣不平,受到人们的爱戴。文章借题发挥,颂扬一种正直独立的精神,表达了他忧国忧民的心情。

在那个非常的时刻,许多从旧营垒中觉醒过来的文人,怀着对旧秩序的愤怒和对新事物的敏感,开始提出变法自强的要求,康有为、梁启超、谭嗣同等人就是这批文人中杰出的代表。他们看到明治维新后的日本迅速走上强盛之路,而中国保守顽固的清政府依旧陷在封建落后的泥潭中难以自拔。

1895年4月,正当《马关条约》签订之时,在京的举人们群情激奋,台湾籍的举人更是痛哭流涕。康有为和他的学生梁启超在北京联合在京应试的千名举人联名上书。5月2日,前往都察院请愿,数千市民响应。他们高呼口号,反对签订《马关条约》,提出了"拒和、迁都、变法"的主张,这就是中国近代史上著名的"公车上书"事件。同年,为了宣扬"富国强兵"的维新思想,康有为创办了《中外纪闻》,并在北京、上海等地办起了旨在讲求"中国

自强之学"的政治性团体"强学会",向各地书院征求会员和赞助金,变法的影响迅速扩大。

█《新学伪经考》是怎样一部书 █

康有为为了宣传维新变法,制造舆论,于1891年写了《新学伪经考》一书,这部理论著作中提出了一个惊世骇俗的新观点,说《左传》等古籍是"伪造"的书,这在思想界、学术界刮起了一阵飓风。

康有为认为古文经学是西汉末年王莽夺取政权建立新朝的学说,所以称古文经学为"新学",又认为古文经学是刘歆伪造的,故称"伪经"。康有为写下的《新学伪经考》14卷,虽有创见,但多有武断,引起古文经学众多学者的不满,他们首先对《左传》一书的真伪引起争论。

《左传》这部书写于两千年前,是左丘明所著,这是史学界所肯定的。孔子作《春秋》,同时代的左丘明著《左传》,这两部书都对鲁国时期的历史做了详细的记载,又各有千秋,可以相辅相成,这件事在史家早有定评。关于《左传》的作者,司马迁在《史记》中说过"鲁君子左丘明"。班固在《汉书》中也说过,《左氏传》作者是"左丘明,鲁太史"。但是,从唐朝开始,有人提出不同意见,否定《左传》是左丘明的作品。继而,一些今文经学的学者也抱有不同的观点,一直延续到清末。康有为跳出来了,他追随清代今文经学代表人物刘逢禄的见解,认为《左传》是西汉刘歆依《春秋》编造而成的"伪书",说了一大堆不成道理的道理。他利用今文经学的"历史为我所用"的观点,利用历史上的片言只语,为推行维新变法制造舆论武器。他的言外之意,即历史上的任何东西都可以被推翻,可以被曲解。这件事引起章太炎的不满,他作为古文经学的卫士,立刻披挂上阵,声讨康有为。章太炎运用自己对历史的充分熟稔,反复证明《左传》的作者是左丘明,这是不能动摇的。这已经不是为"一部书的作者是谁"这样一个具体问题的争论,而是为维护历史的真实性,为维护求实的历史观而战斗。

章太炎写完《春秋左传读叙录》这篇文章,送给俞樾老师审阅。老师说:"你虽然写得新奇,有些说法未免牵强,以后要后悔的。"当时的章太炎年少气盛,逞一时血气之勇,锋芒毕露,却不能做到扎实稳健。这篇文章最终没有被发表。

　　某一天,康有为从北京南下,路过杭州,特地到诂经精舍来拜谒俞樾老先生,并将《新学伪经考》一书赠给俞老,请予指教。康有为走后,俞樾对章太炎说:"你自称是刘子政的弟子,康有为专与刘氏为敌,这是冰炭不同火炉啊!"章太炎非常崇拜西汉经学家刘向(字子政)及其子刘歆(字子骏),章太炎曾经自刻印章,称自己是"刘子政私淑弟子"。由此可见章太炎对刘向父子的崇敬之情,而章太炎对康有为的行为始终是不满的。

毅然决然地走出书斋

　　康有为以"变法图强"为号召,在北京、上海等地发行报纸,宣传维新思想。维新的浪潮很快波及杭州。章太炎以往宁静的读书生活被打破,再也坐不住了,他的救国救民的情绪被激发起来。在国家的内忧外患之下,他研究学问的根本目的已然变成救中国,于是他很快响应变法的新思潮的号召。当他收到上海强学会的章程时,立即寄去会费16元银圆。当时,被正式列名入会者仅23人,章太炎是其中之一。

　　但是,上海强学会很快被清政府强行解散了,维新运动的势头被压制住了。虽然这时的章太炎仍在诂经精舍读书,但他的心已经飞向外部世界。上海的维新派人士黄遵宪、汪康年办了一份宣传维新的报刊,名为《时务报》,由梁启超任主笔。章太炎知道《时务报》将要出版,主动写信给汪康年,提出办报的宗旨和意见。汪康年与梁启超看到章太炎的信写得高瞻远瞩,说理透彻,认定他是一个有见解的人,就派记者叶瀚到杭州迎接章太炎加入报社。

　　章太炎既惊讶又兴奋,答应去报社任编辑。他将这个想法告诉老师俞樾,老师却不同意他离开。老师已经75岁,他爱惜章太炎的才华,很想将他培养为自己的接班人,老师更不同意那种维新改良的举动。他说,国家兴衰自有皇帝和朝中大臣来管,文人安心学业才是正事。而此时的章太炎离开学院的态度已经很坚决了,他向老师深深鞠了一躬,毅然出走。光绪二十二年(1896年)十二月底,章太炎满29岁,他离开长居7年之久的诂经精舍,走上了波诡云谲的维新之路。

从时务报馆走上维新之路

▌两篇引起关注的文章▐

1897年1月,章太炎踏进上海四马路(今福州路福建路口)的时务报馆,受到报馆经理汪康年和主笔梁启超的热烈欢迎。汪康年与章太炎有一层姻亲关系,汪康年比章太炎年长几岁,章太炎在《独居记》中赞扬的"独翁"即是汪康年的父亲。汪康年热心维新变法,在康有为的大旗下主持上海的强学会,强学会被禁止后,他办起《时务报》,聘请维新派领袖之一的梁启超任主笔。现在见章太炎到来,自然十分欢喜。梁启超介绍说:"《时务报》是维新派办的期刊,以宣传维新变法为宗旨,10天出一期,每期20页,约三四万字。我们知道章先生铁笔锋利,有章先生助阵,《时务报》一定能所向无敌。"梁启超是康有为的大弟子,是当时维新风潮的领军人物,他比章太炎小几岁,才20岁出头,而他的敬业精神和文采风流已经举世瞩目了。

章太炎抵达上海时,梁启超已在《时务报》上连续发表重要文章《变法通议》,文章论证中国社会变则存,不变则亡,只有改良现行的腐朽官僚体制和科举取士制度,兴办新式学校,培养变法人才,才能从根本上解决封建制度的弊端,维护清朝的政治统治。这是一篇全面系统介绍维新改良的文章,在《时务报》上刊登后,号召之广,影响之大,使梁启超顷刻脱颖而出成为宣传维新运动的旗手,社会人士称颂他是"舆论之骄子,天纵之英豪"。

章太炎在报馆担任编撰,住在报馆内,与梁启超同住一幢小楼,彼此谈

经论道,抒发意见,甚为融洽。章太炎发表的第一篇文章,题目是《论亚洲宜自为唇齿》。当时因清政府在中日甲午战争中失败,朝廷采取"联俄拒日"的政策,与俄国订立盟约,同意俄国在胶州驻军,在吉林筑路,使俄国势力渗入我国东北。章太炎在文章中批评清政府的软弱,揭露俄国的野心。文章笔力凌厉,有鲜明的现实性和战斗性。一个月后,章太炎又写了第二篇文章《论学会有益于黄人亟宜保护》。当时国家形势危急,觉醒的知识分子纷纷组织学会,清政府急忙出来禁止。章太炎在文章中强调组织学会的必要性,号召人民起来斗争,赶走侵略者。由于文辞犀利,论说有力,受到维新志士谭嗣同的欣赏,他写信给报社,说:"贵馆添聘枚叔(即章太炎)先生,读其文,真巨子也。大致卓公(梁启超,字卓如)如贾谊,章似司马相如。"谭嗣同是近代改良派政治家、思想家,湖南浏阳人,参与戊戌变法,这时已被光绪帝召征入京,任四品卿军机章京。他比章太炎大4岁,由于他地位特殊,对章太炎的评价更是举足轻重。他认为,梁启超如同西汉著名政论家贾谊,而章太炎如同西汉大文学家司马相如。这样的比喻是很恰当的,章太炎的文章洋洋洒洒,说理透彻,大长维新派的威风。维新派主将、著名诗人黄遵宪给汪康年的信中也说到,报馆有了章太炎"大张吾军,使人增气"。这时的章太炎是拥护改良的,他来到《时务报》,找到了发射火力的据点,这两篇文章也是他向清政府顽固派打出的第一枪!这之后的日子里,章太炎以报馆为阵地,以撰述为武器,运用他的如椽大笔,以横扫千军的气势,接连发表了许多击中时弊的政论文章。

▍初闻孙中山大名就引为知己 ▍

有一天,章太炎在报馆阅览室翻阅报纸,看到《字林西报》上刊登了一条消息,说清朝驻英国伦敦公使馆逮捕了在英国避难的孙中山。这是他第一次看到孙中山的大名,他问梁启超:"孙中山是个什么样的人?"梁启超说:"这个人有决心要推翻满洲政府,是个危险的人物。"孙中山比章太炎大

3岁,当章太炎在诂经精舍埋头苦读的时候,广东香山县出生的孙中山在香港读医科,他关心国家前途,在课余常与同学陈少白、尤少纨、杨鹤龄、陆皓东等人畅谈革命。1894年,甲午之年,他到檀香山组建革命会党兴中会。那年他才28岁,就开始了职业革命家的生涯,他发动一批革命者,筹募经费,购买枪支,在广州发动了一次起义。起义失败后,受到清政府的追捕,不得不流亡海外。他躲在英国一位友人家中,竟遭到清政府驻英国领事馆的拘捕,面临被解送回国的险境,由于英国友人的解救才得以释放。章太炎听了孙中山的经历,非常佩服。梁启超说:"孙中山主张革命,如同秦朝末年的陈胜、吴广一般的人。"章太炎立刻反驳说:"只要主张革命,不必去评论他人品的好坏。"这时,他内心深处潜藏着的反清思想已露出苗头了。他自言自语地说:"有孙中山这样的人,我道不孤了。"意为他有了革命的知音,有了自己的同志。

与康门弟子发生激烈冲突

在维新变法运动中,梁启超最崇拜的是康有为,他以自己能成为康的门生而自豪。康有为是维新派的领袖人物,早在1888年,就赴北京给光绪皇帝上书,请求变法,但没有成功。他回到老家广东讲学,在长兴学舍和万木草堂大讲救中国之法。康有为讲中国历史非常生动,他能在史实中注入时代脉息,这使他的讲演蕴含变革的冲动,这是在别处听不到的。康有为将自己的讲稿编成《新学伪经考》和《孔子改制考》两书,广泛发行,借历史来推动维新运动。关于《新学伪经考》,前面已说过,康有为认为《春秋》所述的那段历史是刘歆伪造的,以达到反对恪守传统的目的。《孔子改制考》一书有21卷,说尧舜是孔子假托的圣王,"六经"是孔子编出来的,康有为试图借孔子的名义,改中国的封建专制为君主立宪,从而为他的资产阶级改良主义的主张服务。

康有为在北京发起"公车上书",要求改良政局,变法图强,章太炎是赞成的,但他们的学术观点不同——章太炎坚持古文经学,康有为提倡今文经学。在中国经学史上,历来有古文经学与今文经学的争论,从汉代开始从未停止过,古文经学一派认为对经典古籍应坚持它的本来面目、它的原汁原味,注重训诂考证,以历史的观点去理解、认识经文,不能歪曲篡改后为我所用。今文经学认为历史上的东西是可以改造的,可以重新认识的,可以为现实所利用的。当时,章太炎认为读经就是读史,经学包含了历史,读经要牢记历史,这是爱国之源。康有为从改良保皇的立场出发,因变法的需要,将传统儒学功利化、实用化,认为可以微言大义,发挥创新,这样就曲解了许多经典。尤其是对待孔子的看法,康有为提出"托古改制",把孔子偶像化,把孔学宗教化,说孔子是改革家,还宣扬一种"孔教",把自己改名"长素",即是高于素王孔子,将弟子改名"超回",说是超过颜回,把自己说成"教皇",封为"南海圣人"。这种做法遭到了章太炎的反对。章太炎认为要以实事求是的态度看待孔子。孔子对中国最大的贡献在于重视历史、重视教育、重视礼教,"子不语怪力乱神",因此要让孔子从神像的宝座上走下来,还原他思想家、教育家的凡身。

章太炎与梁启超及其学生们的分歧除了经学观点不同,还因为彼此性格上的矛盾,年轻人意气用事,一言不合就互相指责。章太炎是性子急躁的人,素来爱打抱不平。报馆中有一名青年编辑麦仲华,他不同意康门弟子的学术见解,提出不同的意见,但因为才气不足,学识未富,争辩不过对方,常被奚落和嘲笑。这时,章太炎就站出来为麦仲华说话,怒斥康氏学说中的错误,逐条驳斥,使得康门弟子哑口无言。康门弟子经常吹捧康有为是孔教教主,是南海圣人,吹捧梁启超、麦孟华等人胜过孔门弟子颜回和子贡。章太炎听了,也十分恼火,骂他们是一群"屎壳郎转粪蛋,不知其臭",就这样,双方的怨恨越积越深。

1897年4月4日,一群康门子弟在报馆中攘臂大哄,责骂章太炎等人,章太炎见了也不示弱,反唇相讥,双方气势汹汹,麦孟华气急败坏之下对章太炎大打出手。章太炎的眼镜被打落,眼前模糊一片,只得挥拳乱施,混乱中竟打了梁启超一个耳光。梁启超的学生梁作霖眼见老师被打，就扑上去和章太炎扭打在一起。一时间，拳脚相加，殴斗不休，直到汪康年听见动静，从经理室跑出来劝架，才把这一场风波平息下去。

次日，章太炎决意离开《时务报》。汪康年一再挽留，章太炎说："报馆一席，断难姑留。"他的决定是果断的。4月16日，他气愤地返回杭州。章太炎这次离开报馆，对于他摆脱改良思想，走上革命道路，有着决定性的意义。这次纷争有多种因素，有学术门第之争，有政见不同之争，有处事观念之争，也有个人修养之争。当然章太炎的急躁的性格也容易使矛盾复杂化，因此他与康有为、梁启超分道扬镳是必然的。

◉ 敢与湖广总督直言相抗

▍几番办报，寻找维新救国之路 ▍

章太炎离开《时务报》，从上海回到杭州，在横河桥北塊租了一间板屋住下来。他对康门子弟的观点不能认同，满腔怒火地写下《〈新学伪经考〉驳议》一文。康有为在《新学伪经考》中攻击古文经学的落后无用，宣扬今文经学的正确和实用，其实带着许多片面和激进成分。章太炎闭门谢客，他要写一篇清算康有为错误观点的文章，从学术上打倒今文经学派。他把文章写好后，寄给温州的经学大师孙诒让先生，请他指点改正。孙老看了这篇文章，回信劝他暂时不要发表。孙老在信中说，当今急务是变法维新，这是关系国家命运的大事，先不要陷入学术争论中去。章太炎接受孙老的意见，把文章放入书箧中，又投身到维新救亡的爱国运动中去了。

之后的几个月，章太炎发起创立兴浙会，兴浙会的宗旨是复兴浙江。他要鼓动浙江人起来反对腐败的清政府。他亲自写了《兴浙会序》，表明这是一个爱国的组织，为的是着力发掘历史传统，表彰一批杰出的浙江人物，如为明王朝开基和守业立下勋劳的刘伯温、于谦、王守仁等，再如黄宗羲、张煌言等。

在那段时间，章太炎仍热衷于维新运动，他与其他维新志士一样，认为清廷中有慈禧为首的顽固派，也有光绪帝为首的维新派，他反对前者，支持后者，当时还没有萌生革命的念头。

起初兴浙会聚集了一些人，两个月后，他还在杭州创办《经世报》，其实这也是兴浙会的机关报，章太炎需要有自己的宣传工具，用舆论来宣传维新思潮。《经世报》主要介绍国内外大事和新知识、新学术。出了两期，因经费不足，办不下去了。

这时，他接到王仁俊的邀请，聘请他为《实学报》主笔。《实学报》的经理王仁俊是近代史学家，字捍郑，号籀许，江苏吴县人，光绪年间进士，曾经在湖北任过知府。先后担任存古学堂教员、京师大学堂教授等职，精于史学及敦煌学，对史志目录与金石学多有研究。在政治观点上倾向维护清朝廷的统治。

章太炎到《实学报》担任编撰，陆续发表了《后圣》《儒道》《儒兵》《儒法》《儒墨》《儒侠》等一系列文章，分析比较儒学与诸子学的优劣，表达了许多令人耳目一新的观点。但章太炎很快发现他与王仁俊在政治上、思想上存在许多分歧，在许多具体问题上有争执，常常彼此争得面红耳赤，难于调和。个性倔强的章太炎又离开《实学报》，去寻找新的事业。

这一年的11月，他受上海《译书公会报》的邀请前去任职。这张报纸是江苏人恽积勋、董康等人组织译书公会所创办的，目的是介绍西方的新知识，以启发国内民众关心国家的命运。章太炎担任总主笔，由他确定报纸的宗旨和选题。他自己也积极撰文，又为其他的译稿修改润色。章太炎对这张报纸寄予很大的希望，以"开民智、广见闻"为目的，广泛介绍西方和日本的重要书籍报章及评论文章。该报原定全年出版46册，还准备变为日报。他连日报的报名也拟定为《中外捷报》，但《译书公会报》只办了半年左右，就因经费不足而办不下去了。

章太炎在这大半年时间中，颠沛流离，四处奔走，不畏艰难。他说，我要用夸父追日、精卫填海的精神去寻找有效的维新之路。在他的心目中，学问是用来救国的，在这国家危亡之际，自己不能枯坐书斋，他要用自己的知识来拯救这个苦难的国家。

国难当头，向李鸿章进言

正当章太炎奔走于上海与杭州之间，积极宣传维新变法的时候，中国面临的形势又进一步恶化，山东胶州湾传来被德国强占的消息，德国要租赁胶州做"储煤站"，俄国也要染指胶州，德皇与沙俄达成协议，德国支持俄国占领大连，俄国则同意德国占领胶州。1897年11月，两名德国传教士在山东巨野遇害，德皇派舰队驶入胶州湾，用武力占领胶州城，1898年3月逼迫清政府签订《胶澳租界条约》。德国自此将山东全省作为势力范围，并向黄河中下游地区扩张。

章太炎目睹清政府的腐败和无能，忧心忡忡，觉得应当上书直隶总督兼北洋大臣李鸿章，提出自己的主张，请他出来"旋转乾坤"。于是给李鸿章写了一封信，先说了自己对国家形势的看法，又提出两条应对之策，一个办法是联合日本，遏止德俄。他认为日本是近邻，同是黄种人，可以争取联合，办法是把威海卫割给日本，以此为代价，以日本的力量抑止德俄。另一个办法利用日本人来管理税收、制造等业务，引进人才，完善中国的管理体制。章太炎的想法是以同种抗异种，联日抗德俄。事实上这种想法是非常幼稚的，在当时也很难实行，但从中也可看出章太炎作为一个爱国的热血青年，已经在思索国家大事，他的报国之心是昭然可见的。然而这封信投出之后，石沉大海，杳无音讯。

武昌之行，看清了封建卫道士的嘴脸

就在章太炎徘徊不前的时候，他接到一份湖北武昌发来的电报，是他在诂经精舍的同学和朋友夏曾佑发来的。夏曾佑比章太炎大几岁，能言善辩，满腹经纶，性格与章太炎相似。他在电报中说，湖广总督张之洞正在筹备《正学报》，要聘请一位国学素养深厚的人来主持这份报纸，报纸的主旨是宣传维新事业。经夏曾佑等人推荐,张之洞同意请章太炎前来武昌办报。

章太炎是1898年春天收到这份电报的。他知道张之洞当时是朝廷中洋务派的首脑人物,曾经担任清朝内阁学士,由山西巡抚升任两广总督,又迁任湖广总督,时人皆呼之为"大帅"。他发表了许多拥护皇上实行维新的言论,而且在湖北开铁矿,修铁路,办洋学堂,办印刷厂,又设立织布、纺纱、缫丝、制麻四局,很有雷厉风行的气魄。如果他支持办一张大力宣传维新的报纸,必将会在长江中部地区拓展出一片新的天地。想到这里,章太炎生出无限的希望,立刻回电夏曾佑说"鄙人近日即可赴鄂"。

3月28日,他由上海乘轮船溯江而上,几日后到了武昌,他很有礼貌地拜谒了张大帅。张之洞已是花甲之年,见到章太炎之后,派人把他送到铁政局宾馆住宿。以后的几天,大帅以贵宾相待,每次宴会都把武昌学界的重要人物请来作陪,其中有幕僚夏曾佑和两湖书院山长梁鼎芬等人。

梁鼎芬是个见风使舵的投机政客。他是光绪六年的进士,被授予编修一职。因为弹劾北洋大臣李鸿章,被降职五级,贬为平民。他很快投靠张之洞,被聘来武汉做幕僚,兼两湖书院山长。他看到彼时正是维新运动高涨之时,故作踊跃之状,骗得了维新派人士的信任。

章太炎与张大帅几次交谈,明白了办《正学报》的目的,一方面要宣传维新思潮,迎合光绪帝的改良意图;另一方面,要维护封建朝廷的"三纲五常",拥护慈禧太后及朝中守旧官员的地位。张之洞的态度是要在新旧两派中灵活周旋,使自己立于不败之地。而且,张之洞还要批判康有为的今文经学,这是举足轻重的大事,只有章太炎的笔力才能与康匹敌。

章太炎分析利弊,认为这件事能够宣传维新思想,是顺应潮流的举动,因此积极地投入办报的事情中。他起草了《正学报缘起》和《正学报例言》两篇文章后,《正学报》终于出版发行了。一个多月间,《正学报》刊发了不少维新派的文章,在湖南、湖北、江西、广东等地收到了很好的效果,人们甚至认为张之洞是新派的代表人物,是皇上推广维新运动的柱石。

　　有一天，张之洞把章太炎召去，闲话一番后，张大帅拿出一部手稿交给章太炎，说："请先生润色一二。"章太炎一看书面，是"劝学篇"三字，他翻开书页，略一浏览，就明白意思了。这部著作是张之洞亲自撰写的，他提出了"旧学为体，新学为用"的口号，以维护伦理纲常为基本，分上下两篇，上篇讲"务本"，意思是要保持封建国体，以正人心，文中多有效忠清室之语。下篇讲"务通"，提出要变法维新，以开风气。章太炎读完后沉思片刻，他赞赏维新的内容，又不同意维护封建统治，该怎样来表达自己的想法呢？张之洞希望听到章太炎的赞颂之声，不料章太炎只说了一句话："下篇多翔实矣！"却对上篇不置一词。张之洞立刻明白章太炎的态度是不赞成上篇的内容，而上篇正是本书的重心，是张之洞向朝廷表示忠心的关键部分。话不投机，两人不欢而散。

　　自从章太炎到达武昌，作为张之洞亲信的梁鼎芬内心极为不满，他看不惯章太炎的傲气，也不满意张大帅对章太炎的器重，更不喜欢章太炎说一些清廷腐败的语言。有一次，梁鼎芬去拜访章太炎，说到《春秋》这部书，章太炎说："《春秋》这部书中也有'国弑君'这样的话，国人如果觉得国君很坏，也可以把他杀掉，这是替天行道，没有什么不对的。"梁鼎芬问章太炎："听说康有为想做皇帝，有没有这样的事？"章太炎冷笑道："我只听说他想当教主，没听说他想做皇帝。其实，人有帝王思想也是常事，只是他想做教主，未免想入非非。"章太炎惊世骇俗的一番话，把梁鼎芬吓得不轻。他离开章太炎的住所后，立即向张之洞告密，说："章太炎这个人不仅口无遮拦，而且直呼皇帝名字，还说'人有帝王思想也是常事'，这人真是心术不正。"张之洞听了，非常恼怒。

　　经此一事，章太炎与梁鼎芬交恶。有一次，章太炎正在写反清文章，梁鼎芬的学生朱克柔到章太炎的住处来假意请教。朱克柔看了章太炎写的文章，说："百姓应当忠于朝廷，怎么可以说反清的话呢？"章太炎说："按照古人的讲法，所谓忠，无非有三条，即上恩利民，朋友善道，憔悴事君。要实现后一条，事君要忠，那么先要做到前两条，君主要想到老百姓的利益，人与人相处要平等相待。现在前面的两条做不到，还能谈什么忠于皇帝呢？况且，清朝贵族蹂躏汉族百姓三百年，百姓有什么忠可谈呢？所以要讲究忠君，那要等到革命之后了。"朱克柔说："你祖宗也有人做过清朝的官，怎么能说出这样的话呢？"章太炎说："那也是迫不得已的事。"

朱克柔赶紧将章太炎这些话去告诉老师。梁鼎芬听了，也觉得章太炎是个大逆不道、无法无天的人。那天晚上，梁鼎芬去张之洞府上禀报，说："章太炎心术不正，时有欺君犯上的言辞，这样的人不能重用。"张之洞问："你看怎么办？"梁说："这种人要早点辞退，万一哪天闹出事来，对大帅是很不利的。"张之洞说："给他500大洋作为路费，让他明天就回去。"

章太炎在武昌前后48天，又启程返沪。至此，章太炎变法维新的希望又一次破灭了。

章太炎登上驶往上海的轮船时，思绪翻滚，写下长诗《艾如张》。"艾"作悔恨解，"如"是跟随的意思，"张"指张之洞。题意说，自己悔不该到张之洞那里去，这样的封建官僚是不可信赖的。诗很长，最后的几句很能表达他的思想：

> 皇穹鉴黎庶，均平无九服。
>
> 顾我齐州产，宁能忘禹域？
>
> 击磬一微秩，志屈逃海滨。
>
> 商容①冯②马徒③，逝将除受辛④。
>
> 怀哉殷周世，大泽宁无人？

他感慨万般地吟道："高高的上天在俯视着黎民百姓，天下的人原本就

---

①商容，是商代贵族，被纣王废黜，后投靠周武王。
②冯，读凭。
③马徒，马前卒，可解释为冲锋在前的人。
④受辛，即纣王，名受，号帝辛。

应该享受平等。我等这些中原百姓，岂能忘记自己的国家？我只是一个天天点卯到岗的小职员，如今只好委屈地逃往海滨。世上需要商容这样的引导者，宁死也要推翻商纣这样的暴君。我追怀古老昌明的殷周时代，深山大泽里岂能没有杰出的人物？"他经历了维新改良的失败，也盼望有勇士来推翻这残暴的清朝政府。从诗意看，他虽然原先一味追求维新，但此时已有了革命的思想。

▌变法失败，长诗祭奠"六君子"▐

5月14日，章太炎回到上海，正遇到《时务报》改组，经理汪康年与主笔梁启超为争主办权闹得分手。汪康年将《时务报》改为《昌言报》，正是缺少人手之际，便立刻聘请章太炎任主笔。章太炎在《昌言报》第一期上介绍西方哲学家的著作《斯宾塞尔文集》，又撰写了《商鞅》一文，充分肯定商鞅变法对秦国富强的重要作用。

1898年6月11日，光绪皇帝颁布"明定国是"诏书，宣布变革大法，康、梁受到重用，戊戌变法开始，一连串的变法措施连连下达。这之后的3个月中，各地办洋学堂，翻译出版洋文书，办报纸等，维新人士扬眉吐气，人们都以为维新运动有希望了。

到9月间，晴天一声霹雳，慈禧太后发动政变，重新垂帘听政，囚禁了光绪皇帝，废除了一切新政所颁布的变革措施，下令逮捕维新人士。康有为乘英国"重庆号"商轮逃往上海，随后逃往香港，梁启超也由天津登上日轮逃往日本。留在北京的康广仁、谭嗣同、林旭、杨锐、刘光第、杨深秀等人被逮捕。21日六人被杀害，时称"戊戌六君子"。

"六君子"遇难的消息传到上海，章太炎悲愤异常，挥毫写下《祭维新六贤文》：

……王母虎尾，孰云敢履？唯我六贤，直言以抵。宁不惧咥，固忘生死！上相秉威，狼弧枉矢。以翼文母，机深结闭。大黄拟之，泰阿抵之。长星既出，烧之薙之。系古亡徵，党人先罹。断鳌之足，实唯女娲。匪丧陈宝，丧我支那。孰不有死？天柱峨峨。上为赤熛，下为大波。洞庭之涛，与君共殂。乌呼哀哉，尚飨！

章太炎用这些词句直接抒发了对烈士们的崇高气节和斗争魄力的颂扬和敬意。他说："慈禧太后的虎须虎尾，谁敢颠覆？只有六个贤士敢直言相抗。难道他们不怕被咬吗？他们早已将生死置之度外。朝廷施威，狼弧星已失去光芒，即正义受到挫折。顽固保守的人用翅膀遮蔽事情真相，高深莫测，但是黄河泛滥可用泰山阻挡。长庚星出现了，天将明亮，杂草可以烧了、除了。自古对邪恶者不惩罚，正直者先遭殃。鳌足断裂天欲堕，才有女娲炼五色石补天。朝廷杀害贤良，不仅仅失去了人才，实在是丧失我中华。六位贤人死了，却像巍峨的天柱耸立着。上有飞迸的火焰，下有汹涌的大波，就像洞庭湖的波涛，与他们同在。他们的英灵是不会死的！"

几天后，朝廷的追捕令下来，因为章太炎参加过强学会，是维新变法的活跃分子，在拘捕之列。朋友们把这消息告诉他，劝他赶紧离开。章太炎经过一番筹划，先悄悄回到家乡，将王氏和长女章㸤带出来，次女留给兄嫂照料，又经朋友的帮助，到厦门拿到了日本领事馆发给的护照，乘海轮驶往台湾。

这是章太炎第一次逃避清政权的追捕，此时此刻，他心中百感交集。一个研习经学的读书人，仅仅为了国家变法图强，被逼上反叛和流亡的道路。他追踪前贤，义无反顾，面向辽阔的海天，不禁感慨万千。于是仰天吟道：

弱冠①通九流,抗志②山谷贤。

丁③此沧海决,危苦欲陈言。

重华④不可遻,敷衽⑤问九天。

溟涬弟⑥尧舜,而不訾版泉。

版泉⑦竟何许? 志违时亦迁。

　　这首诗说道:我年纪尚轻,已通晓各派的学说。我仰慕隐居山谷中的先贤。我现在遭遇沧海横流的危险,满心的忧虑希望向先贤倾诉。我遇不到圣人的指点。我只有跪在床席上叩问上天。虽然世界混乱但有尧舜这样圣贤的存在,也不非议必要的战争。我为何称道战争? 因为情势已经发生变化。

　　章太炎看到清朝廷已举起血腥的屠刀杀害维新人士,开始萌生了用武力推翻清朝廷的想法。面对浊流滚滚的黄河,有什么良方可使河水变清?他最后吟道:

独弦非可弹,临风发《商歌》。

既不遻重华,安事涕滂沱。

蓬莱青未了,散发将凌波。

　　意思是:一把独弦的琴是弹不出动听的曲调的,我单打独斗,只能唱起哀伤的《商歌》。既然遇不到虞舜这样的圣人,又为什么要痛哭流涕,慌乱

---

①弱冠,古代男子20岁左右称弱冠。

②抗志,高尚的志气。

③丁,作遭遇解。

④重华,是虞舜的名字,这里指圣人。

⑤敷衽,即铺陈,《离骚》中有"跪敷衽以陈辞兮"。

⑥弟,《史记》作但解。

⑦版泉,指战争。

悲伤？看远方的蓬莱岛正郁郁葱葱,何不散发踏海去追寻自己心中的目标？章太炎在戊戌变法失败后严峻恶劣的形势面前,依旧胸怀光明的理想,并没有消沉斗志。

⑨ 避祸台湾的半年

▌进入《台湾日日新报》任编撰 ▌

1898年12月4日,章太炎到达台北。这时的台湾已在甲午战争中割让给日本,完全成了日本的殖民地,这个时期管理台湾的总督为儿玉源太郎。章太炎这次能够到台湾避难,是因为在上海的日本诗人山根虎雄仰慕章太炎的学问,主动介绍他到《台湾日日新报》工作的。章太炎此次前来,随行的有侍妾王氏和4岁的长女章㶏。王氏缠了一双小脚,行走不太方便,但是她能吃苦,又事事依顺丈夫,所以一路还算顺利。

章太炎一行才到台北码头,一位日本人已经在岸上等候了。他叫馆森鸿,去年才到台湾,是山根虎雄的朋友。他接到山根的信,知道章太炎要来,早早地在码头等候了。他会讲汉语,对章太炎的学问极为佩服,所以特别热情,而且他在总督府任雇员,对台湾的政界、文化界都很熟悉。他带着章太炎一家到报社附近的宿舍安顿下来,才回总督府去。章太炎在给朋友的信中这样描述他的住处:“弟所居官房也,直长如竹筒,隔之乃成三节,前后为客座,中为卧室,亦可谓蜗牛角矣。”

第二天,章太炎到报社报到。先见到社长守屋善兵卫,这是个不爱理睬人的人,交谈了几句就无话可说了。接着他去见主笔木下新三郎和中文主任编辑籾山衣洲,这两位比较随和,都会说汉语。章太炎这才知道这家《台湾日日新报》是由日本驻台湾的民政长官管理的,每天有6个版面,4版日文和2版中文。他们对章太炎没有规定专版,可以在家中撰稿,每月发多少稿件也没有硬性规定。

过了几天,章太炎撰了一篇文章,因为文辞古奥,难以理解,主笔木下新三郎委婉问道:"这几个是什么字?"章太炎白了人家一眼,也不吭声,提笔铺纸写道:"世人之知不知,解不解,不关吾事,吾只患吾文之善不善。苟文善,会尚有人知之者,请勿问!"那日本主笔无可奈何,叹息而去。

章太炎在《台湾日日新报》任职的半年时间中,发表了50余篇稿件,多数文章反映他忧国忧民的心情,部分文章十分同情生活在殖民地的台湾人民。他说,台湾是中国福建省的一个岛,是中国不可分割的一部分。他还提出要发展台湾的经济,改善台湾人民的生活,显示出他爱国爱民的赤子情怀。

章太炎细细考察台湾本地的人情风俗,对台湾人民的生活和遭遇颇为关注,也在报纸上提出一些改善的意见。他说台湾是东南富饶之地,现在农作物出产少,价格高,人民的生活得不到改善,主要是没有科学开发的缘故;他提出要学习西方开发农业的书,可以将书刻印出来广为散发;又提出要开发淡水鱼,开池沼,捕捞垂钓,改善渔民的生活。他特别赞成在台湾各地设立藏书楼,但对台湾学校中普遍只学习日文、不学汉语的现象很为不满,认为不可忽视汉语。他考察台湾各地,关心民生疾苦,希望台湾终有一日回到祖国的怀抱。他也凭吊当年收复宝岛、率众抗清的郑成功的遗迹,每到这样的地方,他即心潮难平,常感慨,因为朝廷的腐败无能,宝岛落入外人之手,祖国何时才能强大? 作为中华民族的子孙,自己又如何才能不愧对祖先?

章太炎有些文章还谴责慈禧太后和袁世凯、张之洞等人破坏维新运动的行径。他撰写《书清慈禧太后事》一文,列举了慈禧太后的种种罪行,从祺祥政变、肃顺被诛,到"六君子"被害,说她"恶直丑正,尤其天性然也"。这样指名道姓地谴责清朝当政的太后,在当时是绝无仅有的,可见他的胆量和无畏的精神。

他无情地揭露袁世凯，写下《俳谐录》一文。他用非洲沙漠的鸵鸟做比喻，讽刺袁世凯"甘为人服乘，载重而不怒，出胯下而不耻"；又将袁世凯比作汉末的袁绍，说他是个专制独裁、杀戮无辜的官僚。

章太炎还写文章痛斥张之洞，说他表面伪装赞同维新，背地里却破坏维新，口是心非，投机钻营，欺世盗名，是一个无耻的政客。

这些发表在《台湾日日新报》上的文章，表露了他的反清思想已日渐浓厚。他说："会遭党锢，日窜台北，其志则以访延平郑氏之遗迹也。"表示要与郑成功一样，在台湾抗清，与清政府"不共戴天，不共履后土"。这时，他的思想已从拥护光绪皇帝、支持变法渐渐转向反对后党官僚。

▍与康、梁之间的友好交往 ▍

章太炎到台湾不久，就给康有为写信。这时，康有为因变法失败受通缉而避祸于日本，章太炎在信中向他表示慰问。康有为在北京时，是光绪皇帝倚重的维新派首领，又是名噪一时的大学问家。那时章太炎是初出茅庐的年轻学者，虽然发过几篇有影响的文章，还不在康有为的眼中。但流亡期间，需要互相抱团取暖，所以康有为读了章太炎的信，也颇为感动，回信要总结戊戌变法的经验教训。章太炎收到康有为的信后也很兴奋，将康的信刊登在《台湾日日新报》上。从这时起，章太炎与康有为、梁启超之间开始了一段友好的交往。

当时社会上有人非难康有为，说他亲近朝廷，是清政府的鹰犬。章太炎就写了一篇《答学究》的文章来进行反诘。章太炎在文章中表示，康有为不是朝廷的近臣，他之所以能上奏折，提宏议，是因为他为国家利益着想，这有什么不可以呢？在这个乱世，每个人有乡愿之议，都应当向朝廷提出来。你们这些不通事理的学究，不能只看这个人与朝廷是否亲近，应当看这个人所提的意见是否有理。

这时，梁启超在日本横滨办《清议报》。他说自己流亡到日本后，没有忘记自己的使命,他要开发民智,振作民气,办报纸是最有效的手段。《清议报》的任务是继续鼓动民众投入维新改良的运动中去。报纸版面开设论坛、名家著述、文苑、外论汇译、纪事、群报撷华等栏目。梁启超任主编,一面抨击慈禧太后为首的封建顽固派,一面颂扬光绪皇帝,又大量介绍西方资产阶级政治学说,内容相当丰富。报纸通过日本侨民和租界中的日本洋行在中国内地传播,产生了深远的影响。

梁启超写信给章太炎,欢迎他给《清议报》写稿。章太炎在康、梁的影响下,写了《客帝论》,主张清帝自动退位,可以以"客帝"的身份继续执政,以此缓和国内反清的情绪。他又写下《藩镇论》,提出应削弱中央集权,分别由地方封疆大吏来管理各省。这两篇文章都在《清议报》上刊登了。尽管章、梁两人在学术上有争议,政见上有不同,但为国家富强的大目标是一致的。

▍在台湾文化界交朋友 ▍

章太炎在台北有许多文化界的朋友,其中与日本人馆森鸿的交情特别深厚。馆森鸿原姓藤原,后改为斋藤,最后又改成馆森鸿。他早年学习汉学,毕业于日本汉学家的私塾,曾在台北一个初中任教师,后在总督府任职员。他喜欢写作,见到章太炎后彼此志同道合,将太炎视为心目中的老师,并将自己的文集《拙存园丛稿》请章太炎作序。章太炎看完后为他写了长篇文字,赞扬他的文章风格淡雅绝俗,可与桐城派的古文大家方东树、姚鼐相比,结构有条理,语言有文采等,馆森鸿十分高兴。章太炎也把自己的论文集《訄书》文稿让馆森鸿阅读。馆森鸿读后,说章太炎"操守大节,困厄而不扰,将胸中郁积发为著作,成一家之言"。两人每次相见,探讨经史,评论文章,纵谈时事,谈到兴致逸飞之时,投笔起舞,仿佛古代的士大夫一般。

他们对古文经学有一致的认识。馆森鸿对顾炎武在清代古文经学的开创作用充分肯定,说:"一日读《顾亭林集》,慨然自起,虽奔走相告,心耿

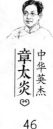

耿犹未放下。"章太炎称顾炎武是自己最崇敬的偶像,自己的名字就因为倾慕他而更改的。他们谈起乾隆年间的经学家戴震又有一致的看法。馆森鸿写了一篇文章《与人书》,讲到戴震博学多才,对天文、数学、历史、地理都颇有研究,尤其精于名物训诂。章太炎就为他的文章写了一篇跋,说:"推重东原(东原是戴震的字),与鄙意最合。"又认为戴震主张"性善",可与西方的卢梭相媲美。

他们对中国维新运动的革新求强也有共同的看法。每当馆森鸿说起日本明治维新的历史人物,章太炎就讲到发动戊戌变法的康有为、梁启超正是仿效日本明治维新的代表人物。章太炎在台湾期间,馆森鸿成了他朝夕不离的朋友。

章太炎的朋友除馆森鸿之外,还有法院院长水尾晚翠、报馆主笔籾山逸等,他们常在一起吟诗写字、喝酒唱酬。还有《台湾日日新报》的一些记者、编辑,对这位国学大师佩服得五体投地。章太炎结识了一位记者李书,两人闲聊时,章太炎问李书:"你几岁开始读书的?"李书说:"大约20岁才请师父启蒙。"章太炎听后,连连摇头,嫌他读书太迟。说自己六七岁就开始读书,20岁时差不多已经将经学的经典著作都读完了。李书颇为怀疑,问章太炎还能记得多少,于是随便举出几部经典著作上的内容问他,章太炎可以一字不漏地答复,甚至连哪一句在哪部书哪一页,都说得清清楚楚,李书听了极为钦佩。

台北有一个以日本人为主的诗社,叫玉山吟社,参与其中的还有台北本地士绅,章太炎也和他们一起唱和。当时台湾还是一个文化比较荒芜的地方,章太炎学问出众,许多人都向他请教,在玉山吟社,章太炎曾作诗两首,一首是《饯岁》。

不作彭殇①念,吾犹恋椭球②。

①彭殇,意为不要多想寿命长短。
②椭球,指地球。

> 短长看日及,身世等蜉蝣。
>
> 残鬓睢阳恨,馀身逝水浮。
>
> 青阳东国早,春又满蛉洲。

　　这是一首感叹岁月易逝、身如浮萍的随感。诗作里说,寿命长的如彭祖活到八百岁,寿命短的如殇者,未成年而死。我还留恋活在地球上。昼长夜短,日复一日,我们如同小虫子一样。年纪大了,仰首看太阳西下,不免有点恨意。人生如水一样流去,台湾的太阳升起得早,你看春天又在洲渚之间。

　　另一首是《玉山吟社席上即事》:

> 唾壶①击破转心惊,弹指②苍茫景物更。
>
> 满地江湖吾尚在,棋枰声里俟河清。

　　第二首诗也是感叹时间的消逝。第一句说,大家的诗太好了,听到的人心里惊奇。佛经说,二十念为一瞬,二十瞬为一弹指。弹指间,景物都变换了。江湖变化了,我们人还健在,且听棋子落在棋枰上的声音,等待河水变清,时间过得真快呀。

▍初编论文集《訄书》▍

　　章太炎在这段时间,开始编写他的论文集。他从1897年进入《时务报》起,投身维新改良运动,已写下50多篇文章,内容涉及社会改造和思想文化的各个方面,如政治体制、经济关系、法律制度、民族及宗教、国防、教育等,

---

　　①唾壶,在《世说新语》里王处仲每次喝酒后就会吟诗,用如意击打唾壶,壶口都缺失了。后人以击碎唾壶作为激赏诗文之词。

　　②弹指,比喻时间短暂。

俨然自成体系。章太炎从一个专心经学的学者,已转变成社会改造者,这些文章记录了他早期的生活经历和精神足迹,于是他决定将其编辑成书。关于这部文集的名字,他思索颇久,最后决定用"訄书"二字。訄者,逼迫也。章太炎正是在国家危急的关头,受到社会环境的逼迫而写下这些文章的,这是他发出的呐喊之声。清政府腐败,外国列强入侵,山河破碎,民生凋敝,谁来救我中华? 他写这些文章,就是为了讥讽时政、激励当世。这是章太炎的第一部自选的学术文集,记录了他对当时世界诸多问题的深入思考,有他受改良主义影响的想法,也有他许多尚未成熟的见解。几个月后,他到日本横滨,便将书稿送给梁启超,又请他题写书名。1899年冬回到上海后,他又请朋友祝心渊送去苏州一家公司印刷。在这部书中,他基本上是站在维新改良的立场上的,当时还没有推翻清政府的念头。或者说,章太炎还站在改良与革命的十字路口。

▍不满报社,离开台湾 ▍

章太炎是个正直而勇敢的人,对日本统治下的台湾存在的种种问题,以及日本官僚作威作福、压制台湾同胞的行为都非常愤恨。他常写批判的文章并刊登在报上,引起了日本驻台湾总督的不满。督府将社长守屋善兵卫叫去斥责了一番,说:"对这个章太炎要加强管教,不要让他胡言乱语。"

守屋善兵卫悻悻地回到报社,叫工役去请章太炎到社长室来。章太炎不理,写了一张字条,又让这个工役交给守屋。字条大意是,他难道不知道在有知识的人面前应有的尊重吗? 守屋看了字条,暴跳如雷,亲自跑到章太炎的宿舍,说:"你就辞职归去吧!"章太炎看他色厉内荏的模样,反倒觉得好笑。待守屋走后,他自言自语地说:"名为善兵卫,实为恶兵卫,礼貌衰,则去之,何用逐?"说着大笑起来。他想到梁启超在日本办《清议报》,曾邀请自己去协助,于是准备即刻离开,而在台湾的朋友纷纷赶来相送。日本记者石坂庄作拿出一个扇面请章太炎题词。章太炎展开扇面,随手题写了几行文字,写道:"瞽于形者,丘陵草木之勿睹也。古之射御者,必教之金目。自吾入台湾,未见其目也。"他说台湾要打破"智瞽",倡导"金目",意思是要提高分析能力,去选择自己的前途。这是对石坂庄作的鼓励。《台湾日日新报》的编辑、记者都来送行,大家挥手告别,久久不肯离去。这时,馆森鸿居然为章太炎一家提着行李并上了邮轮,说:"你们第一次去日本,不熟悉环境,我送你们去。"

与孙中山第一次见面

▌在横滨见到孙中山 ▌

1899年6月10日,章太炎携妻带女离开台湾,在基隆登上一艘驶往日本的客轮,开始了他的日本之行。4天后,他们到达神户的码头,这是他第一次踏上日本国土。在日本友人馆森鸿的陪同下,他们游览了神户、京都、横滨等地,日本的秀丽风光、名胜古迹使他感到新鲜、好奇。尤其是明治维新后所取得的成就,给他留下了深刻的印象,也开阔了他的眼界。

游历之后又回到横滨,他们先住在清议报馆的公寓中,有时也住在梁启超的寓所中。梁启超是维新运动中一名不屈不挠的战将,戊戌政变后来到日本避难,立刻创办《清议报》,继续宣传维新变法。章太炎到达横滨后,梁启超说起在《时务报》共事时的不愉快之事,向章太炎表示歉意。这毕竟是年轻人意气用事的一时之闹,经过一场政变的血雨腥风,他们发现彼此都是为改良社会而共同战斗的朋友。章太炎也为自己当时不理智的行为深表歉意。这样的互相表白之后,双方握手言和,前嫌相释。章太炎写信给上海的汪康年,说到他和梁启超关系改善的事,心情很愉快,将真诚的情谊比喻为"松柏非遇霜雪,不能贞坚"。他还希望汪康年与梁启超的关系也能重修旧好。

那段时间,孙中山也在日本横滨,他与梁启超经常见面,虽然两人政治观点不同,但救国的目标是一致的。有一次,梁启超对章太炎说:"要不要见一下孙中山?"章太炎自然非常愿意。他在《时务报》时,已从《字林西报》上知道了孙中山的大名,但还没有实际接触过。这次能有见面的机会是章太炎心中极其盼望的。

7月的一天,在横滨梁启超家中,孙、章两人终于见面了,对两人这次会面的情况,有着许多不同的说法。

据章太炎给友人的信上说:"兴公亦在横滨,自署中山樵,尝一见之。聆其议论,谓不瓜分不足以恢复,斯言即浴血之意,可谓卓识。惜其人闪烁不恒,非有实际,盖不能为张角、王仙芝者也。"章太炎认为这次见面很匆忙,听孙中山的言论,所谓革命要夺取地方,要流血战斗,这是具有远见卓识的,但从孙中山风度翩翩的外表看,是个留洋的学者模样,会不会言过其实,并不是东汉末年发动黄巾起义的张角和唐朝末年王仙芝、黄巢那样的起义英雄。在章太炎的脑海中,似乎起义者都应是浓眉大眼的绿林好汉。

另一个说法来自同盟会元老冯自由的回忆文章,他当时在场,目睹了他们会面的情况。冯自由记录了孙、章两人当时的一些原话。按照这篇文章的记录,当时孙中山直言不讳,说:"中国的革命不瓜分则不能恢复。"章太炎听了说:"那就是要武装夺取?"孙中山点头赞同。章太炎进一步追问:"那就是要流血了?"孙中山又点头。章太炎把手一拍,说:"对了,这话也是我想说的,要反清,不流血是绝对不成的。"他又对梁启超说:"维新变法原以为不会流血,现在也流血了。'六君子'的血也不是白流的,它告诉我们要做最坏的打算。"

孙中山与章太炎又说到土地问题,孙中山说:"土地问题就是农民问题,从古以来,仁人志士都想过许多办法,比如三代之井田,王莽之王田,王安石之青苗,洪秀全之公仓,都曾经试验过。"孙中山最欣赏土地公有论,最适宜我国社会经济现状。章太炎说:"我写过《定版籍》的文章,不稼者不得有一寸土地,不劳者不得有土地。要实行均田制,田不均,民不乐其生,终应发难。"

章太炎既钦佩革命党领袖孙中山,同时又与改良派的康有为、梁启超

交好。那段时间,他徘徊于革命与改良之间。

▌讽刺投机政客梁鼎芬▐

在日本逗留期间,章太炎听说梁鼎芬在戊戌政变后一改过去附和维新运动的态度,一再向清政府表白他早已洞察康、梁等人"灭圣欺君,心同叛逆"的行径。章太炎又联想到当年在武昌,梁向张之洞告密,将自己驱逐出境的旧事,心中异常气愤,于是写了一首《梁园客》的诗,借以发泄心中的愤恨。他写道:

闻道梁园客①最豪,山中谷永②太萧条。

鸱馀③乞食情无那④,蝇矢⑤陈庭气尚骄。

报国文章隆九鼎,小臣环玦系秋毫。

君看鹦鹉洲⑥边月,一阕《渔洋》⑦未许操。

诗作的大意是:梁鼎芬作为张之洞的幕僚时多么神气,但梁鼎芬也曾经被罢官降级,像山中谷永一样过着萧条的日子。梁鼎芬落魄时向人乞食,后来被张之洞重用又骄矜起来。梁鼎芬早年一度写出好文章,成名一时,又因文获罪而命运不堪。尾联指梁鼎芬的下场,他无耻地投靠了朝廷,留下了耻辱的名声。这是一首讽刺梁鼎芬的诗,雅谑中又有锋芒。

---

①梁园,是西汉梁孝王刘武所筑的花园,供游赏待客用,这里的梁园客指梁鼎芬。
②谷永,是汉成帝时的官僚,因为结党营私不被信任,贬入山中。
③鸱馀,猫头鹰吃剩的东西。
④无那,即无奈。
⑤蝇矢,即苍蝇的屎。
⑥鹦鹉洲,汉末时的祢衡作《鹦鹉洲》而出名,他有骨气击鼓骂曹操。
⑦《渔洋》,鼓曲名。

《菌说》是对唯物论的弘扬

旅日期间,章太炎读了许多西方的著作,有思想方面的、文化方面的、自然科学方面的,自己的哲学思想也发生了变化。这期间,他写下了《菌说》一文,这是一篇针对谭嗣同的《仁学》而发表的重要文章。

《仁学》是谭嗣同一生留下的最为重要的哲学著作,共两卷,写成于1896—1897年,这部书借用物理学上的"以太"概念来解释"仁",认定"仁为天地万物之源",以此抨击封建专制和礼教,号召"冲决罗网",提倡变化日新。这部书代表了戊戌时期批判封建君主制度和儒教"三纲五常"观念的最高水平,但它的最大缺陷是内容庞杂,又把佛教思想奉为真理。因此,《仁学》的主题是形而上学和唯心主义的。

章太炎写的《菌说》,以科学思想为武器,批判宗教有神论,这是第一次对谭嗣同唯心主义学说展开有力的批判,也反映了章太炎当时已具有唯物主义的思想。章太炎指出,万物都由原子组成,生物是草木进化为单体、复体,以至鸟兽虫鱼,以至为人。《菌说》还根据进化论思想,论证了人们积极努力、团结奋斗和维护国家民族利益的重要性。《菌说》的写成,表明章太炎的唯物哲学观正在趋于成熟。

对维新党人发出忠告

章太炎在日本期间,与不少中国维新人士多有交往,接触中看到他们中一些人热衷于追名逐利,没有长远的目标,甚至一味保皇,心中很是不满,因此在即将离开日本回国时,写下《西归①留别中东诸君子》一诗。

---

①西归,即从日本回到中国来。

与孙中山第一次见面

53

黄垆①此挣挣，神州眇一粟。

微命复何有？丧元②亮③同乐。

蛣蜣思转丸，茅鸱惟啖肉。

新耶复旧耶，等此一丘貉。

轶荡④天门⑤开，封事⑥苦仆遬⑦。

朝上更生⑧疏，夕劾子坚⑨狱。

鲸鱼血固暖，凉液幻殊族。

球府⑩集苍蝇，一滴缁楚璞。

潜翦岂齐性，缟玄竟谁觉。

吾衰久矣夫，白日暗穷朔。

仕宦⑪为金吾⑫，萧王⑬志胡戚！

江海此分袂，涕流如雨霉。

何以赠君子，舌噤不敢告。

弓月⑭保东海，蚡冒起南岳。

此诗写于1899年。章太炎怀着深深的忧虑和不满的情绪告诉留在日

①黄垆，指地球。
②丧元，丢脑袋。
③亮，同谅，即料想。
④轶荡，迟缓。
⑤天门，宫门。
⑥封事，密封的奏章。
⑦仆遬，派不了用场的小木块。
⑧更生，汉代刘向的本名，任谏议大夫。
⑨子坚，东汉李固，字子坚，任议郎。
⑩球府，即琼府。
⑪仕宦，即官人。
⑫金吾，是两端涂金的铜棒。执金吾是负责京城治安的官员。
⑬萧王，汉武帝刘秀。
⑭弓月，即秦始皇之子扶苏的后人。

本的保皇党人,说:"黄色的大地在不停地旋转,细看中国如一粒小小的粟米。一个人的生命微小得很,算得了什么?屎壳郎一心想把粪土滚成丸,猫头鹰只想吃鼠肉。新党怎样,旧党又怎样,都是一丘之貉,朝廷的宫门缓缓打开了,奏章太多,却没有什么用场。早上有谏议大夫刘向上疏,弹劾宦官外戚,傍晚有奏章为东汉议郎李固鸣冤叫屈。保皇党们奏章虽多,但并无用处。鲸鱼的血液本来是暖的,放进凉水中也会幻化成异族。改良的主张就像鲸鱼的血,在大海中也会变凉。现在苍蝇集中在琼府中,一滴蝇矢即可玷污了玉璞。水底的游虫和天上的飞鸟,习性难道会一样吗?可是现在黑与白谁能分得清楚?我们的国家被清朝统治着,已衰败很久了。只想成为保卫京城的官员执金吾,刘秀年少时的志向何其渺小。保皇党人无非想在朝廷中谋取小官职。我们在江海之滨分手,泪流如雨如雹。用什么赠别各位君子呢?我闭口不敢出声。因为我与你们的志向如此不同,即使伤心也没法说话了。今天如果我像古人弓月那样能够来保全东海,他日将有人像楚国第一代国君蚡冒那样在南方聚众起义。"章太炎在诗中抨击了清政府黑白不分的腐败无能,又讽刺了有些维新人士追名逐利的行为,更表明自己要选择新的革命道路。

章太炎在日本逗留仅两个月。这时,王氏已经怀孕数月,为照顾她的身体,于8月下旬就悄悄返回上海。回杭州将王氏和焱儿留在仓前乡下后,又奔向上海。年底时,王氏为他生下第三个女儿㽵。

◉割辫易服，向清政府示威

▍对顽固派的迎头痛击 ▍

章太炎于1899年8月从日本回到上海，为了躲避清政府的追捕，他四处躲藏，行踪不定，但他与汪康年仍有书信往来，暗中保持联系，关心时局的发展。

戊戌政变后，反对维新运动的顽固派卷土重来，疯狂反扑，恶毒谩骂维新变法。湖南平江人苏舆编辑刻印了一部《翼教丛编》，共6卷，在书中搜集了许多顽固分子攻击维新运动的文章，咒骂康有为、梁启超"灭圣经""乱成宪""堕纲常""无君上""邪说横溢，扰乱人心"等，章太炎对于《翼教丛编》的诽谤再也不能容忍，他挺身而出，撰写两篇战斗性很强的反击文章，一篇是《〈翼教丛编〉书后》，一篇是《今古文辨义》，分别发表在《五洲时事汇编》和《亚东时报》上。章太炎用渊博的知识反驳苏舆的别有用心与胡编乱造，认为苏舆之流攻击维新运动是可耻的，只是"舔清政府的痛痔"，令人作呕。他还指出康有为言民权、倡平等对社会进步是有好处的。章太炎对《翼教丛编》的批驳是为维新运动仗义执言，对那些顽固派进行了迎头痛击。

▍进入《亚东时报》任编务 ▍

1899年冬，章太炎由杭州坐船来到上海，在轮船码头上买到一份《亚东时报》，一看内容，说的是维新改良之事，在戊戌政变后，其他报纸都不敢说"维新"两字，而这份报纸有胆量继续宣传维新，章太炎仿佛看到了希望。再看报纸的主编是唐才常，这是他熟悉的朋友，章太炎格外兴奋，就径自去拜访故人。唐才常见章太炎到来，大喜过望，当即聘请他担任《亚东时报》的编务。

章太炎在承担编务的同时，又在诚正学堂当汉文教习。他又编报，又教书，工作繁忙，生活也不安定，但这些社会职业对他来说也是一种掩护。此时他仍然在秘密地寻求志同道合的人，企望在中国社会的改革中有所作为。

█ 又一次逃脱清政府的追捕 █

戊戌政变后，光绪帝被囚禁了，但不少朝中重臣都拥护光绪帝，这对慈禧是一种潜在的威胁，所以慈禧为巩固清廷的统治，决心废黜光绪帝，立端郡王载漪之子溥儁为皇太子，直接继承同治的帝位。这对维新派来说，又是当头一棍。光绪帝是他们的主心骨，是实现维新事业的"中心人物"，现在慈禧要"废帝立储"，简直是天塌下来一般。消息传开，朝廷内外的维新人士纷纷反对，尤其是东南各省的督抚，慈禧只好将废黜计划暂时作罢，但她又不肯善罢甘休。1900年1月，上海电报局总办经元善为首的官绅联络蔡元培、章太炎、黄炎培、唐才常等1200余人，签名反对慈禧的做法，呈文中请求光绪帝依旧登上皇位，切勿有退位之念。这时的章太炎受康、梁影响，也加入了反对"废帝立储"的行列。

1月24日，慈禧见到经元善等人的呈文，勃然大怒，下旨将这些反对她的人通缉归案，所有知道消息的人都纷纷逃散。经元善在英国传教士李提摩太的保护下逃亡澳门，章太炎因为居住在租界内未受逮捕。

这时，浙江的维新人士汤寿潜①出于援救章太炎的好心，写信给梁鼎芬，请他救助章太炎。梁鼎芬因诬陷攻击康有为、梁启超颇得清廷信赖。汤寿潜写信给梁鼎芬这件事章太炎并不知道，后来得知此事，惊愕得面色大变，责备汤寿潜做了件不该做的事，并对外公开严正声明，说自己纵使杀身殒命，也决不会向梁鼎芬之流乞援。

19世纪末，帝国主义疯狂侵略中国边疆地区，强占租借地，划分势力范围，外国教会深入中国城市和乡村，使民族危机愈加严重。章太炎为救中国，再次向李鸿章上书，希望凭借他的权位挽救危局，甚至希望李鸿章能摆脱清朝统治，宣布独立，另建开明政府。这次的建议书同上次一样石沉大海，得不到任何回音。与此同时，章太炎又致书两江总督刘坤一，企图策动他据两江而独立，另组政府，养贤致民。这封信同样成为泡影。

与改良派彻底决裂

1900年，山东、直隶一带几十万贫苦农民举起义和团的旗帜，起来"反清灭洋"。后来清政府对义和团由剿转抚，并发布诏书，对义和团首领封官许愿，声称要与列强决一雌雄。义和团首领受到朝廷的欺骗和利用，口号改为"扶清灭洋"，于是烧教堂、杀洋人，事态愈演愈烈，结果引起西方列强的不满，英、美、法、俄、德、日、意、奥八国组成联军进攻北京，慈禧挟光绪帝避难西安。

在这国家危急的关头，南方一群爱国的知识分子以为时机到来，可以趁机兴兵，发动勤王。所谓"勤王"，就是用武力救出光绪帝，让他南下建立南方政府，推行维新之法，以挽救国家的命运。唐才常就是这群人中的代表。唐才常，别号佛尘，既通经学，又擅社交。他与谭嗣同师出同门，戊戌变法时，唐才常原本应谭嗣同的号召进京参与改革，他刚到汉口，京城政变

①汤寿潜，字蛰先，浙江山阴（今萧山）人，光绪进士，是浙江最早的资产阶级改良派思想家。

的消息传来,谭嗣同等"六君子"被杀,他立即回到湖南家乡,隐蔽了一时。后又到上海,一边以公开的身份主持《亚东时报》,一边暗地里发展维新志士,他吸取"六君子"失败的教训,要组织一支强大的武装力量。他在武汉的清军中发展了一批人,成立自立军,有2万余人。在康有为的门生中,唐才常是第一个积极从事武装斗争的维新志士。他曾经跑到日本横滨找到孙中山,会商在长江中部起兵的计划,得到孙中山的支持。孙中山同意派留学生秦力山、吴禄贞等20余人回国筹备起兵。梁启超听到唐才常的计划也十分赞成,这正是梁启超等保皇党人与孙中山谋求合作之时,梁启超也倾向于以武力推翻慈禧把控的清政府,以恢复光绪帝的统治地位。梁启超在东京红叶馆为唐才常设宴饯行,孙中山等人也在座,大家频频举杯,预祝起事胜利。

6月,唐才常回到上海,创立正气会,大讲爱国忠君,共扶时艰。唐才常告诉章太炎,正气会是个秘密组织,联络地点在东文译社,由日本人甲斐靖在此教授日文为掩护。唐才常又筹划成立中国国会(又称中国议会),欢迎章太炎参加。1900年7月26日,他们在上海张园召开中国国会成立大会。张园建于清末,园内有种种西洋玩意,有电灯、电影、摄影,还有热气球、茶室、酒楼,就像后来的公园。这次大会有80多名救亡人士出席。会上选举容闳任会长,容闳是清朝最早的留美学生,回国后筹建江南机器制造局,曾任驻美副使;严复为副会长,严复早年留学英国海军学校,回国任北洋水师学堂总办,以翻译《天演论》出名,是近代启蒙思想家、翻译家;唐才常任总干事,宣布宗旨三条:一、保全中国自立之权,创造新自立国;二、决定不认满洲政府有统治清国之权;三、拥护光绪皇帝复位。总的来说,是实行维新。唐才常为了得到康有为在资金上的支持,也与保皇会保持密切联系。

章太炎听了唐才常的介绍,批评说:"你们这样做,一面反清,一面勤王,既不承认清政府,又拥戴光绪皇帝,这是互相矛盾的。"唐才常根本听不进章太炎的劝告,加紧策划"勤王"活动。

章太炎回到寓所,心中的情绪汹涌而来,对"保皇勤王"的做法非常排

斥。他立即写下《杂感》:

> 万岁山边老树秋,瀛台今复见尧囚。
> 群公辛苦怀忠愤,尚忆"扬州十日"不?

诗作说,在北京的万岁山(即景山),明末的亡国之君崇祯就吊死在那棵树下。光绪帝被囚瀛台,就像上古时尧帝被舜所囚。康梁之辈,包括现在的唐才常等人因光绪帝被囚而怀有忠愤之心,可否记得光绪帝的祖先在扬州屠杀汉人的事?

> 谁教两犬竞呀呀,貂尾①方山②总一家。
> 恨少舞阳③屠狗侣,扫除群吠在潼华④。

他认为,慈禧和光绪不过是两条互相撕咬的狗。清朝贵族与汉族官僚其实同是统治者,他们的根本利益是一致的。恨我没有樊哙这样的伙伴,将慈禧这群狗扫除于逃往西安的途中。

章太炎在诗中彻底否定康、梁和唐才常等人寄希望于光绪皇帝的行为,主张用武力扫除这群像狂犬一样的人。

章太炎赋诗之后,又撰写一份《说帖》,帖中揭露清朝入关残杀汉人的种种罪行,历数其欺骗百姓,束缚文人,圈占土地,以期激发仇恨,提出为了拯救中国、振兴民族、保全人民,不能不推翻清朝政府。他不赞成和曾国藩、胡林翼之类同流合污,并声明唐才常如果不接受上述主张,自己将退出国会。

---

①貂尾,是满族权贵帽子上的冠饰。
②方山,指方山冠,是汉族官僚祭宗庙所戴的帽子。
③舞阳,汉代封为舞阳侯的樊哙年轻时屠狗为业。
④潼华,指潼关与华阴,都在陕西。

章太炎反对国会的改良主义思想,企图撑起反清革命的旗帜,但是得不到在场代表的支持。大会强行通过中国国会章程。章太炎十分气愤,当场剪下自己的发辫,又换上朋友送来的欧罗巴西服。这就是所谓的"断发易服"。旧时代,汉族男子本来没有剃发留辫子的习惯,讲究身体发肤受之父母,不敢损伤,因此将头发保留起来,在头上用钗束住,称为"束发"。在清政府统治下,强迫汉人遵从满族的习惯,男人必须将前半脑勺的头发剃尽,将后半脑勺的头发梳成辫子垂在脑后,称作留辫,违者有杀头之罪。章太炎敢于自剪发辫,表示了与清政府誓不两立的决心。这一年,他33岁,从此,他与改良派彻底决裂,走上了革命的道路。

　　8月8日,他写下《解辫发说》一文,寄往香港的《中国旬报》,并给孙中山写去一封充满革命激情的信。信中说:"数年以来,闻先生名,乃知海外自有夷吾,廓清华夏,非斯莫属。"并希望孙中山"为四万万人珍摄"。孙中山对章太炎的革命豪举极为欣赏,特嘱《中国旬报》全文刊载章太炎的文章和给孙中山的信,并加《后记》一篇。《后记》说:"章君炳麟,余杭人也,蕴结孤愤,发为罪言,霹雳半天,壮者失色,长枪大戟,一往无前,有清以来,士气之壮,文字之痛,当推此次为第一。"

▌悼念维新烈士唐才常 ▌

　　上海的大会结束后,唐才常立即赶往武汉,准备在夏口起兵,由林圭领中军,抢夺武昌,控制各路。秦力山领前军,在大通发起进攻,田邦璿领后军,从安庆发动进攻,沈荩领右军,从黄柏山进攻,陈犹龙领左军,在新堤、岳州进攻,与武汉相呼应。唐才常统率各军,前后照应,他自以为计划天衣无缝,谁知湖广总督张之洞早有侦察。8月28日清晨,张以突然袭击的手段,逮捕了唐才常等自立军首领20余人,且未经审讯,当夜即在武昌紫阳湖畔将他们全部杀害。勤王之举宣告失败。

　　章太炎得知消息后极为悲痛。他虽然不赞成勤王的主张,但他对唐才

常英勇献身的精神非常敬佩,对他的牺牲也十分惋惜。他悲愤地写下一篇壮烈的宏文《唐才常画像赞》:

…………

梦梦之天,荡荡之帝。

弃我神州,而眷胡裔。

黄鹤夜鸣,歼兹明懿。

文昌之蔵,赤庐犹视。

视余无恙,书此罔象。

章太炎悲痛欲绝地呼喊:浩浩上天啊,冥冥帝君啊,你为什么不照顾我神州汉人,反而去亲近满洲小人。黄鹤在夜里哀鸣,我正直的朋友被杀害。他们都是读书人啊,血迹尚在眼前,我还没有死,所以我要面对他的遗像,写下这篇文字。

因为自立军起义失败,清廷的搜捕更加频繁。虽然章太炎在起事前已宣布与中国国会脱离关系,但名字仍登记在国会的名册上,故受到通缉。章太炎不敢在上海久留,又回余杭乡下避难去了。

⊕ 在东吴大学疾呼反清

▌与吴保初的深情厚谊 ▌

1901年2月，章太炎重返上海，因为他的宣传维新运动的《訄书》已经问世，他的剪辫易服的行动又震动社会，原先的一些朋友都不敢接待他了，怕受到牵连，使他几乎一时无栖身之地。他找到倾向维新的朋友胡惟志的家中，才住了一天，胡惟志就推托说："外界有谣诼，你是通缉之人，多住怕有不便。"章太炎被迫离开胡家。好在胡惟志介绍章太炎去广智书局工作，翻译一些外文书，但广智书局住房窄小，难以住宿。章太炎想去住旅社，但住宿费颇高，译书的薪金根本不够支付。

于是章太炎想到了朋友吴保初。当年，吴保初与谭嗣同、陈三立、丁惠康有"清末四公子"之美称，磊落大方，颇有义气。章太炎如今无处落脚，只能去找他。吴保初没有二话，答应章太炎在他家住下。吴保初的父亲吴长庆是李鸿章手下的著名将领。吴保初年轻时随父征战，文武双全，又行侠仗义，轻财好施，善于结交天下豪杰。他对章太炎的学问和气节非常钦佩，曾写诗赞扬章太炎，诗云：

> 支那有一士，戢影居越西。
> 结念抱冰雪，宅心高虹霓。
> 慷慨怀前修，恻怆悯群黎。

丘索与典坟，一一穷探稽。

种界析狼鹿，政教疏羌氐。

独永泰皇①祚，屡仵末俗诋。

畴士自踌驰，良马空跃躞。

始知间代才，动与世相暌。

………

　　吴保初在诗中说：章太炎是中国的知名人士，他老家在浙西。他的抱负如冰雪贞洁，内心高尚如彩虹，胸怀像前代贤人一样开阔，又非常同情天下百姓。他对古代典籍一一加以研究探索，种族能分清敌我，政治教养能区别蛮夷。章太炎歌颂正直，反对邪恶。那些知道天文历算的人任意放荡，没有受到重用，俊美的千里马空有踢踏。他是一代杰出的人才，他的行动却与世俗相违背。吴保初不愧是章太炎的好朋友，马上接待了他。

　　章太炎在吴保初家的时候，也有一些老朋友来看他，谈论时局，或忧虑，或慷慨。吴保初劝章太炎明哲保身，不要太招摇。章太炎说："我辫子都剪掉了，誓与清朝不共戴天，还怕什么呢？"好友宋恕说："凭着你一个书生，想颠覆清朝三百年帝业，是否自不量力，莫非明代遗老的魂魄附在你身上了？"章太炎大笑不止。章太炎在吴家住了一段时间，十分感谢吴保初的深情厚谊，写诗相赠：

渐识吴君遂，高情弃直庐。

卜居梅福里，草上杜根②书。

域外称张楚③，斯人愿伏蒲。

修门遗烬在，谁共吊三闾。

―――――――――

①泰皇，是神话中三皇之一，代表正直的力量。

②杜根，东汉安帝时任郎中，直谏邓太后归政，几乎被鞭死。顺帝即位后，任侍御史。

③张楚，是秦末陈胜、吴广起义后建立政权用的旗号。

章太炎在诗中感谢吴保初在自己困难的时候伸出友谊之手，又歌颂他任刑部主事时，就胶澳事件上书，指斥尚书刚毅，托兵辞官的忠直行为。

　　6月12日，孙宝瑄邀请章太炎、吴保初、张冠霞等人到金谷香酒家相聚。酒酣饭饱之时，章太炎说："我看当世人物很多与《红楼梦》中的人物相似。"其他人尚未明白过来，章太炎就侃侃而谈起来："那拉氏慈禧好比贾母，一家之主，独掌大权。光绪皇帝是贾宝玉，心有所冀，却软弱无能。康有为是林黛玉，心比天高，只会哭哭啼啼。梁启超就是紫鹃，步康的后尘，亦步亦趋。张之洞是贾珍，顽固不化，两面三刀。钱恂是王熙凤，办事泼辣，命运不佳。樊增祥是平儿，人虽老实，没有一句说话的份。刘坤一这位两江总督，是贾政，是个封建老顽固，难有作为。梁鼎芬算是袭人，看来循规蹈矩，其实是一个奴才。"孙宝瑄对章太炎说："你自己呢，是《红楼梦》中的什么角色？"章太炎笑了，说："我是焦大，只会骂人，哪里承望到如今生下这些畜生来……"说得大家笑个不停。

▌义正词严，撰写《正仇满论》▌

　　章太炎在吴保初家寄宿时，看到了梁启超在《清议报》上发表的一篇长文，题目是《中国积弱溯源论》。文章说，中国的贫穷落后，原因在于中国老百姓有六种劣性：一是奴性，二是愚昧，三是为我，四是好伪，五是怯懦，六是无动，还因为慈禧太后把持政权，使开明智慧的光绪帝发挥不了作用。他认为光绪皇帝是"圣明君主"，能忘身舍位，毅然开几千年未有之民权，所以反满革命之论切不可兴起，只要从慈禧为首的守旧派手中夺取政权，拥护光绪帝复辟，中国就有希望了。

　　章太炎看到梁启超依旧鼓吹保皇的老调，便很生气，立即写文章反驳，文章的题目是《正仇满论》，意思是要端正对仇满的看法。章太炎针锋相对地指出，光绪帝想变法，是为了保住自己的皇位，他对慈禧唯命是从，根本

不是"圣明之主",他要保护清朝统治集团,不能从根本上接受新法。章太炎还指出,革命党人的排满仇满是痛恨满清政府和满清贵族,并不是与所有的满人为敌,不是要诛杀满人,搞民族歧视。所谓排满只是要让满人回到东北去,由其自治,与汉人和平共处。这样,从根本上说清了"排满"的本质含义,也划清了满清政府与满族人民的界限,这对推动反清斗争有着深刻的指导意义。这在当时正在掀起排满运动的初期,可以说是第一篇深刻的批驳保皇改良的重要文章。

与恩师俞樾断绝师生关系

1901年8月的一天,吴保初对他说:"我给你找了个去处,苏州有个教会学校,美国人办的,叫东吴大学,你愿意去教课吗?"章太炎答应了。

他到苏州,先向校方报到,被分配担任中文教员。接着找到了住处,在学校附近螺蛳桥头一间小屋里。不久他就知道,他的老师俞樾早已离开杭州诂经精舍,现在寓居在苏州曲园,于是登门看望先生。一路上想着当年在诂经精舍求学时,老师那般关心自己,怀着十分感激的情感。但是见面之后,俞樾脸若冰霜,见了章太炎也不理睬。俞樾虽然在家颐养天年,当他知道章太炎因参与维新被通缉,逃去台湾,他是很不满意的,后来知道章太炎剪去辫子,发表一系列仇满言论,更是不能容忍。在俞樾看来,章太炎不走科举的路还可以原谅,而到日本人统治下的台湾去工作是不能原谅的。更何况骂朝廷,骂皇上,这是大逆不道。如今章太炎上门来了,他怒火中烧地训斥道:"你今天还好意思来见我吗?你游台湾,入异域,背离父母陵墓,是不孝;你骂朝廷,指斥皇上,是不忠。如此不孝不忠之人,非人类也。小子鸣鼓而攻之,可也。"

章太炎听了十分难受,对先生说:"弟子以治经侍先生,经学渊源在顾炎武,顾公若在,也要使人推寻国性,识汉虏之别。"他的意思是说,他的反清言论是符合经学精神的,就是著名经学家顾炎武在世也是赞成的,根本谈不上"反叛"二字。

俞樾不听，说："曲园没有你这个弟子。"师生不欢而散。章太炎离开曲园，回到住处，写了《谢本师》一文。这里的"谢"是谢绝之意，也就是拒绝老师对他的责备，旗帜鲜明地表明自己的政治态度，要反清，哪怕恩师也阻挡不了自己，有一种"我爱老师，我更爱真理"的态度。文章中责问老师："是不是因为朝廷对你有恩，所以你要竭力庇护朝廷的腐败与丑恶？"他在文章中明确宣布从此断绝师生关系。此文当时没有发表，直到1906年11月才刊载于《民报》第9号上。

1907年，俞樾去世，享年86岁。章太炎在哀悼之余，写了《俞先生传》，发表在《国粹学报》上。章太炎对老师做了中肯的评价：先生学无常师，左右采获。晚年治学精严，不好声色，遇人恺悌；可是不能忘名经，这是他的短处。

俞樾百年后葬于杭州西湖之畔的三台山墓地，章太炎百年之后也葬在西湖畔的荔枝峰下。更有意思的是，俞樾的纪念馆在俞楼，与章太炎的纪念馆隔湖相望，似乎向世人昭示他们师生之间有着许多剪不断、理还乱的恩恩怨怨。

向学生鼓吹反清言论

章太炎在东吴大学执教，常鼓吹民族大义，很受学生欢迎。有一次，他给学生出了一个十分怪异的作文题《李自成胡林翼论》，学生们甚为讶异，说："李自成是明末农民起义的领袖，胡林翼是清政府的一员大臣，是镇压太平天国的刽子手。李与胡生活在不同的朝代，又处于两个对立的阶层，放在一起，如何讨论？"章太炎说："这还不明白吗？李自成虽然失败了，但他动摇了封建王朝的统治，他的功绩是不能抹杀的。胡林翼是清政府的爪牙，他与曾国藩一样，虽然得势于一时，但没法挽救封建王朝的没落。"听章太炎这样一说，学生拍手称快，说："先生骂得痛快。"

这件事轰动了整个学校，连江苏巡抚衙门也知道了，甚至惊动了湖广

总督张之洞。张之洞仍为几年前章太炎无法无天的言行而恼恨,现在听说他又在苏州捣乱,岂肯放过。于是派人前往南京,嘱咐江苏巡抚恩铭,迅速捉拿章太炎。时近冬天,恩铭派人赴学校查问,不料正是寒假期间,学校已经放假,师生都已回家过年去了。恩铭的举动被章太炎的朋友张伯纯知道了。张伯纯曾在南京协助两江总督曾国荃办过事务,常进出总督衙门,熟悉人事,所以清楚恩铭的身份。他知道此事非同小可,急忙发电报到杭州电报局,只有短短四字:"枚急赴沪"。杭州电报局派人送电报去余杭。章太炎看到电报,知道有急事,急忙离家。2月21日到达上海,在吴保初家住下,吴保初告诉他事情原委,劝他赶紧出国躲避。章太炎待了一夜,次日登上东渡日本的邮轮,6天后抵达日本横滨。

与孙中山结盟，共同反清

与梁启超一场面对面的争论

　　1902年2月28日，35岁的章太炎再次渡海来到日本东京。这次是英雄避难，流亡在日本的不少中国留学生都知道这位割辫示绝的反清战士，有大无畏的革命精神，所以大家的欢迎很是热烈，尤其是中国留学生组织的励志会人员都来码头迎接了。

　　那几年，在日本的中国留学生急速增加。章太炎第一次到日本时，中国留学生才60多人，第二次去时已超过600人。中国留学生的爱国热情也分外高涨，励志会就是由部分中国留学生组成的爱国团体。秦力山是励志会的骨干，他当年25岁，在时务学堂读书时是谭嗣同的学生。曾与唐才常组织自立军，事败后出走日本。他投靠梁启超时，一度是《清议报》的主笔，发了许多鼓吹维新的文章，后来与康、梁发生争执，离开了维新派。1901年，他创办《国民报》，以唤起民众的国民精神为宗旨，介绍西方资产阶级的自由、平等和人权学说，宣传反清革命思想，在留学生中很有影响力。这次他见章太炎到来，分外亲热，每天如影随形，成了章太炎的好向导。

　　章太炎到东京后，先去横滨看望梁启超。此时，因清议报馆失火，报刊停止发行。梁启超又办了《新民丛报》，继续宣传维新改良运动。他们一起谈到中国的前途，梁启超说："中国之亡，非当局所能亡，皆国民之亡也。"他又重复中国百姓的六大劣性，说："中国人素质差，道德水准低，这是非常危

险的。"章太炎不同意,说:"国人素质差,道德低,难道日本人道德就好了?我看也好不到哪里去。"梁启超说:"你在日本只匆匆来过一次,并不深知这个民族,我在这里好几年了,却是感慨良多。"他讲了一件事,说:"日本兵要离开出征,其父母妻儿都来相送,举着国旗,高呼口号,要其子弟夫君为国而死战。而日本士兵则一齐高喊'我要战死!'一种激昂的气势扑面而来,这是什么精神? 这是一个小小岛国的国魂呀,我们中国有国魂吗? 我们的军队出征时,母泣妇哭,子女牵衣,士兵们则惶恐万状,如临大难。没有国魂的国家,即使能富,又如何能强?"章太炎说:"我们是没有国魂,可我们为什么没有国魂? 甲午之战前,日本的天皇捐出薪水给海军,说'多买一发炮弹,战争便多一份胜算'。可是,慈禧却挪用海军的经费为颐和园买奇花异草,说'偌大的帝国,供不起我享用的园子,要此国家何用?'两事相比较,中国的国魂如若还在,那倒真是天理不容了。所以要唤回国魂,必先革命,推翻清政府。"梁启超很是不满,生气地说:"勉强煽动一群愚民革命,别说万难成功,即使成功了,恐怕你争我夺,国将再无宁日,国人的内斗之勇之狠是极有口碑的。满人如今已是中华的一员,轻言排满,那便是提倡动乱。中国的当务之急,乃是提高国民的素质。"章太炎说:"你只知其一,不知其二,革命乃是提高国民素质的最好办法,知耻而后勇,勇而后强,因此必须使国民明白受异族奴化统治是奇耻大辱,一个连耻辱也不知道的民族,要提高素质岂不是痴人说梦吗?"由于两人在革命还是改良的根本问题上看法不同,再也没能深谈下去。不久,章太炎就离开横滨到东京去了。

孙中山在横滨设宴欢迎

章太炎从横滨来到东京,住进了一所中国留学生公寓。在这里,他常常和留学生相聚在一起谈革命,兴致很高。有一次,留日学生冯自由陪同章太炎从外边返回公寓时,章太炎半途突然昏厥,冯自由立刻陪同他去医院诊治,才知道章太炎患的是癫痫症。借此机会,冯自由拿出在广智书局翻译德国那特经博士著的《政治学》，全书40万字，请章太炎为之润饰文字，章太炎也乐于做此事。

过了几天，秦力山请章太炎到横滨去拜见孙中山，章太炎很高兴。两人再次见面，像兄弟一样亲热地握手。当时，孙中山住在横滨，章太炎住在东京，章太炎常从东京到横滨，孙中山亦常从横滨到东京，互相往来。由于彼此对革命方略和形势的看法一致，志同道合，大有相见恨晚的感觉。在孙中山的启迪下，章太炎对"革命"二字有了许多新的感悟，而章太炎渊博的学问和正直硬朗的性格也使孙中山大为折服。

3月18日，孙中山在横滨中和堂特地设宴招待章太炎。这次宴会，用会党结盟的仪式，极为庄严隆重。应邀参加宴会的有100多人，多为兴中会成员。大家在军乐声中举杯欢迎章太炎，孙中山在宴会上正式宣布与章太炎握手结盟。众人排着队向章太炎敬酒，章太炎来者不拒，一连干了70多杯。宴会结束后的日子里，孙中山和章太炎经常在对阳馆会晤，商讨革命大计。他们讨论了革命胜利后如何改革土地制度和赋税制度，提出了"耕者有其田"的主张。章太炎提出了一个平均地权的具体方案，称作"均田法"，这虽然不是一个十全十美的土地纲领，但在近代中国还是一个比较完整的资产阶级土地革命方案。他们又讨论开国后的建都问题，章太炎提出几套方案，从中央的角度考虑，以武昌为宜；从各省的角度看以西安为宜；从亚洲的角度看，以新疆伊犁为宜。孙中山客气地点头称是，也提出自己的看法，章太炎也认为很有道理。这时候，他们充满信心，为未来的资产阶级共和国描绘种种蓝图。

▌用南明永历帝的覆灭做文章▕

4月中旬某日，章太炎对秦力山、冯自由、马君武等人说，南明最后一个皇帝永历帝覆灭已经242年了，我们可以借此搞一个纪念活动，启发留学生的民族意识，鼓动反清革命，大家很赞同。章太炎把这个想法写信告诉孙中山,孙中山也极为支持,回信说愿做大会的"赞成人"。他们在4月下旬开始做准备工作,会议地点设在东京上野公园一家西式餐厅精养轩内。通知发出后,有100多名中国留学生报名参加。

此事被清朝驻日公使蔡钧获悉,立即密报清廷,清廷指令蔡钧与日本政府交涉,要想办法予以制止。4月25日,日本东京警署奉外务省命令,通知章太炎到警署谈话。章太炎特意穿了一件明代的长衫,手摇一把羽扇,与几个朋友大摇大摆地穿城而过,引得路人纷纷注目。到达警署,日本警察见章太炎这身打扮,十分惊讶,问:"你是大清国哪一个省的人?"章太炎说:"我不是大清国人,我是支那人。"在古代,印度、罗马等地称中国为支那,佛经中也如此说。警察问:"你属什么阶级?"章太炎说:"我是明代遗民,没有阶级。"警察警告说:"听说你们明天要在上野公园开会,我正式通知你,禁止开会。"章太炎怒不可遏,攘臂上前,大声责问:"日本法律哪条禁止集会? 我等纪念吾国的亡国之痛,与你日本何干?"日警无言可答,挥了挥手,叫其他警察上来,拉扯着章太炎,将他推出大门。

第二天,数以百计的学生肩披黑纱来了,却见到警察已在此等待,不许学生进入上野公园。这时,孙中山也从横滨带领华侨10余人来参加会议。他到现场一看,立刻对章太炎说:"会议转移到横滨去开。"章太炎立即让秦力山等人悄悄通知,分头出发。

4月26日晚上,"支那亡国二百四十二年纪念会"在横滨一个华侨开设的永乐酒楼顺利召开,参加者有70余人。会议由孙中山主持,章太炎宣读《宣言书》,他声音高昂,历数清政府的野蛮残暴和无能,号召中华儿女继承先辈抗清志士的爱国精神,推翻卖国的清政府。他说:"愿吾滇人,毋忘李定国;愿吾闽人,毋忘郑成功;愿吾越人,毋忘张煌言;愿吾桂人,毋忘瞿式耜;愿吾楚人,毋忘何腾蛟;愿吾辽人,毋忘李成梁。"

章太炎在宣言书中说到的6位先烈,5位是抗清的英雄。李定国是明清之际的农民起义军将领,被永历帝封为晋王,在云南抵抗清兵7年。郑成功,福建南安人,被永历帝封为延平郡王,抗清10余年,战败后撤退海上,向荷兰殖民者进攻,收复台湾。张煌言,号苍水,浙江鄞县人。任兵部尚书,南明弘光元年曾围攻南京等城,兵败后退到象山,后被俘遇害。瞿式耜,南明大臣,任广西巡抚,桂林陷落后被清军杀害。何腾蛟,弘光元年任湖广总督,曾联络李自成残部抵抗清军,收复湖南大部,后兵败被杀。李成梁,明朝隆庆年任辽东总兵,屡破鞑靼兵,守疆有功。

章太炎希望学生们为推翻清朝的统治而斗争。演讲很成功,在留日学生中引起巨大的共鸣。横滨纪念活动是我国留日学生在海外第一次有组织的反清革命行动,是章太炎与孙中山紧密合作的成果。这次纪念会不仅激起了民族情绪,而且是对清政府的一次政治示威,为扩大革命思想的传播打开了新局面。

随后,章太炎在日本待了3个月,于6月回国。

▎大刀阔斧地删改《訄书》▎

1902年7月末,章太炎悄悄地潜回老家,一方面躲避清政府的追捕,另一方面,他要利用这段时间,对去年出版的《訄书》进行一番修改。经过残酷的戊戌政变和屠杀自立军的两次血腥镇压,他进行了深刻的思考。他出走台湾,两进日本,经历了社会剧变的岁月,看清了形形色色的人物。有谭嗣同、唐才常这样的维新志士,为救国而壮烈牺牲成为顶天立地的英雄;有无耻的清朝官员,卖友求荣,杀害无辜之人;也有梁鼎芬一类的势利小人,反复无常,投机取巧;还有猖狂反扑顽固守旧的苏舆之类,恶毒咒骂维新派和改良运动。章太炎在日本的3个月时间,阅读了大量西方的经典著作。《宗教学概论》《上世印度宗教史》《希腊罗马文学史》《社会学》《修辞学》《支那文明史》等几十种,在他的《訄书》中引用这些书的内容达30多处。尽管他深受传统文化影响,但接受西方文明后,开始从整个世界范围来探索中国的前途。他吸收西学不是盲目的全盘吸收,而是批判地接受。他受日本姊崎正治影响很大,对叔本华、黑格尔、尼采也是有批判的。尤其是两次与

孙中山的会晤,他终于完成了思想上、理论上的蜕变,这是一次真正意义上的化蛹为蝶,他认清了一个真理:封建反动的清朝政府必须推翻。

在初版的《訄书》中,他写了《客帝》和《分镇》这两篇文章,在修订时看起来是大错特错了。当时,维新派要维护光绪帝的帝位。章太炎接受了维新改良的思想,认为古代有"客卿",即是在本国做官的外国人,以客礼相待,故称"客卿"。那么,满洲人到汉族人的地方来做皇帝也可以称"客帝"。

他认为,还有一个错误的主张"分镇论",或者称"藩镇论"。在西方帝国主义国家吞并中国边疆领土,瓜分危机日益严重时,腐败无能的清政府如何维护国家疆域的完整呢?章太炎最初提出了加强汉族地方官员权势的改良设想,认为地方督抚的权力大了,能够自主自救,弥补中央政府薄弱的缺点。其实,清朝上下官员都是反动腐朽的官僚,对地方官员是不可寄托幻想的。

章太炎终于看清楚了,光绪帝不可靠,各省督抚不可靠。于是,他又写了《客帝匡谬》《分镇匡谬》两文。"匡谬"就是纠错,表明他与改良思想的彻底决裂。他在仓前专心致志的做删改《訄书》的工作,耗时半年,做了大量的改动。这次修订后,全书有65篇文章,分为五类。第一类是"前录",收入《客帝匡谬》《分镇匡谬》两篇文章,这是最重要的文章,表明章太炎政治立场的转变,也是一份由改良走向反清的革命宣言书。第二类有学术史论文13篇,第三类有哲学理论性文章17篇,第四类有政治性文章25篇,第五类有史学理念8篇。删改后的《訄书》面貌一新,最鲜明的特点是突出反清革命的思想,这是他思想的新飞跃,也是具有里程碑意义的一部作品。

一个勇猛的反清斗士已经跃上历史舞台,他有明确的战斗目标和坚定的革命立场。当然,他还有许多不成熟的思想,但是,号角已经吹响,子弹已经上膛,这必然会引起思想文化界的震动。大学问家严复读了《訄书》之后,回信给章太炎说:"这部书激昂壮烈,不可多得,不是一般的知识分子能做到的,即使晋、宋以后的古人中也不可多得的。除了你,有谁能写出?有的话,老夫的头可叩地耶!"这是中国一位杰出的思想家对此书作出的评价。《訄书》再版,封面题签是青年革命家邹容写的,他的笔迹永久地刻印在这部经典著作上。

　　章太炎在家乡度过了半年时间,《訄书》的修改刚告一段落,转眼就是农历正月初一了。这天早晨,忽然有人来敲门,是他的朋友吴保初派人来通报他,捕快马上前来缉拿,劝他赶紧躲藏。章太炎这才想到自己是被追捕的人,立即到离家不远的龙泉寺去躲起来。他在藏经楼浏览佛经,一日三餐由方丈亲自送到楼上。这样过去了10天,章太炎又一次悄悄地到上海去了。

◉ 三年西牢显示不屈斗志

▌爱国学社聚集了一群革命师生 ▌

20世纪初,觉醒的知识分子为挽救国家的危亡,提出办教育、兴学堂为当务之急。上海的先进知识分子成立中国教育会,推举蔡元培为会长。蔡元培,字鹤卿,浙江绍兴人,清光绪年间进士,授职翰林院编修,戊戌变法失败后,回绍兴办教育。1902年蔡元培到上海组织中国教育会,又是上海南洋公学的教员。那一年,南洋公学发生"墨水瓶事件"。当时有一个学生把墨水瓶放在教员的椅子上,校方以不敬师长为名,开除了3名学生,此事激起大规模学潮,有145名学生退学,抗议校方的迫害行为。蔡元培对退校的学生说:"你们不要散去,我们组织一个新的学校继续念书。"他以中国教育会的名义募集了一笔经费,在南京路泥城桥福源里成立爱国学社,这是蔡元培创立的当时中国第一所鼓吹革命的学校。蔡元培又聘请了一批教员给学生讲课,章太炎是教员之一。章太炎教授国文课,他在课堂上常用历史事实激励学生的爱国热情。

章太炎生活很节俭,平时穿一件长袍,外面罩一件和服,和服左袖上绣一个"汉"字,这件衣服是他在日本时请缝纫匠做的。他的辫子早已剪了,留着5寸长的头发,左右两股分披着。爱国学社的师生当时大多数还留着辫子,身穿长衫,因此章太炎奇特的发型和服饰很惹人注目。

在爱国学社,章太炎性如烈火,以大胆激烈的言辞著称。他比吴稚晖年长几岁,对吴稚晖阳奉阴违的做派极为不满。吴稚晖曾是清朝举人,赴日本留学,因保举几个同学入日本陆军士官学校读书,与清朝驻日公使蔡钧争论,被蔡钧驱逐出境。他回到上海痛斥清政府的腐败,由此产生革命思想。他进入爱国学社后,担任学监。当时,学社中的师生都参加中国教育会,几乎是会、社一家。因为教育会没有经济来源,而爱国学社有学费收入,教育会常挪用学社的钱,引起某些学社师生的不满。蔡元培是个宽厚的人,对此也不计较。吴稚晖则站在学社师生一边,说了些对教育会不利的话。章太炎听了,当众拍桌大骂:"稚晖,你要阴谋篡夺,效宋江之所为,有我在此,汝办不到!"从此,章、吴两人就结下怨仇。后来吴稚晖在巴黎办《新世纪》刊物,经常撰写、发表攻击章太炎的文章。

　　章太炎在讲课时常说些明清兴废之事,宣传反清的思想。有一次上作文课,章太炎出了一个"×××本纪"的题目,让学生以本纪体写自传一篇。"本纪"原是封建社会为皇帝立传的一种文体,现在居然让学生用本纪体写自传,说明章太炎鼓励学生蔑视"神圣"的帝权,树立自己是国家主人翁的观念,这在20世纪初是一种大胆的行为。学生柳亚子敢作敢为,写了一篇《柳人权本纪》,他那时改名柳人权,意思是天赋人权。他在文章中写到自己曾经有过保皇的思想,在碰壁之后,思想才转变过来。另一个学生陶亚魂也写了一篇《陶亚魂本纪》。章太炎看了他们的"本纪",写得思想真实,内容深刻,就写信表扬他们。他在信中说:"知二子昔日曾以纪孔保皇为职志。人生少壮,若不相若,而同病者亦相怜也。鄙人自十四五时,览蒋氏《东华录》,已有逐满之志。丁酉入时务报馆,闻孙逸仙亦创是说,窃谓吾道不孤,而尚不能不迷于对山(指康有为)之妄语。"章太炎这段话的意思是,你们以前有迷信孔子、保皇尊清的思想也不奇怪。人在少年,不能苛求。如果你们与我不相像的话,那么我们就是生了同样的病,要相互怜惜,因为我以前也有保皇尊清的思想。我十四五岁看了蒋良骥的《东华录》,就有反清的思想。进时务报馆,知道孙中山闹革命后,我以为自己有了同一条道路上的同志,但仍然迷惑于康有为的改良主义观点。章太炎在这段话中毫无保留

地坦陈了自己思想的演变过程。

爱国学社每周在张园举行演讲会,教员与学生均可上台演讲。章太炎每次到会都要发表演讲,他讲的内容多涉及时事与政局,有时并不演讲,只是大叫"革命! 革命! 革命!"全场呼应,"革命"之声震彻寰宇,与会者所有的激情、理想和期望似乎都包含在"革命"二字中。这些公开的演讲内容都会在《苏报》上发表。《苏报》原是一张小报,负责人陈范是举人出身,销路有限,自从刊登爱国学社的革命言论后,《苏报》销路大增,在青年学生中影响很大。

▎震动社会各界的革命檄文 ▎

当时,资产阶级革命派在爱国与民主的旗帜下重新集结队伍,革命潮流大有不可阻挡之势。康有为面对这种形势非常忧虑,而革命的青年越来越多,甚至连他最亲密的学生和助手梁启超也有时发表革命的言论。为此,他于1902年写了两篇文章,一篇是《与同学诸子梁启超等论印度亡国由于各省自立书》,另一篇是《答南北美洲诸华侨论中国只可行立宪,不可行革命书》,在文中他奉劝各界青年不可步入"革命歧途",说"满汉早已平等""反满是无的放矢""光绪帝英明睿智,可以救中国生民者也"。他又将两文合成一书,广泛发行,公开反对革命运动。他在文章中声嘶力竭地说:"革命要血流成河,必然导致四万万同胞死亡一半。""光绪皇帝变法自强是中国唯一的出路,否则大乱数百年,甚至中国会亡国。"

章太炎针对康有为的保皇言论,写了《驳康有为论革命书》一文,高举反清革命战斗旗帜,对康有为的保皇立宪理论进行了系统清算。章太炎大声疾呼必须革命,他说:"今日之民智,不必恃他事以开之,而但恃革命以开之……公理之未明,即以革命明之;旧俗之俱在,即以革命去之。革命非天雄大黄之猛剂,而实补泻兼备之良药矣。"又说"载湉小丑,未辨菽麦",意思是对光绪帝这样的小孩子怎能寄予希望。文章极大地鼓舞了民众的斗志。文章在《苏报》上刊登后，像一枚巨型炸弹爆炸，震荡了中国社会。

这时，邹容从日本留学回来了。邹容是四川巴县人，从小就有反叛精神。12岁时邹容参加县学的考试，因为与考官顶撞而退出试场。父亲骂他，他说："臭八股，儿不愿学，衰败的世道，得科名有何用？"1901年夏天，他到成都考取官费留学日本，舅父阻挠他说："中国之弱乃是天运，你一人岂能挽回？"邹容到了日本后，给家中写信说："只要正义所在，粉身碎骨也是人之义务。"1902年春，邹容进入东京同文学院学习，思想更趋激进。他讨厌那个监督留学生的清廷官员姚文甫，就聚集几个同学剪了姚文甫的辫子。姚文甫恼羞成怒，将邹容驱逐回国。

章太炎在日本组织亡国纪念会时，邹容和张继见过他，对他的学问文章很是仰慕，如今听说他在爱国学社教书，便时常来向他请教。章太炎和章士钊、张继、邹容关系亲密，常在一起聚谈。有一次，他们在一起喝酒，章太炎喝得兴起，提议说："诸位，我们四人既然同心努力革命，就应该结为兄弟。"其他三人听了，齐声叫好，于是四人举杯盟誓，义结金兰。四人中章太炎35岁，年纪最大，邹容最小，才19岁，章士钊和张继则是20多岁。邹容呼章太炎为"东帝"，章太炎唤邹容为"西帝"，两人最为投契。

邹容这次回国，带回一本他在日本写成的小册子《革命军》，2万多字，语言通俗，明快而且犀利，系统揭露清朝政府的腐败，抨击封建专制制度的黑暗。他在书中大声疾呼："我中国今天想要摆脱满洲人的统治，不可不革命；我中国想要独立自主，不可不革命；我中国想要与世界列强抗衡，不可不革命；我中国想要傲立于二十世纪新世界，不可不革命；我中国想要成为地球上名国，地球上主人翁，不可不革命！"他号召彻底推翻卖国的清王朝，建立中华共和国。他把这部手稿交给章太炎看，请他润色修改。章太炎说："只要革命，就是好书。"并为它写了一篇精彩的序言，又在书面上代他署上"革命军马前卒邹容"几个字。此书稿和序言由黄宗仰拿去刊印成书，又在《苏报》上连载。后来，该书由上海大同书局出版后，一摆上书店书架，即被读者抢购一空。

▌监狱中不屈不挠的斗争 ▐

　　这样一来,革命声势更加浩大,人人言革命形成一种潮流。此事很快引起清政府的惊慌。5月25日,两江总督魏光焘急告外务部,清廷下旨清查,由上海道捉拿与此案有关的6人:中国教育会会长蔡元培、爱国学社教员章太炎、邹容、吴稚晖、出版资助人黄宗仰、《苏报》负责人陈范。因为爱国学社地处租界,外国工部局享有治外法权,独立性很大,清政府不能到租界任意捕人。清政府请工部局引渡,工部局认为应予保护,不能抓捕。两江总督魏光焘询问律师,律师表示只能诉诸法律。于是,魏光焘代表清政府为原告,控诉蔡元培、章太炎等6人于法庭,工部局于6月30日出传票拘捕人。其他人都事前得到消息,离开租界出走别省或海外,唯有章太炎不走,他留在爱国学社,说:"革命没有不流血的,要流血就从我开始。"外国巡捕来到爱国学社,进会客室,问:"谁是章炳麟?"章太炎自指鼻端说:"章炳麟就是我。"欣然跟了同去。这番情景真有"我不入地狱,谁入地狱"的气概。如此勇猛无畏,挺然独往,为生民请命,他是革命道德的实践者。追捕之日,邹容从学社后门逃出,躲入一牧师家中。后见太炎被捕,出于义气,于次日自行投案,共同赴难。

　　7月15日,章太炎与邹容被押往福州路会审公廨。会审公廨即是公共租界的法庭。审判前,上海道台袁树勋早有预谋,他见租界工部局不肯将章、邹两人引渡给清政府,就计划用武力劫持。他率领清兵五百人,换上民服,潜伏在租界新衙门后面,意图袭击。只因租界警务处守卫严密,清兵无法动手。一干人等由四马路的老巡捕房提往公共租界的会审公廨,马车经过途中,章、邹都有英警贴身监护,马车两旁的人行道上也有持枪警卫,所以这次的劫持行径未能得逞。

　　审判开始,裁判官是英国人。原告所控的罪状是章、邹发表在《苏报》上所谓诬蔑朝廷的语句。魏光焘所请的律师是英国人,举出章太炎书中说

"载湉小丑，未辨菽麦"这两句骂皇帝的话最为严重。章太炎辩解说："'载湉'是光绪帝的名字，在西方直呼皇帝名字是不奇怪的，比如亚历山大、威廉、维多利亚等，这有什么错？'小丑'就是小东西的意思，'未辨菽麦'是没有农作物的常识，也是切合实际的。"裁判官听了，如坠云里雾里，非常尴尬。在这样一位学识渊博又擅长雄辩的"案犯"面前，他们简直不知道该怎么审才好。另一位审判官突然悟出章太炎是海内外著名学者，肯定是科举正途出身，便小心翼翼地探身问道："你得自何科？"章太炎听此问题，更觉可笑，便高声回答："我本满天飞，何窠之有？"章太炎的诙谐回答，又赢得满场掌声，使得审判官目瞪口呆。第一场审判审不下去，草草收场。

　　7月22日，会审公廨第二次开庭。开庭前，章太炎为鼓舞士气，念了一首《赠邹容》的诗。

邹容吾小弟，被发下瀛洲。

快剪刀除辫，干牛肉作糇。

英雄一入狱，天地亦悲秋。

临命须掺手，乾坤只两头。

　　邹容听了，体会到大哥的手足之爱和报国之情，以及视死如归的大无畏精神，他顿时振作起来，也念了一首答诗。

我兄章枚叔，忧国心如焚。

并世无知己，吾生苦不文。

一朝沦地狱，何日扫妖氛。

昨夜梦和尔，同兴革命军。

　　两人相视一笑，昂首走进法庭。第二场审判，双方重述一些上次的问题，章太炎所请的辩护律师向对方提出一个问题："此案原告究竟何人？其

为北京政府耶？或是江苏巡抚，或是上海道台？请明白宣示。"一时间，审判员因为对此毫无准备，竟不知如何回答。于是，一脸窘相的审判员问清廷官员："你们究竟谁是原告？"清廷官员中的审判员孙建成慌忙说："我们是奉清政府命令担任原告的。"说着将一幅文书抖开来给大家看。章太炎立刻嘲笑说："噫嘻，彼自称是中国政府，以中国政府控告罪人，不在他国法院，而在自己土地上的别国衙门，真是千古笑柄矣！"这番话将清政府的软弱本质揭露无遗。旁听席上又是一阵哄笑。这样，案件已无法审理下去。

审判无限期地拖延下去，却震动了整个社会，革命党的名声大盛。这期间，清政府想用外交手段与英国公使交涉，愿以修建沪宁铁路权相交换。英方不同意，认为这是政治问题，与经济利益无关。清政府又建议将章、邹两人处以极刑。因逢慈禧七十大寿，不能动刀见血，又建议改判永远监禁。但此案件遭到强大的舆论压力，受到外国领事的抵制，始终判不下去。从1903年6月拘捕起，到1904年3月，已过去10个月，最后英国工部局法庭决定以政治犯判处章太炎监禁三年，邹容监禁两年，移送位于提篮桥的监狱。由于监狱地处租界，也被称为"西牢"。

庭审完毕，马车载着他们去提篮桥监狱，一路上万人空巷，争看章太炎和邹容的硬骨头风采。章太炎微笑着念了两句诗。

风吹枷锁满城香，
街市争看员外郎。

人群中响起热烈的掌声，仿佛欢迎凯旋的英雄。

在狱中章太炎和邹容，遭到了许多非人的待遇。当时监狱中的狱卒多为英国从其殖民地印度招来，不仅身材高大，而且凶狠残暴。除了殴打之外，还用一种叫作"软梏"的私刑来折磨犯人。所谓"软梏"，即用帆布条缚双手的手腕，再用木棒插入布条中绞动，布条勒紧手腕，几乎能使人骨折。章太炎就被狱卒拳打脚踢两次，软梏三次，生性刚烈的章太炎为此与狱卒对打,反遭来更繁重的苦役。章太炎决定以绝食来抗议。

在绝食前,他与邹容有过一段对话。章太炎说:"你我身体都很虚弱,又不堪忍受凌辱,与其被人迫害而死,还不如自尽。以监禁期限而论,我三年,你两年,你当生,我当死。"邹容听后,哽咽说:"兄长要是死了,我也不愿再活在这个世上。"章太炎说:"你难道没有听说过伍子胥兄弟的故事①吗?如果我死了,狱卒惧怕外界舆论的谴责,从而会宽待于你啊。"

章太炎打算绝食饿死,邹容说:"这不是大丈夫所为。"章太炎说:"中国饿死的人,第一伯夷,第二龚胜,第三司空图,第四谢枋得,第五刘宗周。前面三个人,我是不愿意的,要是像后面两位,我却是心甘情愿的。"谢枋得是南宋诗人,在信州知府任上率兵抗元。元人逼迫他当官,谢枋得拒绝后绝食而死。刘宗周,明末哲学家,官至南京左都御史,南明政权亡后绝食二十日亡。章太炎向他们学习,绝食到第七天的时候,身体就支持不住了。有个狱友对他说:"不要吃这份苦了吧,以后的日子还长着呢。"章太炎终于放弃了绝食,却对生命有了新的体验。

▍为歌颂孙中山的书题词 ▍

1903年,章太炎还在狱中时,革命派人士章士钊翻译出版日本人白浪庵滔天(即宫崎寅藏)所著的《三十三年落花梦》一书,他将其中部分记述孙中山早期革命活动的内容编辑成书,以《孙逸仙》为书名,请章太炎为该书题词。章太炎在狱中读了这本书,表示很愿意题词,便写了一首诗。

索虏②昌狂泯禹绩③,有赤帝子④断其嗌。

---

①伍子胥兄弟的故事,春秋后期,楚国大夫伍奢被谗言所害,楚平王欲杀伍奢父子。伍子胥之兄宁愿自己被杀,劝伍子胥出走。后来,伍子胥借吴国军队打败楚国,为父兄报仇。

②索虏,南北朝时,南朝称北朝为索虏,这里指满族。

③泯禹绩,指中华大地遭受蹂躏。

④有赤帝子,指汉高祖刘邦斩蛇起义,这里指以孙中山为代表的革命党人。

拚迹郑洪为民瞻,四百兆①人视兹册。

诗中说,清政府猖狂蹂躏中华大地,孙中山为代表的革命党人定能斩断清王朝的咽喉。郑成功、洪秀全的反清事迹值得继承,他们为人民所敬仰。四亿同胞争相观看这一册介绍孙中山事迹的书。章太炎在诗中充分肯定孙中山在我国民主革命中的领袖地位,这在当时的反清革命斗争中起到了重要作用。特别在当时,国内封建势力还很猖獗的情况下,很多人对孙中山的革命事业还不够了解,正如章士钊所说:"其时天下固懵然不知孙氏为何人也。"所以在《孙逸仙》一书的出版中,章太炎坚定不移地支持孙中山的领导地位,其意义不可等闲视之。

▌坚持斗争到第三年▐

章太炎被关押期间,狱外传来了反清志士沈荩被杀的噩耗。沈荩,字禹希,湖南善化(今长沙)人。变法失败后,他留学日本。1900年春返回上海,与唐才常等共组正气会,又改名自立会,任干事,出力甚多。1903年,因揭露《中俄密约》,将文件刊登在天津英文报纸上,7月19日被清政府抓捕,判斩立决。适逢慈禧万寿庆典,不宜公开杀人,遂改判立毙杖下。31日,沈荩被狱卒杖打二百下,仍未致死,最后用绳勒死。

章太炎与沈荩相识,听到这个不幸的消息,悲痛不已,愤然写下《狱中闻沈禹希见杀》一诗。

> 不见沈生久,江湖知隐沦。
>
> 萧萧悲壮士,今在易京门。
>
> 魑魅羞争焰,文章总断魂。

---

①兆,一百万为一兆,四百兆即四亿同胞。

中阴①当待我，南北几新坟。

诗中把沈荩比作两千年前刺杀秦始皇的壮士荆轲，一去不复返，被杀害于北京。"魑魅争焰"有出典，晋代嵇康晚上在灯下弹琴，有鬼怪也来灯下听琴，嵇康把灯吹灭，说"耻于魑魅争光"。诗中指壮士羞于与清政府共存，而他的文章令人怀念不已。请沈荩的阴灵等一下自己，一起为革命献身。诗写得气韵沉雄，悲壮苍凉。

章太炎写下悼念沈荩的诗后，想到1904年农历10月10日是慈禧的70岁寿辰，章太炎为此又撰了一副讽刺的长联。

今日到南苑，明日到北海，何日再到古长安？叹黎民膏血全枯，只为一人歌庆有。

五十割琉球，六十割台湾，而今又割东三省。痛赤县邦圻益蹙，每逢万寿祝疆无。

上联说慈禧喜欢游南苑和北海，义和团引来八国联军，她逃难到西安，何等狼狈。下联说她五十大寿时丧失了琉球群岛，六十大寿时割让了台湾和澎湖列岛，七十大寿时引来俄日入侵东北。她要庆祝自己"万寿"，祖国边疆将要割完。章太炎用一句句的事实讽刺慈禧的腐败，真是字字带血，入木三分。

经过章太炎的几次抗争，加上狱外社会舆论的声援，狱中的环境稍有改善，让章太炎干些炊事或缝纫之事。章太炎稍有空隙就研读佛经。蔡元培等人为他送来了许多佛典，他阅读了《因明入正理论》《瑜伽师地论》《成唯识论》等，对佛教理论有了新的认识。

1905年4月，邹容多次昏厥，原定2个月后可以出狱，不料在4月3日凌

①中阴，佛教语，人死未转生之时。

三年西牢显示不屈斗志

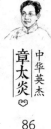

晨,邹容突然停止呼吸,年仅21岁。章太炎看着自己的义弟这样悲惨地死去,悲愤欲绝。消息一传开,人们纷纷传说邹容是清政府勾结租界当局给毒死的。4月5日,中国教育会在上海愚园召开追悼会,许多报刊都发表了纪念邹容的诗词和文章,声讨租界当局的暴行。同时,对章太炎的生命安全表示担忧,要求租界当局改善章太炎的生活条件,迫于舆论的强大压力,租界当局适当改善了章太炎在狱中的待遇。

1906年6月29日,章太炎三年服刑期满,上午10点,中国公学的代表蔡元培、于右任、柳亚子、熊克武等10余人早早地等候在巡捕房门口,中国同盟会总部的代表龚练百、仇式匡、邓家彦等也从东京赶来迎接。香港与全国各地发来电报数十份祝贺章太炎重获自由。上午11点,章太炎微笑着走出监狱,他长发过肩,面色苍白,憔悴不堪。众人鼓掌欢呼,一一与之握手,一齐乘马车至吴淞中国公学。熊克武问章太炎:"你准备去哪里?"章太炎说:"孙中山在哪里,我就去哪里。"同盟会总部的代表立刻说:"孙中山先生邀请你去日本。"章太炎说:"孙中山与吾辈同气,允宜合作。"当日,章太炎登上一艘日本邮轮,离开上海,前往日本。

章太炎离开后,上海有记者在报上发表文章说:"大凡一个人的思想,靠学问才能坚定,靠实践才能生根。思想和行动必经过死生祸福的考验,才能现出至大至刚、浩然沛然的气节。章太炎就是这样的人。"

☯ 主持《民报》，为反清革命大造舆论

▌一场精彩绝伦的演说 ▏

　　1906年7月2日，章太炎第三次登上日本国土。这次前来与前两次情况大不一样，因为章太炎已经是备受瞩目的公众人物，是举世皆知的反清英雄。当他登上东京码头，成百上千的学生和革命党人已经成群结队欢迎了。他被孙中山等人簇拥着往同盟会总部走去时，街道两侧聚集着数不清的人群，他们都要向这位在洋人监狱中英勇战斗的战士致敬。

　　7月7日，同盟会总部举行入盟仪式，这是庄重而秘密的仪式。入盟者须熟诵暗号。问："你是何处人？"答："汉人。"问："何物？"答："中国物。"问："何事？"答："天下事。"其暗号简单明白，作用在于精神层面的提示，只有汉族人怀着天下共和的目标才能入会。这次仪式由孙中山主持，孙毓筠为介绍人。章太炎正式加入中国同盟会，孙中山郑重邀请章太炎担任同盟会机关报《民报》的总编辑和总发行人。《民报》编辑部在日本东京牛込区小川町，这里也是同盟会总部的办公场所，党务与报务同署办公。

　　7月15日，同盟会总部在东京神田区锦辉馆集会隆重欢迎章太炎。一时会场爆满，座无隙地，屋檐下、广场上也站满人了，估计有2000余人。会议开始时有毛毛细雨，后来越下越大，人们站在雨中全神贯注地聆听，无一人退场。

　　章太炎登上台去，发表即兴演说，他先讲述自己的生平经历，说："先前

已有七次被查拿,六次没被抓到。前三次被别人别事株连,不专门因为我一人,后四次为逐满独立的事。"他接着说:"我在3年监禁后,留学生中助我声势的人较从前增加百倍,我这才懂得人心的进化是实实在在的。当时我对着朋友说逐满独立的话,别人总是摇头,有的说我疯癫,有的说我叛逆,也有说是自取杀身之祸。就凭他说我疯癫,我还要守着我疯癫的念头。凡是非常可怪的议论,不是神经病人断不能想,就算能想也不敢说。说了以后,遇到艰难困苦的时候,不是神经病人断不能百折不回,孤行一意。所以,古来有学问、成大事业的,必得有神经病才能做到。近来有人传说,某某有神经病,某某也有神经病,兄弟看来,不怕有神经病,只怕富贵利禄当面现形的时候,那神经病立刻好了,这才是要不得呢!"章太炎精彩的发言,使全场时时响起雷鸣般的掌声。在场的听众都明白,章太炎说的"神经病",就是不顾个人安危的大无畏精神。别人说不出的话,他说了,而且大声疾呼,感人至深。这是一种发乎至诚的民族气节,是大义凛然的英雄气概。

在那些日子里,孙中山和章太炎等人几乎是彻夜不眠,商讨革命方略,提出种种反清革命的政策方针,那种迎接革命胜利到来的信念日益炽烈。他们谈到革命方略,大体内容是建立军政府,确定革命纲领及实现步骤,宣言以"自由、平等、博爱"为口号,以"驱逐鞑虏,恢复中华,建立民国,平均地权"为宗旨,要求民族解放,国家独立,建立全新的共和国。

章太炎认为用"中华民国"的国号最为适宜。他说:"以先汉郡县为界来说,我国居于各疆域附属诸国的领土之中,自古有中国之说。我国的先民最早定居在华山南北两侧,华山的'华'有着先民世系的含义。以西汉行政疆域为中国的领土实体,不仅因为汉族得名于汉朝,而且汉朝建国恰好在先人发源的华山故地。国家的性质是民众当家的共和政体,所以用'中华民国'为国号最为适宜。"章太炎引经据典地说了每个字的来历,孙中山频频点头。之后,章太炎写了篇文章《中华民国解》,发表在《民报》上,于是国号就这样定下来了。

与康、梁改良派的大决战

1906年，是孙中山为首的革命派与康、梁为首的保皇派激烈论战的关键之年。

4年前，梁启超原来经营的《清议报》因为报馆失火而停办，后来，他创办《新民丛报》，继续宣传保皇的宗旨。由于梁启超知识渊博，又是写作天才，他的政论文富有感情色彩，打动了海内外众多的读者，保皇的声势浩大，当时《新民丛报》发行量可以超过1万份。

章太炎执掌《民报》后，孙中山对他寄予很大的希望。当时，这场论战的双方集中在三个问题上：一、要不要实行推翻清政府的暴力革命；二、要不要建立资产阶级共和国；三、要不要进行以解决土地问题为核心的社会革命。这些是革命派与改良派大论战的焦点，也是举国关注和牵动知识分子的心的问题。章太炎在这场大论战中，以他激进的思想、雄健的文笔，成为这场论战公认的旗手。他批判严复的"进化论"，揭露康、梁"新党"的"竞名死利"，用国粹激发种性，增进爱国热情。他竭力宣扬民主革命，讴歌实行资产阶级共和制，反对无政府主义和立宪派的种种主张。他极力宣扬"平民革命"，反对依赖"督抚的权力"来革命，指出革命者最重要的品质是依靠自我牺牲的力量去创造新的世界，他不仅这样倡导，并且身体力行，成为自己提倡的道德规范的实行者。在土地问题上，他提倡"耕者有其田"，主张"抑官吏，抑富豪，伸齐民"，对小生产者和自耕农表现出极大的关注和同情。

总之，这场大论战不仅仅是革命与保皇之争，也是涉及哲学、文学、史学、伦理学、政治学等方面的一场大论战。这场论战的性质可以说为中国资产阶级登上政治舞台铺平道路。在那个时期，章太炎被留日学生视为民族英雄，成为所有关心祖国命运的人们的偶像，成为热血青年思想上的指路明灯。

章太炎不仅致力于国内民族革命,还支持亚洲被压迫民族的反帝解放斗争,写了许多声援亚洲各国人民斗争的文章。他与印度、安南、缅甸、菲律宾、马来亚、朝鲜、日本等国的革命志士,组织了"亚洲和亲会",并任会长,起草约章,提出"若一国有革命事,余国同会者应互相协助"。这是亚洲民族解放史上第一个反帝同盟。

《亚洲和亲会约章》提出了"反抗帝国主义"的口号,但在内容上夹杂着浓厚的宗教色彩。这种以"宗教发起信心,增进国民道德"的口号,正是章太炎思想的一个重要部分。他认为佛教大乘的华严、法相二宗,宣扬的"无我""舍身""无惧",可以用于增进国民的道德,于是他借用佛教的语言来宣传革命。他提出"国王暴虐,菩萨有权应当废黜""杀了一人,解放众人,就是菩萨行""佛教最重平等""满洲政府待我汉人种种不平,岂不应该攘逐?""照佛教说,逐满复汉,正是分内之事"等。章太炎本人则是奉行革命道德的典范,他七次被追捕,三入牢狱,而矢志不渝。在日本流亡时,在寓所数月不举火,每天以麦饼度日,衣服常年不洗,如此困难而德操弥厉,确实有一种革命殉道者的精神。

由于《民报》的穷追猛打,梁启超主持的《新民丛报》终于招架不住。1907年1月上旬,梁启超委托编辑徐佛苏前往《民报》说情,先找到宋教仁,说:"双方以后和平发言,友好相处,不再互相诋毁。"宋教仁答应改日与《民报》各领导人商议。当晚转告章太炎,章太炎认为可以商量。宋教仁又到了孙中山宿舍,恰好胡汉民也在。宋把此事一说,孙中山认为不可,若是谈和了,康、梁缓过气来又要反扑,必须战斗到底。梁启超见和谈不成,而《新民丛报》销量锐减,最终被迫宣布停刊。

章太炎接掌《民报》之前,由胡汉民主理编务,已编发11期。章太炎从第12期接手,共主编15期。彼时发行量原已过万,后来激增到1.7万多份,读者有10万人。章太炎以雷霆万钧之势,雄文不断,所向披靡,把学界全体激发起来,而那些保皇派势力几乎山穷水尽。

在《民报》创办一周年之际,孙中山在日本东京召开了盛大的庆祝会。

会上,孙中山评价章太炎主持《民报》的贡献时,说:"《民报》鼓吹三民主义,遂使革命思潮弥漫全国,自有报刊以来可谓最成功者。"这一年来,章太炎在10多期《民报》上刊载了80多篇文章,他渊深的历史素养和透析时代的锐利见解无人可挡。

▌同盟会高层领导出现裂痕▌

但是,章太炎与孙中山之间也有着矛盾和分歧,彼此有着复杂的情感。经过一年的交往,章太炎看到同盟会内部的矛盾存在已久。因为同盟会由孙中山的兴中会、黄兴的华兴会、章太炎的光复会,以及其他如军国民教育会、青年军事学校、科学补习所等团体组成,各自都有自己的利益,免不了为一些具体事务引起争执。比如建国之后用什么样的国旗就有多种意见。孙中山主张用青天白日旗,这是他的好友陆皓东设计的,后来陆皓东被清廷杀害,死得极惨。孙中山为纪念陆皓东,坚持用此图案;黄兴主张井字旗,表示平均地权;章太炎主张五色旗,表示中华民族由汉满蒙回藏五族共和;有人主张金瓜钺斧旗,表示继承古老传统;有人主张十八星旗,表示国家由18省组成。大家争论不休,统一不了意见。因此后来辛亥革命时,各举各的旗,说明矛盾始终难以调解。

1907年1月,孙中山、章太炎、宋教仁之间还是友好相处,形同莫逆。谁知到2月下旬,因为几件事情他们之间爆发了一场意想不到的争吵,不但使矛盾公开化,而且闹得非常激烈。一件是日本政府的赠款问题。日本当权的高层政治家们,对中国的反对派领袖怀着某种"深谋远虑",考虑今后如果反对派获得政权,希望其照顾日本在华的利益,所以对中国的反对派领袖,无论是孙中山还是康有为,在他们危难的时候,都给予援助和庇护。但是,日本与清政权也存在外交关系,对清政府的要求也不得不有所考虑。

1907年2月,日本政府应清政府的请求,驱逐孙中山出境。日本政府当时采取了"两全其美"的政策,一方面同意清政府的请求,另一方面也不能

得罪中国革命党人,就答应资助孙中山7000元,再由日本股票商人赠送旅费1万元。孙中山收下后,拿出2000元留作《民报》经费,其余款项皆充作各地起义的军费。孙中山离开日本后,同盟会中的日本人平山周、北一辉、和田三郎等在章太炎面前挑拨说:"孙中山受贿,被日本政府收买了。"章太炎和张继等人不知内情,一时冲动,大骂孙中山无理,甚至把挂在民报社墙上的孙中山照片扯下来,批上"出卖《民报》之孙文应即撤去"等字,把批字的照片寄往香港。

此时,孙中山在中国南方发动潮州、惠州起义,结果失败,而同盟会内部的事态进一步扩大,同盟会本部要求孙中山引咎辞职。幸而黄兴等人劝说,称孙总理德高望重,切勿误会,同盟会改组风潮才暂时停止。章太炎身为《民报》社长,资金不足,使报社难以为继,要求增拨经费,这是出于公义,并非谋取私利。只因为双方缺乏冷静和理智,才造成误解。

另一件是购买武器的事。1907年6月,孙中山在越南河内派人回日本购买武器,准备在钦州、廉州一带发动起义。所购枪支、子弹、刺刀,预付日金1万元。此事又被平山周、北一辉、和田三郎知道了,说:"这种武器是几十年前的旧货,陈旧不堪,不能用于作战。"章太炎听了,担心中国起义的同志用了这些武器会白白丢了性命,立刻用明码电报发去香港,转告孙中山停止使用。孙中山对此大为不满,认为明码电报泄露机密,派人回东京指责章太炎等人,令其今后不得干预军事,否则要采取党内纪律处分。章太炎是书生,不懂军事,用明码电报固然不妥,但孙中山盛怒之下,言辞过当,也造成党内失和。

在《民报》主持人与同盟会领导人大闹纠纷时,章太炎又陷入了非常糟糕的人际关系之中,其中与刘师培的关系使他尴尬万分。刘师培是年轻学者,古文经学学得非常出色,被章太炎认为是同道中人。章太炎特地写信到上海,邀请刘师培和他的妻子何震到东京一起办报,一起研究经学。章太炎甚至搬出民报社,与刘师培夫妇同住一处,便于朝夕相见,切磋学问。有一段时间,章太炎在《民报》工作不顺,没有经费导致报纸办不下去,又与孙中山矛盾加深，他有点心灰意冷，流露出去印度研究佛经的想法，只是因缺乏路费去不成。刘师培说："听说两江总督端方手中有一笔资助学术研究的钱，你可以向他求助。"这时候，章太炎想的太简单，以为学术和政治是两码事，争取学术资金不影响自己的反清立场。于是写信给刘师培，同意由其写信向端方求助。端方的钱尚未寄来，章太炎却陷入了刘师培的家事纠纷中。刘师培的妻子何震是个风流轻薄的女人。有一次，她与人私通，被章太炎撞见了。章太炎把此事告诉了刘师培，要他引起注意。不料刘师培听了妻子的辩白，反而对章太炎不满，两人大吵一场，章太炎为此搬出了刘师培住所。刘师培仍不肯甘休，将章太炎写给自己的5封涉及向端方求款赴印度的信件影印出来，寄给巴黎、美国和香港各大报刊。于是，赫赫有名的反清斗士章太炎，竟成了清廷的"鹰犬"，被人诬为"内奸"和"侦探"。章太炎对此无法辩诬，他感到无限的气愤和悲凉。

▍《民报》被日本政府封禁 ▍

接着，又发生了一件更加懊恼、更加无奈的事——清政府策划了一起搞垮《民报》的行动。

1908年10月，日本政府为了诱使清政府改善关系，以达到侵占在华的利益，同意清政府的请求，下令封禁《民报》，所谓的理由是《民报》违反日本出版条例，勒令停止发行。章太炎强烈抗议，日本政府表示愿意资助一笔旅费送章太炎去印度，又遭章太炎的拒绝。随后，清政府驻日使馆加紧对《民报》的迫害，先派人在报社放火，又指使人两次潜入报社在饮食中下毒。幸而报社的人提高警惕，才让使馆的阴谋未能得逞。1909年3月，日本东京警察署借口民报社继续出版发行，违背禁令，拘捕了章太炎，并要押往劳役场服役115天，如果不去服役，每日罚金1日元。章太炎的女婿龚宝铨得到消息，找鲁迅商量，他们从出版书籍的印刷费中借用115日元，交给东京裁判所，才让章太炎当天获释，回到报社，免去了劳役之苦。

《民报》被迫停刊,同盟会失去了宣传阵地,孙中山派胡汉民、汪精卫到东京,避开章太炎,另行编辑发行《民报》。这批报纸假托在巴黎印刷出版,实际上暗中在日本编辑发行,前后出版4期。此事被章太炎发觉后,他十分生气,认为这是"伪《民报》",他写了一篇《伪〈民报〉检举状》的文章,刊登在《日华新报》上,把同盟会内部矛盾公开揭露出来。章太炎在文章中宣布汪精卫的《民报》是不合法的,劝海外侨胞不要相信,又骂孙中山本是"市井无赖,虚名假托",说"胡汉民、汪精卫眼孔如豆,甘为孙文心腹,人品卑劣"等,洋洋数千言,全是揭丑之语。陶成章也写了《七省同志书》,列举孙中山"12条罪状",寄往南洋各报。孙中山和黄兴也写公开信,大骂章太炎是"敌人侦探""丧心病狂""晚节不终"等,把许多误解的事弄得更加复杂,同盟会终于分裂了。

对于在《民报》上发生的纠葛,革命老人吴玉章回忆说:"《民报》正遭遇到极大的困难,由于经费不足,章太炎等人几乎有断炊之虞。他派陶成章到南洋去募捐,也没有结果。章太炎骂孙中山不支持,其实孙中山到处起义失败,处境也很困难。我觉得孙中山既无过错,章太炎也可以原谅。"可见问题在于当时的环境和局面既紧张又复杂,信息难以沟通,彼此都以感情代替理智,加上敌人的挑拨和内奸的煽动,把个人意气变为人身攻击,终究铸成了"亲者痛仇者快"的事情。革命之难,是非常人可以想象的。

东京重建光复会总部

1910年2月,同盟会分裂之后,孙中山率领一部分同盟会成员去美国,建立中华革命党,继续从事反清革命活动。而在东京的光复会成员重新集结在章太炎周围。陶成章对章太炎说:"我们光复会本来就成立于同盟会之先,现在何不重建光复会呢?"

1904年冬,陶成章在上海成立光复会,口号是"光复汉族,还我河山,以身许国,功成身退"。当时推举蔡元培为会长。章太炎尚在狱中,也毅然参加,后来被推举为副会长。光复会在绍兴一带发展很快,徐锡麟、陈伯平、马宗汉、秋瑾等人都是光复会成员。光复会还在东京成立分会,周树人、许寿裳、龚宝铨、邹容等人也加入其中。但在徐锡麟、秋瑾相继就义后,光复会的活动几乎陷于停顿。

　　1910年,章太炎听了陶成章的建议,决定重建光复会,以章太炎为会长,陶成章为副会长,总部设在东京,在南洋设"行总部",扩大在各地华侨中的影响,并积极筹备在江浙一带发动武装起义。之后,陶成章、王金发等人就起身回国,发动起义。

❸东京讲国学,激发留学生的爱国心

▍在东京办起国学讲习会 ▍

1906年5月,39岁的章太炎还在东京主持《民报》,9月又办起国学讲习会,同时成立国学振起社,又出版《国学振起社讲义》。章太炎在国学修养上确实博大精深,后来俞樾、孙诒让等老一代儒学大家陆续谢世之后,在中国大陆已没有人能够超过他。他多年的苦读和钻研,他自身高超的领悟力和记忆力,都足以造就他肩负起弘扬近代汉学重任的实力。

当时在日本的中国留学生有好几百人,但大多数经济窘迫,许多留学生希望学习国学,可是付不出学费。章太炎是免费向中国留学生讲授国学的。当时来听课的有100多人,多数是中国留学生,也有一些日本人和印度人。开始讲课的地方不固定,先在东京牛込区赤城元町清风亭,后来移到日本帝国教育会。因为学生感到不便,又改在神田区的大成中学讲课,每周授课两次。他讲的国学与封建科举考试提倡的国学有本质的区别,国学讲习会所讲的国学内容,在预科班讲文法、作文、历史,在本科班讲文史学、制度学、宋明理学、内典学,完全不是当局提倡的"四书五经",不以科考为目的,而是取旧学之精华,剔除糟粕,使国学在救亡图存中起到积极作用,这对知识青年的思想解放能起到潜移默化的作用。

在日本留学的鲁迅兄弟以及另外几个学生知道大成中学有章太炎讲国学,很想去听,可是他们正在进修俄语,章太炎的授课时间和他们听俄文课的时间有冲突,于是委托龚宝铨去代为请求章太炎能否换一个时间上课。龚宝铨,字未生,是章太炎的学生,后来成为章太炎的女婿,是其长女㷮的丈夫。章太炎欣然同意,答应在每个周日开一个特别班,地点就在他居住的民报社内。这个特别班的学生有鲁迅、周作人、钱玄同、许寿裳、黄侃、汪东、朱希祖、龚宝铨8人,这些人后来都成了在国学研究上很有造诣的学者。

章太炎居住的屋子小,条件简陋。授课时,大家围坐在一张榻榻米上,中间置一茶几,章太炎坐在朝南的一面,学生分坐三面,上午8时开课,讲到中午12时。老师讲起课来亦庄亦谐,效果很好,讲到兴奋时,唾沫星子四飞。他对有钱人要发脾气,对青年学生却态度很好,随便谈笑同家人朋友一般。有时,他会提一些问题让学生们自由发言,即使答错了,他也不责怪学生。有一次,他上课时问道:"文学的定义是什么?"话音刚落,鲁迅就回答说:"先生,我认为文学和学说的不同就在于,学说是要启发人们思考的,而文学则是要增加人们的感受的。"章太炎听完,沉思了一会,说:"你这种对文学和学说的分法,和以前的人有一定的不同,也比前人的分法要高明一点……"

夏天讲课时,章太炎光着膀子,盘膝坐在席上,只穿一件长背心,留着一点泥鳅胡须,总是笑嘻嘻的模样。周作人说他看起来像一尊哈喇菩萨。章太炎嗜烟,讲课时一手拿粉笔,一手拿烟卷,讲得精彩时,拿着烟卷往黑板上板书,拿粉笔塞嘴里吸烟,常引得学生哄堂大笑。他的普通话不太好,夹着余杭方言,学生听不明白,弟子刘半农便担任翻译,代为板书。更有意思的是章太炎上课时的开场白:"你们来听我上课是你们的幸运,当然也是我的幸运。"因为他的学问丰富又深刻,才引起众人对他的敬仰。

至于讲课的内容,开始时讲《说文解字》,顾炎武的《音学五书》,段玉裁的《说文解字注》,郝懿行的《尔雅义疏》,王念孙的《广雅疏证》等。这些都是小学的基本知识。所谓小学就是文字形声的学问,是国学的基础。章太炎讲到每一条有问题的地方,先说出自己的意思,详加解释,再由学生记录

在原书的条文上,这样做使学生获益不小。他讲完小学后,又讲《庄子》《汉书》《文心雕龙》《尚书》等。

章太炎在东京讲学前后持续了五六年时间。他在忧患颠沛之际,倡办国学讲习会,从容讲学,对环境的压迫和生活的困苦,毫不畏惧气馁,从而培育了大批人才。他说:"国家不幸衰亡,学术不能断绝,民才有希望。"所以他不怕辛苦,讲学不倦。他认为本国文化是一国之本,并把传承中国文化看作自己的重要使命。

▌向印度讲师密史逻学梵文 ▌

为了深入了解佛学典籍,章太炎想学梵文。当他听说有梵师密史逻从印度到东京来,认为这是一个绝好的机会。章太炎给周作人写信告知,密史逻即将开课,人数不多,希望周氏兄弟去听,半个月的学费已由他垫付。1909年春夏之间,密史逻到日本智度寺讲梵文,学生只有章太炎和周作人两人。鲁迅正准备回国,所以没去听课。梵师在讲课时,先在纸上画出字母,再教发音,让学生一个字母一个字母照着念。梵文字形难记,音也难学,字数又多,周作人去听了两次,认为太难学,不去了。章太炎却一直坚持着去听。他在给杨仁山的信中,末底用梵文写"义曰慧",说这是他学习梵文后用的别号。他给宋恕的信中也署这个名,说:"桑榆晚景,一刻千金,不于此时而体究无上妙语,遑及异途问津乎?"章太炎把佛学看作"无上妙语",认为此时不学,更待何时。他这种博大精进的精神,实为凡人所不能及的,足以成为后学之模范。

▌在艰难困苦中坚持 ▌

章太炎在东京流亡的5年中,生活极艰苦,常常多日不开伙,吃几个麦饼打发日子,有时有饭吃,却没有菜,常吃"盐笃饭"。这是浙江方言,即桌上放一小碟盐，用筷子蘸着盐下饭。有一段时间，长女和小女在他身边，只能偶尔给她们一两个小钱买点大豆之类的东西当作零食吃。有一天，他带着两个女儿和学生龚宝铨一起去饭馆共进午餐。餐后，章太炎带着小女儿回家。小女儿问："为什么大姐不回家？"章太炎告诉她："大姐随未生（龚宝铨的字）去了。"小女儿才知道这顿饭就是大姐与龚宝铨成亲的婚宴。

在这样艰苦的日子里，章太炎也不忘教女儿学诗。他们住屋后面有一片芋田，开窗可见。小女儿11岁时，章太炎说："㸅儿，我说一段话，你写成诗。听着，开开窗，望望后面的田园，荷花何其多哟，我们采荷花去吧，呀，原来是满田的芋叶。你把我这段话写成一首五言古诗。"小女儿看了一眼窗外，吟道：

开窗望后圃，莲叶何田田。

欲采荷叶去，谁知是芋田。

章太炎听了很高兴，说："有诗才！"

章太炎的烟瘾很大，讲课时不停地抽烟，屋子里经常烟雾弥漫。有一次，烟抽完了，向一位姓汪的学生借两元钱买烟。有人问他："既然借了，为何不多借一点呢？"章太炎笑眯眯说："我和他只有两元钱的交情，多借恐怕不肯。"大家听了都笑起来。

见老师生活十分困难，没有经济收入，弟子贺伯钟说："我们来想办法集股筹钱，将老师写的书印出来卖了，就能赚几个钱。"其他同学都说是好办法。于是每人集股1元，共得150元，将章太炎写的《国故论衡》一书拿去印刷厂印了几百本，卖了几百元，再将所赚的钱交给老师，给他改善一下生活。这些学生看到了卖书的好处，又以每股5元，集股500元，创办刊物《学林》，征稿、编辑、印刷、出售，也获得了一些收入。可惜仅出了两期，因武昌起义的消息传来，章太炎决定带学生回国，刊物也停办了。

▌《民报》封禁后，专心撰写新著作 ▌

《民报》封禁后，从1908年12月至1911年10月武昌起义的两年多时间，章太炎继续在东京讲学，除此之外的事业就是写书。他是经得起大风大浪的人。尽管清政府勾结日本政府要刁难他，同盟会要开除他，他又没有生活来源，但他有知识、有学问、有坚强的意志力，于是继续在大成中学礼堂讲学，学生多时达几百人，还在特别班"开小灶"，给一些学生单独讲课。他临危不惧，临难不避，把讲学看作革命事业的一部分，而讲学又刺激了他自身的创造力，使他接连写出了几部很有学术价值的著作，如《古经解汇函》《小学汇函》《小学答问》《新方言》《文始》《国故论衡》《齐物论释》等。在讲学和写作中，他感到了自己生命价值的真正实现。

他先写的是《文始》，这是探讨语言文字根源的一本著作，共9卷。在这本书中，章太炎探索了每个字的渊源，并对每个字的形声加以考证。他认为在远古时代，先有语言，后有文字，所以探求文字的起源，一定要与研究语音联系起来。这是章太炎对中国文字学的一大贡献。

然后写《小学答问》，这部书是章太炎在回答弟子们的提问基础上写出来的。他参考《说文解字》以探明本字、借字流转变化的轨迹，以及它们的声义相连。章太炎还根据《尔雅》《诗经》《山海经》等几部古籍，对《说文解字》中的一些字义进行详细的考证，解决了许多难题。章太炎使小学真正摆脱了经学的附庸地位，从而开创了一门独立的语言文字学。

他写的《新方言》是研究古今方言的专著。因章太炎模仿汉代扬雄的《方言》而写成此书，故名《新方言》。这部书收录方言词语800余条，全书共分11卷。前10卷收录方言词语，基本上按词义分卷。经过作者的整理、考释，古籍中的一部分难字由于跟现代的活方言互相印证，变得容易理解了。

《国故论衡》是章太炎的一部论文集，评论古代学者的一些文章，体现了章太炎的学术创见，较完整地展示了他的学术风貌。论文集从小学、文学、诸子学入手,将种种学术疑难一一剖析,是一部整理中国古典文化的鸿篇巨制。胡适称赞这部书是两千年中可与《文心雕龙》《史记》《文史通义》相媲美的"七八部精心结构"的著作之一。

　　总而言之,章太炎的东京讲学和他的学术著作,以振兴中华的爱国主义精神为宗旨,激发了青年们对祖国文化的热爱,鼓舞了他们勇敢奋进的脚步,为中国近代文化史写下了大放异彩的一页。

🌀 在民国初年的政治漩涡中

▌武昌起义出人意料的成功 ▌

以孙中山为首的资产阶级革命派,多年来在国内发动了一连串的武装起义。1906年的萍乡起义、浏阳起义、醴陵起义,1907年5月至1908年4月在华南沿海和沿边地区的起义,1910年2月的广州新军起义,虽然这些起义连遭失败,却极大地动摇了清政府的统治基础。

1911年,中国又发生了两次大起义,震惊了整个华人世界。4月27日,孙中山发动了第十次起义,同盟会首领黄兴率领100多名敢死队员进攻两广总督衙门,义军杀进二堂,总督张鸣岐逃走,义军点火焚毁总督府。清军疯狂反扑,义军浴血苦战,黄兴在战斗中有两根手指被枪弹击断。因为援兵严重不足,义军溃败,战死者无数。战后义军仅搜集到72具革命者遗体,将他们埋葬在红花岗,并将红花岗改名为黄花岗。孙中山说:"吾党菁华,付之一炬。"他为烈士墓碑题写了"浩气长存"四字。

广州起义失败,同盟会首领谭人凤、宋教仁、陈其美等人认识到起义不能局限于南方,长江中下游地区也很重要,打算成立同盟会中部总会,在长江流域一带的清军中发展秘密革命组织,称为新军,积蓄反清力量。几个月间,革命势力发展很快。

1911年秋天,同盟会总部的谭人凤来到武汉,与文学社、共进会协调联合之事,并抵达上海与宋教仁发起建立同盟会中部总部。文学社领导人蒋翊武与共进会领导人孙武在新军中已形成两股很有势力的反清力量。见谭人凤到来，三方不谋而合，很快形成共识，反复商议后决定于10月16日举行起义。

清军中具有革命意识的新军士兵已经沉不住气，急忙擦枪擦炮，准备行动。10月9日，孙武在制造炸弹时，因香烟火落进炸药盘，发生爆炸，引起俄国巡捕前来搜查并遭到抓捕，另被搜去革命党人的名册、文告、袖章、印信等物。革命党人立即决定提前起事。新军革命党人熊秉坤等人积极号召兵士起来造反。10日晚上7时许，有一位清军排长过来巡查，问兵士金兆龙："你为什么要擦枪，你要造反吗？"金兆龙大叫："我就要造反！"那排长转身欲去报告，金兆龙对着那排长的后背开了一枪。这便是辛亥武昌起义的第一枪。

熊秉坤见情况紧急，立刻集合队伍，占领炮台和军械所，打开弹药库，部队浩浩荡荡进攻湖广总督衙门，经过一夜激战，革命党占领武昌，11日攻克汉阳，12日攻下汉口，武汉三镇全部解放。蛇山上的黄鹤楼升起十八星旗，宣布起义胜利了。

起义军首领看着几万人的乱糟糟的局面，认为实在难以领导，于是想起做过协统的黎元洪，请他出来领导革命。革命形势如火燎原，长江沿岸各省纷纷举起义旗。1911年是农历辛亥年，人们把这场资产阶级民主革命称为辛亥革命。267年的清王朝统治与中国延续三千年的封建帝制终于结束了，这场革命具有划时代的意义。

▌章太炎回国指导革命▐

武昌起义成功，立宪派和地方自治派纷纷响应，全国14个省宣布独立。革命的大浪潮推向全国。

10月11日，章太炎还在日本东京的讲堂上为学生讲课，从号外中获知武昌起义的消息。他认为局势尚未明朗，需要观察等待事态的进展。这

时,在东京的很多满洲学生已经惶恐不安,他们怕革命会危及自身的安全,甚至有人主张向日本借兵,以干涉国内政局的发展。章太炎见状,立即发表《致满洲留日学生书》,他首先指出请日本出兵是错误的想法,"援借外兵之志,自在意中,此大误也"。又阐明反满排满的革命行动是驱逐满清政府,并非针对满洲人民。指出共和政府对满族人民一律平等对待,劝学生们放下顾虑,安心学习。

武昌起义的消息传遍海外,流亡在南洋的黄兴于10月中旬赶回上海。在美国的孙中山于10月25日以中国革命党本部的名义,发布《中国革命党宣言书》,对各种政党发出呼吁,号召团结一致,共同对敌。

这时,章太炎敏锐地看到国内的立宪派头号人物康有为、梁启超、张謇、杨度等人纷纷组织政党,先后跳出来抢夺革命胜利果实,于是写下长篇政论文章《诛政党》,在马来西亚的《光华日报》上发表,揭露他们各为朋党,各怀私心,是一群竞名死利的野心家、害人虫。他指出"天下最猥贱者,莫如政客"。欧美各国的政党名义上标榜公道,实则贪婪权力。中国的政党志趣不同,源流各异,实际上也是一丘之貉。因此,对政党的出现必须提高警惕,万勿让他们的野心得逞。

11月3日,上海的同盟会联络光复会发动起义。7日,上海军政府宣告成立。11日,章太炎带着10余名学生在神户乘轮船离开日本。15日,回到阔别五年零四个月的上海。光复会上海总干事李燮和迎接章太炎去吴淞军政府住下。16日,《民立报》发表《欢迎鼓吹革命之文豪》的社论,说:"章太炎,中国近代之大文豪,亦革命家之巨子也。唯望我同胞奉之为新中国之卢骚。"又说:"祖国得有今日,文豪之功也。"记者将章太炎比作法国资产阶级革命理论家卢梭。次日,《光华日报》发表时评,称"今日革命军赫赫之功,亦当推源于文字",给章太炎以荣誉和赞扬。

章太炎回到上海,首先遇到的问题是同盟会首领陈其美与光复会大将李燮和的冲突,双方势成水火,各不相容。在上海光复起义的战斗中,李燮和与光复会成员出力甚多。陈其美在上海被清兵抓获,李燮和率战士将陈其美救出。陈其美趁李燮和战后疲劳熟睡时,联合地方绅士,抢先成立上海军政府,自任都督。李燮和被迫退至吴淞成立军政分府,也自任都督。两派互相对峙,火拼箭在弦上。

在光复浙江的战斗中,光复会副会长陶成章率领敢死队攻克杭州。章太炎建议让陶成章担任浙江都督,陈其美又不同意。章太炎为了顾全大局,防止内讧,劝李燮和放弃都督称号,改称总司令,奉宣布独立的原江苏巡抚程德全为江苏都督,并率部进攻南京,从而缓和了一场箭在弦上的内部冲突。

11月下旬,章太炎从报上获悉孙中山即将回国,十分高兴。他主动致电沪军都督陈其美,说:"探悉大革命家孙君逸仙已于前日乘轮回国,不日即可抵埠,请贵处派员妥为招待,以便与之协商北伐攻宁之策,俾得早定大局,以苏民困。"在革命的关键时刻,他以大局为重,尊奉孙中山,以维护革命党内的团结。

当时,在国内,围绕着承认湖北军政府为临时中央政府,还是另立临时中央政府的问题,革命军内部各派展开了激烈的争论。11月24日,国民自治会在上海开会,章太炎主持会议,表示先承认武昌中央政府为宜。11月30日,各省代表云集汉口,讨论组织中央政府,谭人凤被选为会议临时议长。随后,谭人凤向章太炎发出电文,征求他对新政府的意见。章太炎在复电中明确表示自己的政治主张,提出"革命军起,革命党消,天下为公,乃克有济"。他说:"今读来电,以革命党人召集革命党人,是欲以一党组织政府。若守此见,人心解体矣。诸君能战则战,不能战,弗以党见破坏大局。"这口号的矛头明显指向同盟会,反对同盟会以一党组织政府。

章太炎看到革命党内围绕权力和利益发生激烈冲突的危险,提出"革命军起,革命党消"的口号,本意是辛亥革命还没有完全成功,北方的清政府依然存在,现在革命党派的历史使命已经完成,取消党派就可避免争吵。革命军应在革命政府统一领导下,去参加北伐,消灭清政府。他的本意没有错,但他忘记了,革命党是革命军的核心力量,如果革命党取消了,

在民国初年的政治漩涡中 ❦

那么革命政府会被旧官僚、旧政客所利用,他们可通过参政来窃取革命胜利果实。因此,章太炎这个口号引起了革命党的反感,孙中山后来多次公开批评这个口号。

就在革命派为组织中央政府争论不休的时候,清政府迅速组织力量镇压革命起义军。11月1日,清廷任命袁世凯为内阁总理大臣,袁世凯随即指挥北洋军攻陷汉口。11月3日,黄兴在武昌任中华民国军政府战时总司令,指挥起义军保卫武汉,却经不住北洋军的一阵炮火,汉阳失守。11月27日,黄兴退回武昌,辞去总司令一职,第二天一早乘轮船回到上海。

章太炎看到革命军分散无力的局面,号召要及早建立革命政府,聚集力量。12月1日,他发表对时局的政治宣言,提出九项主张:第一,要建立民主共和国的总统制;第二,要地方军政统一指挥;第三,要实行议会制;第四,要建立革命政府;第五,要保护知识分子;第六,内阁成员要由总理提名;第七,武昌设立临时政府;第八,要有言论机关;第九,提出内阁成员的人选。他推荐宋教仁任总理。这九项主张反映了章太炎对建国体制、政权形式、立法原则、经济政策、政党政治、党内纠纷、对外贷款、定都何处等重大问题都有了充分的考虑。

这一日,章太炎应邀赶往南京郊区,亲赴尧化门,观看义军向南京城区的进攻。他是为鼓舞军心来到这里,受到起义军的热烈欢呼。12月2日,南京光复。章太炎与同盟会领袖人物黄兴、宋教仁、陈其美以及江苏都督程德全、浙江都督汤寿潜等人联名致电参战各军,表示对攻克南京的祝贺,并祝贺林述庆出任北伐临淮总司令,推程德全驻守南京。接着,他们共商临时政府组建问题。12月4日,定南京为临时政府所在地,推举黄兴为大元帅,黎元洪为副元帅。当时国内形势错综复杂、千头万绪之际,章太炎在为捍卫辛亥革命成果,促使各种革命力量的大联合方面是作出了一定努力的。

民国政府成立，章太炎被排斥内阁之外

1911年12月25日，孙中山从海外返沪，他的到来使革命军有了主心骨。12月30日，孙中山在上海召开中国同盟会本部临时会议。在沪的各省同盟会分会负责人都应邀出席会议，但章太炎没有参加。会议中许多人批评章太炎提出的"革命军起，革命党消"是错误口号。1912年1月1日，孙中山在南京临时政府成立大会上就职，担任中华民国临时政府总统，并以1912年为民国元年。1月1日，中华民国诞生。新政府不设总理，设9个总长。孙中山提名章太炎为教育总长，其他人不同意，便选蔡元培为教育总长。章太炎作为同盟会的元勋之一，被排斥在内阁之外。

1月3日，江浙地区一批旧官僚、旧政客发起建立中华民国联合会，选举章太炎为会长，江苏都督程德全任副会长，蔡元培、张謇等17人任参议员。章太炎在会上讲了中华民国联合会的主张是组织参议院，以监督民国政府的权力，学习西方行政、立法、司法三权分立的办法，建立共和政府。1月4日，成立大共和日报社，章太炎任社长。章太炎迫切希望建立一个进步的、合法的，又能受到监督的政府。但在当时的形势下，这样的做法很难被南京临时政府接受。

1月7日，章太炎致电孙中山，说自己愿作民党，不参加内阁，并再一次提议陶成章出任浙江都督。章太炎认为陶成章在武昌起义之后，他发动上海、江浙等地的光复起义，取得巨大的成功。孙中山也表示同意，赞扬陶成章"革命十余年，奔走运动，不遗余力，光复之际，陶君实有巨功"。这引起了陈其美的嫉恨。

1月14日，陈其美指派蒋介石收买光复会叛徒王竹卿，在上海法租界广慈医院将治病的陶成章杀害。接着，广东同盟会人员又杀害光复会重要成员许雪秋、陈芸生等人。章太炎听到消息后非常震惊，致信孙中山，希望制止此类事件的再次发生。孙中山接到章太炎的信也很重视，他事前并不知

道这样的事,于是电告上海陈其美、广东陈炯明等人,应同心协力建设民国,不应再发生仇杀事件。但是,在章太炎的心中,那种悲哀和愤怒是难以抑制的。他手下的几员光复会大将都被杀死,他已经成了"光杆司令",光复会已经完全涣散,他对同盟会的恶劣行径恨之入骨。

2月初,孙中山函聘章太炎为总统府枢密顾问。章太炎觉得这是孙中山的好意,自己应当为革命政府效力,这个责任难以推却,但又觉得自己的许多主张不能被接受,空说无益,于是婉言谢绝了。2月7日,章太炎自上海抵达南京,与孙中山会晤,谈了许多组织政党之事,说:"各省独立,形成各自为政的局面,情况十分复杂,需要有一个联合的组织,把各地的革命力量团结起来,才能对付袁世凯。"会晤后,当晚乘火车返沪,后来又给孙中山一封信,说自己以"国家利益至上,不必为个人而做官。总统有何事磋商,愿肝胆相照,坦诚相告"。

与南京临时政府意见相左

章太炎与孙中山发生过一些冲突。首先在汉冶萍公司的问题上,日本政府知道南京临时政府财政十分困难,通过盛宣怀在中间调节,以500万日元做诱饵,诱使南京临时政府与日本三井、正金财团签订协定,将汉冶萍公司改为中日合办。大冶的铁矿、萍乡的煤矿是中国第一矿产,如果控制在日本人手里,将会对经济命脉造成严重影响。孙中山因为财政紧张,军费没有着落,打算同意合作经营,以缓解燃眉之急。章太炎知道这个消息后坚决反对,认为这事关系到国家主权,矿产一旦付与他人,国家安全就成问题,要求孙中山撤销这项决定。孙中山曾多次委婉解释,说:"此事弟非不知利权有外溢之处,其不敢爱惜声名,冒不韪而为之者,犹之寒天解衣付质,疗饥为急。"希望章太炎能够体谅他的苦衷。经过多次辩论,汉冶萍公司绝大部分股东也坚决反对,孙中山才取消了已签的草约。

其次是关于公历纪年的问题。孙中山就任临时大总统后,宣布取消清朝纪年,采用世界通行的公历。章太炎两次发表宣言反对,认为采用公历,须经过国民公选,现在法律手续未全,要慎重行事。章太炎的意见是有道理的,只是立国方始,万事未定,而历法又迫在眉睫,孙中山周围的人认为章太炎存心作对,是异端行为,双方对立的情绪更加深了。

再次是建都问题。南北议和之后,孙中山推荐袁世凯担任临时大总统,为了制约袁世凯,孙中山主张定都南京,促使袁世凯南下,可使其离开北京的巢穴,便于控制。章太炎认为北方清廷余孽未尽,沙俄正在策划外蒙独立,又在内蒙和新疆制造混乱,日本在东北也有种种阴谋活动。民国政府的首都必须定在北京,如果定都南京,产生南北猜疑,不利于全国安宁,对边疆的控制也很不利。

章太炎自认为出于公心,敢于直言,有些意见很有道理,但也有意气用事的时候,导致有些意见带有偏见,特别是他常常发出一些讽刺的言论,这更引起孙中山和同盟会元老们的不满。

1912年3月下旬,一批川籍革命党人在南京举行四川革命烈士追悼会,孙中山和一些民国政府领导人都参加了,会场上挂满不少名人送来的挽联,一片庄严肃穆的气氛。

章太炎身在上海,派人送去一副挽联。大家展开来看,上面写的是:

群盗鼠窃狗偷,死者不瞑目。

此地虎踞龙盘,古人之虚言。

上联用"群盗鼠窃狗偷"指那些热衷于追逐政治权位,生活上腐化堕落的政客,还有那些趋炎附势的投机者,说他们对不起死难烈士。下联认为南京已不是"虎踞龙盘"之地,是小人盘踞之处,前人对南京的称颂已经过时了。从章太炎的立场出发,他想到两个月前,陈其美、陈炯明等人杀害光复会几员大将,心中极为愤怒,又看到同盟会高层的腐败现象,更加痛恨,这才写出用词尖刻的挽联来进行讽刺和发泄。作为一介书生,手无寸铁,

唯有用笔来抗议和声讨,这也在情理之中。但把所有的革命党人、包括正义人士都一竿子打翻,这就有失公道了。这样一来,使章太炎与孙中山为首的革命党人渐行渐远,以致与旧官僚和立宪派走到一起去了。

对袁世凯抱有幻想

革命政府内部各派争权夺利,南方各省的都督表面上倾向革命,实际上不听中央临时政府的号令,尤其让孙中山为难的是财政紧张,手中无钱,而军队和地方都频频催款,使孙中山焦头烂额。面对袁世凯强大的军事压力,南京革命政府内部,包括同盟会的一些元老为了急于谋求国家统一,都倾向袁世凯掌权,甚至连孙中山一时也看不清袁世凯的真面目。尤其是汪精卫之流一再劝告孙中山不要贪恋大总统的职位,要以国家利益为重,让出大位。于是,孙中山发表声明,只要袁世凯能迫使清帝退位,并赞成共和制度,自己愿意让出总统职位。

章太炎也对袁世凯抱有幻想,认为袁世凯长期居于要位,有处理国务的实际经验,又掌握中国最强大的军队,又听了他许多拥护共和的表态,以为只有他能够安邦定国,统一南北,因此明确表示支持袁世凯。章太炎在几次讲话中,称袁世凯乃"中国一时之雄骏""统治中国非袁氏莫属,袁氏执政,不仅避免了一场内战,也遏制了外国的军事干涉"。

谁知袁世凯巧使手段,立刻逼宣统皇帝退位,又明确宣布赞成共和,尽忠民国。1912年2月15日,孙中山结束了45天的中华民国临时大总统职务,让位于袁世凯。

3月1日,章太炎将中华民国联合会改名为统一党,支持袁世凯的新政府,他以为有国会和舆论的监督,有临时约法的约束,袁世凯不敢胡作非为。

3月10日,袁世凯在北京正式就任中华民国临时政府大总统,他的革命口号十分响亮,表示要息兵罢战,实现南北统一,合力建设国家。任命孙中山为全国铁路督办,黄兴为汉粤川铁路督办,这些革命领袖已将权力交出,纷纷转向实业。孙中山表示要用10年时间,筹款60万元,修筑铁路10万英里。他们襟怀坦荡,不谋权位,愿意造福社会与人民。

袁世凯为了笼络章太炎,聘请章太炎为总统府高等顾问,于4月23日特派专使王赓到上海迎接章太炎北上。27日,章太炎抵达北京。章太炎是真心希望袁世凯把中国的事做好的。他称誉袁世凯是"中华民国之第一华盛顿",又献上《致袁世凯论治术书》,他相信袁世凯有能力将中国引上共和之路的。袁世凯也将章太炎大大地吹捧一番,除了授予高等顾问的虚职外,又安排他担任"仓场总督",管理全国的漕粮。章太炎不同意,他有更高的抱负,不希望投入具体事务。

7月下旬,他从北京到武昌,与副总统黎元洪会晤,交谈甚欢。他对黎元洪说:"你与项城(袁世凯)是一对伯仲,你们二人合作得好,中国不会沦亡。"在共和党与统一党的关系处理上,章太炎听从黎元洪的劝告,答应任共和党副理事长。章太炎请黎元洪任统一党名誉总理,黎元洪也欣然答应。章太炎在武昌逗留20余日,9月初才赴北京就职。

章太炎支持袁世凯政府,到处呼吁全国统一和政治安定,受到南方同盟会的攻击。在一次酒会上,章太炎对国务总理唐绍仪说:"一个国务总理,必须有不畏手枪炸弹之毅力。"同盟会的上海《民立报》就刊载消息:"章太炎在总统府宴会上,用手枪射击总理唐绍仪未中。袁总统笑曰:'先生醉耶?'派兵护送出府。章在途中犹向空连击不已。巡警出而干涉,经护兵解释,始得回寓。"其实并无此事。如此之类的谣言,不断出现在报纸上,待谣言烟消云散,攻击者搞臭章太炎名声的目的已经达到。

◎ 出任东北筹边使的沮丧

▌章太炎关注东北局势 ▌

1912年的北方形势，危机四伏，沙俄趁机策划外蒙"独立"，进而窥视我东北三省，日本也有侵犯东北的企图。时任总统府高等顾问的章太炎忧心于北疆的困境，于10月间亲赴东北考察。他到黑龙江齐齐哈尔巡视，这里原是清代罪犯流放谪戍之地。吕留良的后人都流戍于此。章太炎一到这里，便怀着崇敬的心情拜谒吕氏宗祠，吕氏后人也出来迎候章太炎的到来。章太炎拜谒完吕祠，回到旅舍，黑龙江都督宋小濂便来拜会，章太炎畅谈大局，阐发民主法制和兴垦实边的思想，列举《清会典》《三通》等书作为鉴戒，宋小濂洗耳恭听，很是佩服。

第二天，也就是10月13日，章太炎来到黑龙江教育会视察并演讲，各校老师、中学诸生齐集一堂，聆听章太炎的演讲。随后，学务公所科长林传甲向章太炎汇报了黑龙江的教育情况，章太炎听了很满意，并予以勉励。

章太炎十分关注北方疆界，自1912年俄国和外蒙签订条约之后，章太炎深深为此事忧虑，他看到俄国有可能入侵东北，当务之急是厘清东北政治并强化经济，以防御俄国。因此，他回京后再三疾呼："漠北不宁，则塞外危。塞外危，则长城以南亦无宁矣。"章太炎看到沙皇俄国的侵略野心，看到东北富饶的矿藏资源急需开发，认为必须强化东北的政治和经济，这是自己的爱国之急务。他呼吁袁世凯政府必须对东三省采取有效措施，自己也提出了许多实际的建议。

　　这时的袁世凯对章太炎的直言无忌深感头痛,于是在12月底,委任章太炎为东三省筹边使,既笼络他又控制他,并借此将章太炎支出北京。袁世凯对章太炎说:"太炎先生德高望重,忧国忧民,令人敬佩。东北三省是北方的边防重地,先生多次建议加强边疆防守,现在任命先生这个职务极其重要,只有先生的德望才能统筹东北三省的政局,希望先生不要推辞。"其实,袁世凯只是给章太炎一个虚衔,并未授予财政和实权。这可说是一个"调虎离山"之计。

　　当时的东北是一群反动官僚一统天下,袁世凯窃据民国总统职位后,任命了不少原清朝官员。这些清朝的封疆大吏原来都是镇压革命的刽子手,摇身一变,成为新政权的达官显贵,他们对民国政府的政策是阳奉阴违,极力抵触的。

▍在东北筹建中处处碰壁 ▍

　　章太炎怀抱着一腔热情,于1913年1月3日出发前往东北,走马上任,他身边只率领调查员、书记员、庶务员各1人。袁世凯特命拨款1万元,每月拨经费2000元。行署设在长春,属员10人处理日常事务。1月份,东北冰天雪地,天寒地冻。章太炎热情很高,破冰踏雪来到辽宁。他一到长春,就让人到处张贴《筹边使布告东北父老书》,宣布自己的政策措施,并征求人民对政府官僚的意见。东北的这些官员电询袁世凯,问筹边使章太炎拥有什么权力? 袁世凯复电,筹边使只办实业,所有内政、外交、行政都没有权力,只不过官职是中央委任的。这些话明摆着告诉东三省的官员,对章太炎不用理睬,他不过是个"空壳子官"。袁世凯这些话,章太炎当然是不知道的。可见书生从政,哪怕雄心万丈、博古通今,在残酷的现实面前,在政客的狡诈手段面前,免不了要败下阵来。

　　此时章太炎撰写了《东三省实业计划书》,着手做关系国计民生的三件

大事。第一件是整顿财政，建立银行，统一货币，解决当地货币混乱、物价飞涨、人民生活困苦的社会问题。他的设想是周到的，用心是良苦的，可是各省都不听他的，他召集的会议没有人来参加，布置下去的工作没有人去做，各省互相推诿，事情停留在计划上面，难以落实。第二件是打算开采金矿，利用黑龙江的金矿资源以缓解财政的困难，也可以抵制俄国人的掠夺。可是前期工程就贷不到资金，划地、招人都没有钱，又不了了之。第三件是开凿运河。辽河、松花江、黑龙江都向北流去，各地互相间无法沟通，如果开一条运河，将三河连贯，可以极大改善水上交通。章太炎派人去丈量土地，也绘制了精细的黑龙江地图。章太炎亲自审阅，并提出了实施方案，同样也落实不下去。章太炎还计划组建报馆，创办《筹边日报》，用舆论来推动工作，还打算创立研习所，重点研讨东北的开发问题。他的愿望是好的，态度是坚决的，但是在这些旧官僚的消极抵制下，没有一件事能开展。章太炎在东北前后近一个月时间，全是一场空忙。

1月27日，章太炎赶回北京，面见袁世凯，说了种种困难。袁世凯耐心听完，反复安慰劝导，说："太炎先生辛苦了，困难是暂时的，一切都会好起来。"却没有一件实际的措施。章太炎又回到东北去，他看到了官僚政府的种种专制和腐败，却毫无办法。

▌宋教仁之死的警醒▐

3月下旬，章太炎得到消息，他的好朋友宋教仁在上海被暗杀。宋教仁，湖南桃源人，是同盟会的重要领袖之一，在日本东京时与章太炎交往甚密，意见投合，他年轻、能干、有大志。袁世凯的北京政府成立后，他担任过一段时间的农林总长。同盟会改组为中国国民党，孙中山任理事长，因为孙中山人在国外，委任宋教仁为代理理事长，负责国民党的全面工作。在国会选举前夕，宋教仁非常活跃，拉拢其他几个小党，在议会中的票数已占多数，只待召开议会进行选举，袁世凯的总统位子就保不住了。在这关键时刻，袁世凯下毒手了。

1912年10月18日，宋教仁南下省亲。沿途广泛宣传自己的政治主张，表明与专制独裁势不两立。各地选举越来越有利于国民党，最终获胜似成定局，对宋教仁当选内阁总理的呼声也很高。1913年3月上旬，宋教仁刚抵上海，就接到了袁世凯发出的"即日赴京，商决要政"的急电。3月20日晚10时左右，黄兴、廖仲恺簇拥着宋教仁来到上海北站，当他们走到检票口时，有人在宋教仁背后打了一枪，子弹穿入胸间。宋教仁凄然说了声："我中枪了！"此时，又听到两声枪响，车站顿时大乱，刺客趁机逃走。时任国民党参议的于右任急忙赶来，送宋教仁到沪宁医院抢救，因子弹射中心脏，无法救治。3月22日凌晨，宋教仁不治身亡，时年31岁。

"宋案"发生，举国震惊。孙中山送来挽联：

作公民保障，谁非后死者；
为宪法流血，公真第一人。

章太炎知道消息，十分悲痛，写下《宋教仁哀辞》，表达深痛的哀悼之情，又写下《挽宋教仁联》。

愿君化彗孛，
为我扫幽燕。

他希望死去的宋教仁化作光芒四射的彗星，扫除北方的群凶。在当时真相未明、凶手未获的情况下，章太炎就判定主谋必在北京。宋教仁生前习惯拿羽毛扇，所以在他的葬礼上，章太炎为他执扇送行。自此以后，章太炎常拿羽毛扇以怀念故友，包括他大闹总统府，以及袁世凯死后，他去南洋访问，始终拿着这柄羽毛扇。

4月17日，章太炎推说南方有事，从长春动身南行，途中写下《癸丑长春

筹边》一诗。

> 剑骑临边塞,风尘起大荒。
> 回头望北极,轩翮欲南翔。
> 墨袂哀元后①,黄金换议郎。
> 殷顽殊未尽,何以慰三殇。

章太炎在诗中痛苦地说:我仗剑骑马到边疆要塞去考察,荒漠的大地上风起尘扬;回头遥望北京政府,袁世凯究竟是怎样的心肠?此时章太炎尚未辞去东北筹边使的职务,却在心头为宋教仁遇刺而哀伤,希望展开翅膀向南方飞去:一些朝廷贵族用黄金从袁政府中买了议员的身份。眼看众多顽固分子尚未清除干净,拿什么告慰为共和献身的英烈。他把这首诗寄给老同盟会成员但植之,从诗中也可以看出章太炎的心情是何等的复杂和伤痛。

受到上海革命党人的热烈欢迎

章太炎回到上海,受到孙中山、黄兴等国民党人的盛大欢迎。国民党党部专门发出通告《欢迎章太炎先生》,尊称他是"革命先觉,民国伟人"。在欢迎大会上,陈其美致辞,说:"太炎先生鼓吹革命,本是吾国的先觉,学问道德都高尚纯洁,四万万人仰为泰山北斗。"章太炎在讲演中说:"吾辈欲扫除劣政治、产出良政治,非先从医治国病、铲除专制劣根下手不可,若坐视腐败专制之病常留中央,则民主共和终成梦想。"

5月9日,章太炎公开致电袁世凯,指名要他去除"四凶"。"四凶"是国务院总理赵秉钧,总统府秘书长梁士诒,参谋本部次长陈宧,京都警备司令段

---

①元后,清末隆裕太后。不少人以为隆裕太后签署清帝退位诏书有功,所以穿了丧服为她哀悼。

芝贵。这四人位居要职，是袁世凯的心腹。袁世凯复函说："此案必须严查，待查明真凶，必定法办。"这时，章太炎还不明白主谋就是"四凶"的后台袁世凯。

章太炎在上海的一些日子，与孙中山等人频频会晤，紧急磋商形势，才明白不能相信袁世凯的鬼话。他在上海与人发起成立"起义同志共络会"，又发起"弭祸会"，发布公启："为保全大局，力求和平，惟有求大总统退位，并矢言不再任总统。"这样的公开表态，表明章太炎对袁世凯的真实面目有了初步的觉醒。

他为了逼迫袁世凯下台，从上海专程去武昌，找副总统黎元洪商量，动员他出来竞选大总统。黎元洪知道自己能力有限，只是微笑推托，不敢应诺。5月13日，武汉国民党支部召开欢迎会，章太炎在会上发表言论，说："袁世凯政府大失民望，总统一席应当辞去。"但章太炎对黎元洪评价过高，他的"以黎代袁"的计划难以实现。

▌袁世凯的笼络之计 ▌

袁世凯看到章太炎在各种场合反对自己，心中非常不满，寻思用什么办法来对付章太炎。这时，袁世凯的心腹王揖唐向他献策，可用授予章太炎"缔造民国"二等勋章的方法，笼络章太炎之心。袁世凯认为有理，于是下令授勋，请章太炎去北京接受勋位。章太炎心想这是当面质问袁世凯的好机会，也可以说是对袁世凯的最后劝告，于是在5月28日到达北京。授勋仪式很隆重，章太炎在勤政殿收到袁世凯亲自颁发的二等勋章。授勋后，章太炎与袁世凯单独交谈，章太炎坦直地问："宋教仁之死是谁指使的？"袁世凯表示一定会追查到底。章太炎又问："如何处理你身边的小人？"袁世凯一再表示要加强教育，要督促他们悔过自新。章太炎又问他："你是否有称帝的企图？"袁世凯斩钉截铁地表示不会称帝。章太炎语气尖利，咄咄逼人。袁世凯笑脸相迎，却隐忍不发。章太炎在北京逗留7天，于6

月4日回上海。

▌与袁世凯彻底决裂 ▌

6月8日,章太炎在上海国民党交通部召开的茶话会上发表讲话,他对国民党做了肯定的评价,检讨了以往互相猜忌的错误。他说,辛亥之后,他担心革命党的激进主义会把赞成共和的立宪党人和旧官僚吓跑,所以匆匆致力促进联合与统一,结果乱了革命党人自己的阵脚,使旧势力得以调整而卷土重来,这使他感到后悔与痛心。他表示要化解意见,联合各省起义的同志,合力监督政府,把政权从旧军阀、旧官僚和立宪党人手中夺回来。

6月中旬,有一件事使他终于下定决心辞职。起因是他费尽周折筹备东北实业银行,向法国商人借款的事,双方已达成合作意向,法方答应借款,只等北京政府盖印批准了。章太炎多次催促,政府依然拖延推诿。终于,财政次长梁士诒来电了,电文说:"法商以日、俄之故,不愿承办,特转达。"梁士诒的从中阻挠使谈判破裂,章太炎的千辛万苦化作灰烬。章太炎怒火中烧,将电文撕得粉碎。6月18日,章太炎致电总统及国务院,辞去东三省筹边使的职务。他在辞呈中口气强硬地表示"炳麟从政以来,除奸无效,从昏不能","即日辞差,冀遂初志,恳乞将东三省筹边使开去,死生之分,一听尊裁"。这封辞职信将袁世凯政府狠狠地骂了一通,最后说,我是死是活由你们决定。章太炎已经毅然决然地走上与袁世凯政权决裂的道路。

⊛ 与女诗人汤国黎结为夫妇

▌诗人兼社会活动家汤国黎 ▌

　　1913年春天,孙中山的秘书长张通典向孙中山说起章太炎的婚事。他的侍妾王氏已经去世10年,章太炎因忙于革命,四处漂泊,现在已经46岁,该考虑一下婚姻大事了。孙中山说:"我们在上海帮他找一个。"张通典去问女儿张默君,默君是神州女校的负责人,她说:"我有个女伴汤国黎,在神州女校当教员,年纪30岁,尚未婚配,我去问问她的意思。"

　　汤国黎,字志莹,号影观,祖籍浙江桐乡县乌镇,家中世代务农,以植桑养蚕维持生计。后来因乡村农户渐渐破产,汤国黎的父亲不得已迁到上海,谋得一份店员的职业,并在上海生下女儿,取名为国梨。汤国黎2岁时随父母去江苏江阴县,4岁时又随父母去汉口,四处奔波。9岁时,父亲去世,留下三个孩子,母亲便带孩子们重返家乡,寄住在舅父家中。国梨平时帮助母亲操持家务,从小养成勤俭节约的美德。她读过两年私塾,因经济条件的限制,不能继续求学,但是她关心时代潮流,渴望获得新的知识。她虽然已到了待嫁之年,也有求婚者,但她不愿受旧式家庭的束缚,始终不肯出嫁。22岁那年秋天,在舅父的资助下,到上海就读于务本女校。汤国黎爱好诗词,靠一部字典、一部诗韵、一部白香词谱,学着作诗填词。在读书时曾写下《酒兴》一诗。

兴酣落笔书无法,酒后狂歌不择腔。
一任旁人窥冷眼,自扶残醉倚晴窗。

诗句写得豪爽狂放,显出她大气开朗的性格。在读书期间,她常以"影观"的笔名在报刊上发表诗词文章。她关心国运,谋求自主,有爱国热情,热心于社会活动。1905年,清政府出卖沪杭甬铁路主权,她发起成立上海妇女保路会,公开登台演讲,发动群众购买公债,以求集资买回路权。1907年夏天,她从务本女校师范科毕业,回到浙江,于私立吴兴女校任教,从教师做到教务主任,又升为校长。1911年秋,应务本女校几位老同学的邀请,汤国黎辞去吴兴女校之职,准备到上海办学校。到沪不久,武昌起义爆发,她组织女子北伐队,打算配合上海和江浙两省起义军联合进攻南京。当时南京由清政府两江总督张人骏、将军铁良、江南提督张勋驻守,虽然起义军人数众多,但经费缺乏。汤国黎又发动学生搞义卖活动,筹集现金5万元。因不久南京光复,她又把钱上交给孙中山。孙中山说:"你们青年很有作为,这钱留给你们办学校、办报纸用吧。"于是,她和张默君就用这笔钱办起神州女校,又创办《神州女报》,汤国黎任教员兼编辑。1912年初,清政府被推翻,中华民国成立,张默君与汤国黎联络各界妇女百余人于3月发起成立神州女界共和协济社,提出妇女参政的要求,得到孙中山的支持。3月16日神州女界共和协济社正式成立,宋庆龄为名誉社长,张默君、杨季威为正副社长,汤国黎为编辑部部长。她们向民间宣传"妇女必须学习知识,经济自主,参与政治,谋求与男子同等的地位"。

听了父亲对章太炎的介绍后,张默君征求汤国黎对婚姻的意见,说:"双方是否先见面谈谈?"汤国黎认真思考后,说:"我在务本女校求学时,参加各种社会活动,见过章太炎这个人,对他的印象有三点:一是其貌不扬;二是年龄太大,长我10多岁;三是穷,他的穿戴太旧了。可是他为了革命,在满清皇朝统治时,敢剪去辫子,以示决绝,他的硬骨头气魄和治学精神,非庸庸碌碌者可比,所以我没有反对意见。婚后,我可以在文学方面向他讨教。"

张通典见汤国黎已经答应,再去见章太炎,听取他的意见,章太炎说:"我是亡命之人,随时有生命之虞,以前,妻儿聚少散多,不能厮守。日后,也会有不测凶险,请你转告这位女士,我一定以她敬爱我之心敬爱她,至于婚姻总须郑重。"张通典说:"汤女士素来有豪迈之气,言出即行,这事就说定了。今天是6月6日,婚礼就定在6月15日,一切准备工作由我来操办。"

在爱俪园举行隆重的婚礼

6月15日,婚礼在上海爱俪园举行。爱俪园,又称哈同花园,坐落在静安寺路,是犹太人欧斯爱·哈同以他夫人俪穗·哈同命名的花园别墅。园内有10个大院,8处小湖,50多座亭阁,80多座桥台,是全上海最大的花园。这一天,花园内披红着锦,彩带飘浮,一片喜庆景象。300多亩绿茵地上挤满来宾,有2000余人。大厅内富丽堂皇,孙中山、黄兴、蔡元培、陈其美、于右任等革命元勋和社会名流济济一堂。

上午10时许,婚礼正式举行,蔡元培作为证婚人,抑扬顿挫地念了证婚词。孙中山主婚,代表几十万革命党人向章太炎夫妇表示热烈祝贺,场内响起暴风雨般的掌声。婚礼既毕,到一品香酒楼宴客,酒宴席上大家要新郎作诗。

章太炎站起来赋诗一首,他吟道:

吾生虽绨米①,亦知天地宽。

振衣陟高岗,招君云之端。

这首诗是表示对汤国黎女士的敬意。他在诗中说:"我虽然平凡,却知道天地宽广,即有理想,有抱负。而今抖擞衣服登上高岗,向高居云端中的爱人招手。"他把新娘比作天仙,心中是何等的爱慕和欣慰。

①绨米,指质地粗厚又绣纹的丝织品,表示他穿着普通的袍服,是一个平凡的人。

章太炎吟罢一首，胸中诗意荡漾，不可自止，又吟了一首谢媒诗。

> 龙蛇兴大陆，云雨致江河。
> 极目龟山峻，于今有斧柯①。

这首诗是献给媒人张通典的。用词景象宏大，让人耳目一新。他说，有如龙蛇一样的大人物兴起于我国大陆，以至兴云布雨满江河。由于孙中山等革命党人的努力，革命的形势蓬勃展开，放眼望去，龟山高峻，但我们手中已有斧子柄，就可以将它征服。龟山对岸是武昌，那里正是起义成功之地。今有媒人撮合美好姻缘，怎么能不让人欣喜呢？

众人又要求新娘赋诗，汤国黎落落大方，站起身朝宾客微微一躬说："我就念一首早年写的《隐居诗》吧。"她缓缓念道：

> 生来淡泊习蓬门，书剑携将隐小村。
> 留有形骸随遇适，更无怀抱向人喧。
> 消磨壮志余肝胆，谢绝尘缘慰梦魂。
> 回首旧游烦恼地，可怜几辈尚生存。

她自述出身贫穷家庭，曾经在农村读过一些书，平生随遇而安，并不希望抛头露面，虽岁月逝去，却心向光明。回忆在上海经历的许多社会活动，不胜感慨，至今还有多少共同战斗的朋友存在呢？

婚礼隆重热烈，宾客一齐向章太炎、汤国黎敬酒，章太炎本是海量，无杯不空。这一天太兴奋了，喝得大醉。

5天后，章太炎偕夫人乘火车去杭州度蜜月。他们畅游西湖，又去余杭扫墓和省亲，数日后回到上海。

---

①斧柯，斧子柄，又有做媒的意思。

被袁世凯幽禁北京三年

孙中山发动"二次革命"

1913年是中华民国成立的第二年，袁世凯就任临时大总统已有一年多时间，权力和欲望一直未能得到满足，面对企图制约他、反对他的各种势力，他磨刀霍霍，准备大规模杀伐。他向外国银行大举借款，扩充军费。孙中山和他的同志们决定背水一战，兴兵讨袁。7月12日，江西都督李烈钧在湖口起义，黄兴赶紧在南京响应，陈其美在上海呼应。随后安徽、湖南、广东、福建、重庆也宣布独立。这就是以孙中山为首发动的颇有声势的"二次革命"。章太炎毫不犹豫地发表宣言书，痛斥袁世凯的独裁专制。他给朋友的信中说："项城不去，中国必亡。"项城即指袁世凯。章太炎又发表《第二次宣言》，在原先惩办"四凶"之外，又加上三人：一是担任袁世凯秘书的王揖唐，二是国务院秘书长陈汉第，三是国务总理兼财政总长熊希龄，一共是"七凶"。章太炎对袁世凯身边的帮凶深恶痛绝，认为必须坚决铲除。宣言发出之后，不料形势急转直下。

7月25日，袁世凯的军队攻陷湖口，李烈钧的军队瞬间溃败，9月初北洋军攻陷南京，一场壮烈的捍卫辛亥革命胜利果实的"二次革命"很快烟消云散了。由于双方军事实力悬殊，"二次革命"前后仅存不到两个月。袁世凯下令通缉"乱党"，缉拿革命党人。孙中山、黄兴、陈其美、李烈钧被迫再次流亡海外。章太炎的处境也很危险，很可能被抓起来，甚至被杀害。孙

中山临走前,劝章太炎同行,章太炎说:"我不走!形势严峻,更需要有人挺身而出,解救国难。"他认为中国已经光复,自己没有理由向外国寻求庇护,而且他对国内形势没有完全放弃希望。新建的共和党,还有国会的存在,让他看到还有一线光亮,而且之前举行的国会选举中,国民党获得参众两院的多数票。于是,他顶着风险坚定地留在国内。

▌章太炎"时危挺剑入长安"▌

就在这种险恶的形势下,8月,身在上海的章太炎接到北京共和党总部的电报,请他去北京参加会议,讨论共和党与国民党复合的问题。如此重大的会议自然要去参加,他当时想到的是,与国民党合作,可以在议会中获得多数席位,有利于制约袁世凯。当时他已经意识到此去的危险,却将生死置之度外。他想要与袁世凯明斗,揭穿他反对共和、实行专制独裁的反动面目。他给弟子伯中的信中说:"吾虽微末,以一身撄暴人之刃,使天下皆晓然于彼之凶戾,亦何惜此屡形尔。"可见他是有牺牲生命的心理准备。

临行之前,他与夫人汤国黎有一段对话。章太炎说:"袁氏与民党决裂,南军既无能为,袁无所顾忌,其势必张,政局将有剧变。我等不能亡命海外避其凶焰。党务既有可为,应挽此危局。"汤国黎说:"袁氏岂甘心于君?"章太炎毅然说:"事出非常,明知虎穴,义不容辞,我去已决,你不要多虑。"章太炎还留下4首《时危》诗,其中一首是这样写的:

> 时危挺剑入长安,流血先争五步看。
> 谁道江南徐骑省,不容卧榻有人鼾?

这首诗用了两个典故。其一,战国时,魏国老臣唐雎出使秦国,秦王威胁要夺取安陵这一地方。表面说用五百里地交换,实际上是空话,唐雎不同意。秦王威胁说:"你难道不知道天子发怒,伏尸百万,流血千里。"唐雎说："大王难道不知道,布衣发怒,伏尸二人,流血五步。"他挺剑而起,迫使秦王退步。章太炎借前两句诗,说要像古代的唐雎一样不辱使命,敢于向强敌作针锋相对的斗争。其二,宋开宝八年,宋军围金陵,南唐后主李煜派散骑侍郎徐铉(即徐骑省)向宋军求情,宋太祖对徐铉说:"卧榻之侧,岂容他人酣睡?"章太炎借这个典故说明乞求袁世凯宽容是无济于事的。

事实正是如此,诡计多端的袁世凯在北京已布下陷阱,他接受亲信陈宦的计策,将章太炎骗到北京,软禁起来。办法是由陈宦买通共和党的工作人员,发电报请章太炎来京议事,章太炎果然中了圈套。8月11日,共和党党部干事吴宗慈、张亚农、张真吾等人到车站迎接章太炎,又一起坐马车到达化石桥本部的住处。吴等人假意殷勤,未说实话,章太炎也不知底细。到住处见门口有人站岗,章太炎也不以为意,以为是对自己的尊重。

第二天,老朋友黎埜甫知道章太炎到北京,邀请他去赴晚宴,章太炎才坐上马车,几个宪兵也跃上车子,前后夹着护卫,章太炎起初没在意。宴会结束后,回住处的路上也是如此,章太炎觉得奇怪,一问才知道是袁世凯派来监视他的。章太炎愤怒了,提起拐杖驱逐他们,宪兵纷纷跑开。章太炎说:"袁的走狗被我赶走了。"虽然宪兵被赶走,又换来了便衣警察,依旧守住门房。章太炎这才知道自己被软禁了。

章太炎又气又恨,连夜写成《上袁世凯》一信,诘问为何要拘禁自己?他写道:"大总统圣神文武,饱食终日,无所用心,与昔日篡位夺权的朱全忠、石敬瑭之辈无异。"朱全忠即朱温,后梁太祖,是五代时代唐称帝的野心家。石敬瑭,勾结契丹贵族灭后唐,建后晋,自称"儿皇帝"。章太炎在信末直呼其名,说:"袁世凯,限三日内答复。"

章太炎被困居在右院的一个斗室中,仅有共和党的两三个人来照顾他的生活。章太炎独自饮酒,以花生米佐酒,吃时将花生的蒂摘去,说:"杀了袁的头。"他每饮必醉,每醉必骂,骂累了便呼呼大睡。平时在纸上写"袁贼"二字,然后焚烧,大呼:"袁贼被我烧死了。"有一天,陆军处长陆建章派秘书秦某前去送钱,说:"章先生住在这里,袁总统考虑生活所需,有所馈赠。"从怀中取出钱币500元,放在桌上。章太炎看了一眼,忽然抓起钱币朝秦某脸上掷去,骂道:"袁奴速去!"秦某狼狈而逃。章太炎在被软禁时,除了没有外出的自由,生活却被安排得甚是周到,陆建章根据袁世凯的嘱咐,对章太炎只是软禁,不让他有出入的自由,不让他向报刊写文章骂政府,对书信要检查,而生活上用钱不限,毁物任意,骂人听便。

章太炎在共和党本部软禁了10多天,有人带信来对章太炎说:"大总统有意让你担任国史馆馆长,不知你愿不愿意?"11月22日,章太炎写了一封给袁世凯的信,说:"我不过是深山大泽的野夫,天性不能做人家的门客。你们这些高官不过是穿窗盗金的贼,我纵然做史官,也不过是倡优之类。"他根本不把袁世凯放在眼里,不愿为袁世凯服务。

章太炎在北京的学生常来看望先生,后来向他提出要求,希望先生讲国学,这样既可排解寂寞,又可让学生学习学问。章太炎答应弟子的要求,利用共和党本部的会议厅做讲堂,每晚讲两个小时,他手头没有资料可以翻阅,就凭着记忆讲,旁征博引,听众被深深折服。据说连混迹在听众中的便衣警察也听得很有味。于是听的人越来越多,有时近百人,一部分是北京各大学的教员,也有不少学生。讲述的内容是内典精义,内典即佛教典籍。由学生吴承仕记录,后编成《菿汉微言》一书。这批学生中有后来著名的学者顾颉刚、金毓黻等人。他们后来回忆说:"讲学次序是星期一至三讲文科的小学,星期四讲文学,星期五讲史学,星期六讲玄学,太炎先生学问渊博,讲课又系统,又有宗旨和批评,佩服极了。"这样的软禁持续了近5个月,章太炎实在忍无可忍,准备冒险出京,逃离虎口。

▍怒气冲冲大闹总统府 ▍

1914年1月3日,他决定在北京乘火车到天津,然后取道南下,当时火车每天只有一个班次,时间是下午5时左右。他的想法被共和党干事吴宗慈知道了,他认为章太炎此行是不可能成功的,军警密布,有人监视,一旦失败会招来更大的祸事。于是,吴宗慈使了个小小的计谋,以为章太炎饯行为借口一起喝酒,提议以"骂袁贼"为酒令,骂一回,喝一口酒,所以喝得十分开心。章太炎不知是计,一直喝到下午5时才想起乘车的事,赶紧找马车去火车站,火车早已开走了。章太炎十分懊丧,不愿回共和党本部,而是在车站附近找了一家日本人经营的旅社住下。

次日一早起来,见大雪封路,火车停开,这一天怎么过呢?他动了动脑筋,手执羽毛扇——扇柄上悬了一个袁世凯奖给他的大勋章,独自出门,坐上一辆人力车前往总统府。他此行的目的是要当面责问袁世凯,他究竟犯了什么罪,为何要羁押他?如果袁世凯对他不客气,就打算不惜这条命与他拼了。他在新华门下车,走进接待室,嚷着要找袁世凯。嚷了好久,秘书长梁士诒来了。章太炎说:"我要见袁世凯,哪要你来?"梁士诒说:"总统很忙,你有什么事找我说。"章太炎大怒,将桌上的器物全部打碎,把墙上的袁世凯像扯下来撕碎。梁士诒没办法,默然离去。过了一阵,陆建章来了,说:"大总统要见你,请你跟我去。"章太炎随他出门,坐上马车,驶出东辕门,一直往东驶去,章太炎看着情况不对,问道:"见总统为何不入新华门?"陆建章满脸堆笑,说:"总统在居仁堂,出东辕门,过后门,进福泽门,车可直达,免你步行。"章太炎又要问,陆建章也不由他说,催促马车夫加快速度,结果被送到了军事教练处,这里全是空闲的兵房,吃喝有人照料。章太炎在这里闲住了几天,发脾气也没人听。几天后,他又被送到郊外,从此就被幽禁在龙泉寺。

在龙泉寺绝食抗议

龙泉寺内偏院有屋5间,颇为整齐,屋内被褥齐全,桌上有文房四宝,生活上也有优待,袁世凯派来一个班的军警看守,关照不得对章太炎无礼,但不得让其越雷池一步。章太炎情绪烦躁,常以手杖扫击器物,甚至扬言要焚烧屋子,陆建章只是小心防备而已。陆建章清楚,总统曾手示八条,保护

太炎先生:一、饮食起居用款多少不计;二、说经讲学文字,传抄不禁,关于时局文字不得外传,设法销毁;三、毁物骂人听之,物毁再购;四、出入人等严禁挑拨之徒;五、何人与彼最善,而不妨碍政府者,任其来往;六、早晚必派人巡视,恐出意外;七、求见者必持许可证;八、保护全权完全交给你(指陆建章)。因此,陆建章对章太炎尚知敬畏。

章太炎移居龙泉寺的翌日,袁世凯的长子袁克文前来亲送锦缎被褥,但不敢面见章太炎,只在屋前徘徊。章太炎发觉窗缝外有人窥探,拉开窗帘看去,看是袁克文,就唤他进屋。袁克文将锦缎被褥放在床上。章太炎一声不吭,只管自己点燃香烟,然后用烟头上的火将被褥烧成许多洞,然后捧起被褥扔出户外,呼道:"拿去!"袁克文自觉没趣而返。

章太炎在龙泉寺被幽禁几个月之后,已是1914年5月,他的学生黄侃原在南京大学教书,因北大的聘请来北京,借居龙泉寺,一面编写讲义,一面向章太炎请教,两人常见面谈话,以宽解愁闷。不料没过几天,在一个晚上,黄侃正在梦乡中,忽然被警察叫醒,押出住处。次日,章太炎询问警察为什么黄侃不见了,得到的回答是不准外人入内。章太炎见来客的自由也被剥夺,气愤至极,决定绝食,以死抗争。

绝食前,他写信给黎元洪副总统,他写道:"副总统执事,时不我与,岁且更新,烈士暮年,壮心不已,以此为公祝。炳麟羁滞幽都,饱食终日,进不能为民请命,负此国家;退不能阐扬文化,惭于后进,桓魅相迫,唯有冒死而行。三五日当大去。人寿几何,亦何尽此,书与公诀。"黎元洪到北京后,曾几次求见袁世凯,为章太炎说情解困。继而,农商总长张謇、总统府顾问钱询也纷纷进言,要求袁世凯解除对章太炎的监禁。袁世凯也有些惶恐,如果章太炎死于绝食,逼死国学大师的罪名也会使他声名狼藉。于是顺水推舟地指令京师警察厅总监吴炳湘"妥为设法劝导处理,使不致以绝食陨生",答应每月给章太炎500元津贴,享受高级囚粮待遇。

章太炎在绝食前,想起新婚的夫人,觉得有必要向其表白自己的处境,于是又写家书,说自己"研精学术,忝为人师,中间遭离丧乱,辛苦亦已至矣。不死于清廷购捕之时，而死于民国告成之际，又何言哉？吾死之后，中华文化亦亡矣!"他决定将那件绣着"汉"字的衣服寄给夫人，又在家书中写道："知君存念，今寄故衣，以为记志，观之亦如对我耳，斯衣制于日本，昔始与同人提倡大义，召日本缝人为之。日本衣皆有圆规标章，遂标汉字，今十年矣。念其与我同更患难，常藏之箧笥，以为纪念。吾虽陨毙，魂魄当在斯衣也。"

汤国黎曾问太炎，为何要在外褂上绣个"汉"字，章太炎说："我几次东渡，亡命日本，为了避开清政府的耳目，易于开展工作起见，常穿和服。但这并非表示我同化于异国习惯，所以我在衣袖上写个'汉'字，表明我是中国人，同时记着我在日本是为了实现'驱除鞑虏，恢复中华，创立民国，平均地权'，用这个'汉'字来表达自己对祖国的怀念，时时不忘光复祖国的责任。"汤国黎回信劝丈夫坚持活下去，以著书立说为不朽之业，又问他安康之事。章太炎回信说："在贼中，岂能安。"

章太炎心情极为悲愤，他以七尺宣纸篆书"速死"二字，悬于壁上，又写信给浙江青田人杜志远，托杜与民族英雄刘伯温的后裔商量，要求死后葬在刘伯温墓侧，他认为刘伯温是抗击元朝暴政的英雄，与自己致力推翻封建统治的志行一致，愿地下为邻，以示景仰。不久，杜志远得到刘伯温后裔刘祝群的回信，说同意章太炎的请求。太炎知道葬地已解决，就自书墓碑"章太炎之墓"五字，寄给杜志远，表示做好了死的准备。章太炎一连七八日滴水不进，人极度虚弱，他的弟子们环立床前，劝他进食，很久才尝梨一片。弟子吴承仕和钱玄同等人一起来看他。吴承仕说："先生比祢衡（字正平）如何？"章太炎忽然瞪起眼睛说："祢正平怎比得我？"吴说："刘表要杀祢衡，自己不愿居杀士之名，指使黄祖下手。现在袁世凯比刘表要高明多了，他用不着劳驾黄祖一般角色，叫先生自己杀自己!"章太炎一听，起身斥道："什么话!"后来这段故事流传开来，章太炎得了一个"民国祢衡"的雅号。

吴承仕，字检斋，安徽歙县人，著名的经学家、古文字学家。他23岁获殿试一等第一名，即清代最后一代的状元，被任命为大理院主事。武昌起义后,清政府尚未完全推翻,吴承仕就与章太炎交往甚密,章太炎寄给他《新方言》一册。后来两人成为师徒,中华民国成立,吴承仕出任司法部佥事。章太炎被幽禁北京时,吴承仕每天都去看望先生,送衣送食,章太炎很感动,写信说:"敬领并谢。"他们一起探讨学问,章太炎撰联"为学日益,为道日损",赠送给吴承仕。吴承仕将章太炎讲课的内容,回家整理成《菿汉微言》一书。1926年,吴承仕父亲生日,章太炎赠送寿联:定性岂曾参白足,驻年原不籍黄精。1935年,吴承仕花两年工夫,将章太炎在"五四"前后所写的7卷著作出版,又雕版《章氏丛书续编》,吴承仕先后任北京师范大学中文系主任、中国大学国学系主任,1936年加入中国共产党,在天津坚持抗日救亡活动,1939年9月21日因肠穿孔逝世,终年56岁。

章太炎在龙泉寺绝食时,来看望的学生很多。他的弟子朱逖先也劝先生进食,说:"以袁世凯这样无所忌惮的人,要杀先生,只需命爪牙一举手之劳,所以不敢下此毒手者,正因为先生之声望关系。如绝食而死,正投其所好。"章太炎认为他的话言之有理,但仍未进食,而绝食已七八天,仅饮茶水,身体已极虚弱。在此以后,一个下午,时任北大教授的马叙伦去探望太炎,两人谈到黄昏时分,意犹未尽,还有许多话要谈,马叙伦说:"还没吃晚饭,肚子饿了,要回去吃饭。"太炎说:"这里也有厨房,在这里吃比回去吃要快一点。"马叙伦说:"知道这里有厨房,但想到面对一个绝食的人,自己据案大嚼,试问情何以堪? 何况你是为了民国存亡而斗争,这才绝食的,自己饱餐岂仅自私,简直太残忍了。"当时章太炎听了略一思考,便说:"那我同你一起进食如何?"马叙伦才高兴起来,两人共进晚餐,章太炎吃了两个水煮鸡蛋。

6月16日,袁世凯怕章太炎饿死,请一位姓徐的医师来诊治。徐医生年近七十岁,为章太炎诊脉后,说:"此地不宜,可移居我家,慢慢调理。"几名卫兵将章太炎抬到东四牌楼徐家。徐医生对章太炎说:"我古稀之年,尚不肯弃世,先生壮年,为何自暴自弃?"章太炎说:"我不食袁粟。"徐医生说:"先生反对政府,我可理解。这些食物是老夫自家的东西,你不食岂不是看不起老夫?"章太炎没法,只得吃了。这样休养生息一个多月,病体稍有康复。徐医生对他说:"附近的钱粮胡同有一处凶宅,无人居住,真是可惜。"章太炎说:"我是不信鬼神的,我可去住。"就这样,于7月迁入钱粮胡同4号。此后,在京的学生经常来看望先生,有朱希祖、钱玄同、黄侃、鲁迅、周作人、许寿裳等。

　　然而章太炎的心情依旧是孤独和苦闷的,他在失去自由的环境下写下一首《长歌》。

麒麟①不可羁,獬豸①不可縻。

沐猴而冠带②,鸡犬升天啼。

黄公③秉赤刀,终疗猛虎饥。

玄武④尚刳肠,筹策故难齐。

牺牛⑤遭鼷鼠⑥,不如退服犁。

武昌一男子⑦,老化为人妻。

万物相回薄,安可以理稽?

荡荡天门开,所惜无云梯。

不如饮醇醪,醉作瓮间泥!

幸甚至哉! 歌以言志,麒麟不可羁。

　　章太炎身被拘禁,心在天外,他想到孙中山的"二次革命"失败,孙中山与黄兴都被迫逃亡日本,袁世凯窃居高位,卑鄙无耻,他曾寄希望的黎元洪

①麒麟、獬豸,都是神兽,作者以此自喻。
②沐猴而冠带,这里借指袁世凯。
③黄公,东海黄公,这里借指黄兴。
④玄武,喻指革命者。
⑤牺牛,指品格高尚的人。
⑥鼷鼠,喻指小人。
⑦武昌一男子,这里指黎元洪。

却依附袁氏。自己被软禁已有一年,自由却是遥遥无期,于是他要用诗句来表达自己的心情。

章太炎吟道:我是不可能被长久束缚的。袁世凯现在鸡犬升天了,东海黄公有制服老虎的法术,却被老虎所害,革命者也难成功。牺牛遭遇卑下的鼹鼠的戏弄,倒不如去耕田拉犁。对袁世凯处处顺从的人,仿佛是权贵的妻妾。世间万物循环相迫,岂能用常理来理解?天宫之门向我敞开,可惜我没有向上攀爬的云梯。还不如痛饮美酒,索性烂醉如泥。啊!幸运啊,我还能放声歌咏,抒发自己的情怀。我是神兽,不可被束缚的。章太炎面对困境,深信自己是不会屈服的。

汤国黎保存的"两地书"

章太炎被囚北京之后,袁世凯为瓦解章太炎的斗志,几次动员章太炎接眷来京相伴。章太炎处于彷徨状态,他给汤国黎的书信,有时出于思念之情,希望她来京照料,有时想到此地环境恶劣,又不希望她来京。汤国黎在上海也想念丈夫,但更有警惕,怕袁氏借此而久拘先生,因此她给章太炎的信中坚持自己留在上海为宜,然而袁世凯极有心计,多次设法派人到上海诱骗汤国黎赴京。有一次,《大共和报》记者找到汤国黎家,说:"章先生已得到当局谅解,将委以要职,在京的车马和洋房都已布置就绪,望夫人早日成行。"汤国黎觉得他的话不伦不类,又没有先生的亲笔信件,所以置之不理。像这样登门的不速之客,每数日必有一次。汤国黎说:"我与先生结婚仅一月有余而分别,他的挚友门人亦无所知,所以对待来客的劝说,只能唯唯而已。"

后来又来两个操北音的彪形大汉,登门要求汤国黎立即动身去北京,否则将对章太炎不利,两人态度强硬,要护送汤国黎一起去。汤国黎机警应对,坚决不去北京。他们说得舌敝唇焦,威胁利诱,还是没有成功,悻悻而去。汤国黎为了了解他们的底细,在他们离开后,见他们乘人力车走了,自己也雇人力车远远跟上,跟到了大南门,见两人进了一扇黑漆大门,她记下这家的门牌号码,后托人打听,才知道是北京驻上海的特务机关。

章太炎被袁世凯拘禁的3年中,汤国黎时时思念丈夫,曾作《依稀》一诗寄怀。

> 风景依稀似去年,虫声如雨月如烟。
> 可怜一带银河影,知隔云山路几千。

汤国黎频频以家书勉慰太炎先生,并多方设法营救。后来,汤国黎将这3年往返的家书84封,辑成《章太炎先生家书》一册,交中华书局影印出版。她在序言中说:"顾余之珍重此家书者,期与先生相见时,作共诉甘苦之印证;留示子孙,使知先生富贵不淫、威武不屈之气节;传之社会,可见专制统治者之蛮横暴敛。然则此家书亦史书也。"

▌将《訄书》删改成《检论》▐

章太炎迁到钱粮胡同的新居后,心情逐渐平静下来。这里环境安静,屋宇宽敞,院落中栽种竹木,西侧还有花园。章太炎空闲时无事可做,就想到10年前重版的《訄书》应当再做修改,以便定稿,以后可编入《章氏丛书》。8月间,他给在浙江图书馆任职的女婿龚宝铨写信,请他将上海家中的《訄书》重版本带来北京。经过几个月的审读删改,章太炎决定将《訄书》更名为《检论》。检者,禁也,表明这是在被袁世凯禁闭时所修改的著作,其中收录了1915年4月前的作品。全书正文62篇,附录7篇,分成9卷。从编辑体例来看,更有逻辑性,给人以强烈的历史感,表现了作者对中国社会问题的系统认识。从学术思想来看,代表了章太炎对中国自古至今重大问题总结性的见解,体现其多年的研究成果。从政治倾向来看,表达了他改造中国的种种设想和主张,以及反对袁世凯复辟帝制的呼声。对这样一部包

含了他20年精神财富的重要著作,他视若珍宝。当然这部作品也存在不少缺陷,反映了作者某些消极的或者错误的观点,但如果从时代环境与历史条件的角度去理解,也是不应当苛求的。

▍长女在忧郁中自缢身死 ▍

1915年3月,章太炎的长女章㷱,小女章㻃及长婿龚宝铨进京探视,住在钱粮胡同。章㷱生性安静,很是孝顺,见父亲困顿忧愤,于是悉心照顾,饮食医药无不周至。自己却常抑郁不欢。5月间,龚宝铨之妹来信唤他们回嘉兴去,章㷱既不忍远离父亲,又不想违背小姑的诚意,内心越发忧愁。他们所住的凶宅常有闹鬼的传说,每日夜幕降临,院中风声凄厉。章㷱受不了这种精神折磨,身处其中,更生厌世念头。9月7日傍晚,章㷱与龚宝铨及章㻃谈话至夜深才休息,章㷱与妹妹住西厢房,龚住东厢房,章㻃睡至天亮才醒,见章㷱不在室内,便有些吃惊,她急起寻觅,见章㷱已自缢于章太炎所住的上房之堂屋。章㻃将人解下后,立即呼喊父亲和龚宝铨,章太炎立刻请来名医汤尔和救治,汤尔和说:"时间过久,不能复生了。"章太炎极为悲痛,痛斥"女儿之死,皆袁氏所害"。

▍一封大骂袁世凯称帝的"劝进书" ▍

1914年底,袁世凯开始复辟帝制的活动。1915年5月接受了日本提出的"二十一条"要求中的大部分条款,以取得日本政府对他实行帝制的支持。不久,唆使一些北洋官僚政客出面组织筹安会和请愿团,加紧复辟帝制,这时他又想到了章太炎。袁世凯以为章太炎被囚禁近两年,锐气磨损得差不多了。他以释放为条件,企图换得章太炎一纸"劝进书"。袁世凯派人对章太炎说明来意,章太炎假意答应。第二天,来人取走"劝进书",呈给袁世凯。袁世凯开始欢喜得很,拆开一看,气得七窍生烟。章太炎写的是声讨书,痛斥袁世凯"妄僭天位,非但是民国之叛逆,亦是清室之罪人"。章太炎自知袁世凯阅后必定大怒,可能会引来杀身之祸,便慨然引刀说:"公见我书,予以极刑,较当日死于满清恶官僚之手,尤有荣耀。"袁世凯狂怒了一阵,又自嘲说:"彼一疯子,我何必与之认真。"

12月12日,袁世凯宣布接受筹安会的推戴,自立为皇帝。13日,在居仁堂接受百官朝贺。31日下令将民国五年改为洪宪元年,用中华帝国取代中华民国。袁世凯的倒行逆施,引起全国各地的强烈抗议。云南护国军率先起来反对帝制,宣布独立。接着贵州、广西、广东、浙江等省相继独立。1916年3月22日,袁世凯被迫取消帝制。

▎章太炎第二次出逃失败 ▎

1916年5月间,章太炎又一次决定逃离居住地,这一次行动更为保密,也谨慎得多。出行前已通过友人与日本海军增田大佐联系,请对方送来和服,计划以日本医生介绍往天津治病为由出逃,并派日本宪兵着便装随行保护。18日出走那天,他削发剃须,换上和服,扮成日本人模样,雇一辆马车,说是要去天津治病,到达宴会之地长春亭后,他故意派马车夫去招日妓,企图迷惑袁氏派来的暗探,趁机出门,坐上人力车,直奔火车站。殊不知他的动向早被警方侦知,并已经预先设好对策。就在章太炎候车之片刻,忽然拥来五六人,将他又提又拽,声称:"你欠我的钱不还,怎么就想跑?"那些人一边说着,一边将他身上一个指环和一块古玉抢去,他身边的几个日本友人根本阻挠不住,眼看着他被这些人强行带走。被带到警察厅之后,只见从里面出来一个科长级的官员,章太炎大声呵斥道:"你们真的不晓得死活,也不看看如今已是什么时候了,还敢这样行事,就不会给自己留条后路?"那官员道:"我们是执行上司命令保护先生,先生还是回家吧。"他被警方带回钱粮胡同,这次出逃又宣告失败。

袁世凯逝世，章太炎终于获释

袁世凯的病况越来越重，5月之后连连呕血不止，于6月6日一命呜呼。这位执掌中国最高权柄4年，做了83天皇帝的大独裁者终于去世了。

次日，黎元洪继任中华民国总统，立即下令释放章太炎。然而内务总长王揖唐说大局未定，出于安全考虑，章太炎暂时不能离开。王揖唐为什么不肯放人？或许出于报复心理，因为章太炎曾公开指名惩办他，他要利用职权为难章太炎。一周后，黎元洪轻车简从前往钱粮胡同看望太炎，他俩畅谈时局两个多钟头，黎元洪征询太炎如何延揽人才等意见，章太炎说："与民更始，第一以去小人为务，且当取消党禁，广开言路。"黎元洪深服其言，并邀请他留在北京，辅佐政务，章太炎婉言谢绝，说："身体亏乏，欲回家休养。"黎元洪也不勉强。

6月26日，黎元洪派一名卫官护送章太炎从北京乘火车到达天津。浙江都督吕公望已派代表来天津迎接。27日晚，章太炎乘上轮船，经过大连，于7月2日到达上海。码头上各界名流要员齐集，章太炎再一次被视为凯旋的英雄。章太炎在涌动的人群中见到了夫人汤国黎，彼此泪眼相看，无比激动。章太炎在袁贼的复辟大潮中，英勇不屈，斗争3年，生死关头，大义凛然，没有任何屈服失节的表现，足以令人敬佩。他的见地和胆识、他的襟怀和风骨都在动荡的时代中发出耀眼的光芒。

7月4日，浙江省国会议员召开欢迎章太炎的宴会，有上百人参加。章太炎心潮起伏，发表热情洋溢的讲话，他说："不要以为袁世凯一死，中国问题就解决了，不是的。帝国官僚盘踞，人数众多，斗争十分艰难。"他又说："中国人有个极坏的性质，可以共患难，不可共安康。一旦成功，互相嫉视，争权夺利，不可制止。"当他说到革命队伍中过去发生的种种纷争和因此付出的重大代价时，竟然失声痛哭起来。全场的人无不动容。

章太炎这次在北京被幽禁3年，如果不是袁世凯急病去世，很可能要被幽禁一辈子，直到死亡。

⊚ 随孙中山护法讨逆,出征西南

▍孙中山酝酿新的革命运动 ▍

　　章太炎回到上海后的日子里,昔日的革命战友又重新集结起来。孙中山已从日本回来,他致电黎元洪总统,要求"规复约法,尊重国会",这个建议与章太炎的主张不谋而合。1916年7月8日,黄兴也自美国经日本回到上海,他为革命呕心沥血,此时已病入膏肓。7月28日,孙中山、黄兴、章太炎一起参加中日两国人士招待会,他们在建设共和国国体的观点上完全一致,因此化解前嫌,在共同政治见解的基础上携起手来。

　　8月13日,孙中山和章太炎参加"二次革命以来死义烈士追悼会",章太炎发表祭文《告癸丑以来死难诸君文》,并发表演说,他指出:袁世凯虽死,帝孽犹在,中国政局掌握于直系军阀冯国璋和皖系军阀段祺瑞手中,革命派仍处于无权地位。10月31日,黄兴因病去世,年仅42岁。孙中山与章太炎发起追悼会,同撰悼文。章太炎撰写了《黄克强遣奠辞》,又撰写挽联,表示他对黄兴的缅怀之情。

<blockquote>

无公则无民国,

有史必有斯人。

</blockquote>

　　这时候,全国的政局中军阀气焰嚣张,"帝孽"们的猖獗顽悍,实际上民

国只是个空壳子,民主共和的成果已经毁于一旦,最主要的任务就是要护法讨逆。中华民国成立时制定的《临时约法》就是民国的宪法,这是根本大法,捍卫约法就是捍卫这个新生的共和国。

为了集合革命力量,8月,章太炎南赴广东肇庆,他要去说服两广护国军都司令岑春煊,劝他支持孙中山,对抗北洋军阀,岑春煊却迟迟不肯答应。他又去香港劝说军阀龙济光参加护法军,也没有成功。9月,章太炎赴南洋群岛争取华侨的支持。章太炎在游历中看到辛亥革命时期的老朋友死的死,变节的变节,只有孙中山还在继续奋斗,因而慢慢改变了对孙中山的看法。12月4日,他被孙中山急电召回,开始酝酿新的革命运动。

章太炎从南洋回到上海,黎元洪发来专电,请章太炎赴北京担任国史馆馆长。孙中山也很支持,认为此职非章太炎莫属。但章太炎却有自己的看法,在写给朋友的信中说:"今之人情,信国史不如信野史。"于是拒绝了邀请。章太炎怀着救国救民的宏大心愿,他要继续在政坛上叱咤风云。

1917年是新文化运动高涨的一年,西方的文化源源不断输入国内,人们渴望得到新科技、新知识。章太炎担心东亚古文化被漠视甚至衰落,就想振兴亚洲的古文化,于是在上海发起组织亚洲古学会,以研究亚洲文学为宗旨。3月4日,他在南京西门外林荫路召开临时茶话会,到会者30余人。章太炎在会上讲话,指出亚洲文化古老、高尚而优美,需要重视和推介,可从各国文学的沟通着手,或创造一种共用之语,使彼此文化得以交流,这对振兴国家都是有好处的。此后,开过几次大小会议,章太炎表现出少有的热情。从他最早在日本发起成立的亚洲第一个反帝团体亚洲和亲会,到10年后在上海成立的亚洲古学会,都是一贯的团结亚洲弱小国家共同反帝的组织,章太炎反帝的意志与决心比一般革命者更强烈、更坚决。

但此时,北方的局势仍一片混乱。1916年下半年的北京政府已发生激烈的党派之争,一方是有多数国会议员支持的大总统黎元洪,一方是直系军阀首领、担任国务总理且握有军事实力的段祺瑞。双方为争夺权力争斗不休,被称为"府院之争"。段祺瑞组织"公民请愿团"千余人包围国会10多个小时,黎元洪下令将段祺瑞免职,由伍廷芳暂行代理国务总理。事情闹到1917年,在段祺瑞的活动下,北方督军张作霖等人要求解散国会,宣布独立。接着安徽、河南、浙江、山东、陕西、甘肃、黑龙江等省纷纷与中央脱离关系。黎元洪急切无奈之下,请求在徐州的张勋的"辫子军"进京保镖。

张勋,江西奉新人,行伍出身,41岁投靠袁世凯,在新军中任营长,后升副将、总兵。55岁任江南提督,"二次革命"时在南京屠杀民众数千人。他为了表示忠于清王朝,禁止将士剪辫子,因此所率部队被称为"辫子军"。袁世凯死后,他在徐州成立北洋七省同盟。1917年6月,张勋以调解黎元洪与段祺瑞的冲突为名,带领数千兵将入京,趁机解散国会,逼走总统黎元洪。7月1日,张勋伙同在徐州的保皇派领袖康有为等拥戴清朝废帝溥仪重新上台,实行复辟。结果引起全国上下一片声讨。段祺瑞又组织"讨逆军",赶走张勋。张勋复辟失败,逃到北京荷兰公使馆避难,被民国政府通缉。段祺瑞上台,宣布取消《临时约法》,取消国会,实行一手遮天的独裁统治。

中国又处在风云变幻的危急关头,摆在革命派面前的紧急任务就是要平定北方这股逆流。

▎成立护法讨逆军政府 ▎

1917年7月初,孙中山与章太炎,以及一批革命中坚人物天天聚集在孙中山在上海的家中,昼夜不息地商讨对策。海军总长程璧光、海军司令萨镇冰,以及国民党的重要骨干朱执信、宋庆龄、廖仲恺、何香凝等人聚在一起,策划如何战斗。经过三天三夜的讨论,决定打出"护法讨逆"的旗帜,即"守护约法,讨伐叛逆"。这是继"二次革命"之后的又一次重要革命斗争,历史上称之为"护法运动"。

那段时间,章太炎特别繁忙,他又要出主意,又要拟文告,精神却十分昂扬。那些天,汤夫人刚生下第一个孩子,取名章导,正需要丈夫在旁守

护，但章太炎忙着操心国事，不能回家。三天后，他随孙中山南下广州，临行也来不及给家中打电话，直到报纸上刊登消息时，夫人才知道丈夫去广州了。章夫人汤国黎对刚生下的孩子说："你爸爸是个只知国不知家的人。"

7月6日，孙中山、章太炎、廖仲恺、朱执信等人乘军舰南下，17日抵达广州。在广州，章太炎回答记者的问题时说："我这次与孙中山来粤，是为了联合多数有实力的人物，兴起护法之师，扫荡群逆。凡乱法者必诛，违法者必逐。然后真正共和之国家才能成立。"8月25日，中华民国军政府成立，孙中山就任大元帅，任命章太炎为护法军政府秘书长。章太炎为孙中山撰写了《代拟大元帅就职宣言》，号召天下共击破坏共和者。在中国革命的又一紧要关头，孙中山与章太炎再度合作，共同挽回共和。

这场运动目标很明确，以护法为旗帜，出师讨逆。孙中山准备联络滇、桂、粤、湘、黔、川六省的军事力量，对抗北京的段祺瑞政府。但是，孙中山手下除了两艘军舰并没有军队，所选出的唐继尧、陆荣廷两位元帅远在云南和广西，他们表面上向孙中山靠拢，但完全是一种政治投机，为了保护自己的实力，他们不接受元帅称号，也不想出兵讨逆。章太炎自告奋勇说："我去动员他们出兵。"孙中山说："现在人心不齐，你去云南有无作用？"章太炎说："比如弈棋，内围则求外解，孙公在广东，局道相逼，因为没有两眼，我去云南布眼，有了外眼，棋局才活。"孙中山听了认为有理，同意章太炎去云南说服唐继尧。

不顾千难万险赴西南

第一站先去云南。章太炎自信地认为，云南都督唐继尧会在自己的动员下出兵响应两粤的战事，攻打湖南军阀。孙中山还选派5名国会议员以及若干工作人员组成一个小分队，为唐继尧送去元帅证书印信。

9月13日，他们从香港出发经越南边界时，受到阻挠。北京段祺瑞政府知道孙中山的意图，通过法国公使致电安南（即越南）总督，不许革命政府人员过境，拒签护照。为此，章太炎化名张海泉，其他人员也各用别名，潜入安南，选择偏僻山道，通过华侨领路才安全通过。

一路上，章太炎等人渡过重重险关，直到10月下旬才抵达昆明。章太炎是个古板的人，他认为衔令入滇，光明磊落，要有声势，出发前特制两面一丈二尺的大旗，大旗上绣"大元帅府秘书长"几个大字。他挑选两个力大的年轻人扛着，作为出行的前导。唐继尧闻讯，率领几千人马出郊外十里相迎，十分恭敬。当天，章太炎一行人被安排在昆明八邑会馆居住。唐继尧每日酒肉相待，只是不开口出兵之事。经章太炎的几番劝说，到11月2日才答应出师东征。章太炎忙将喜讯电告孙中山，孙中山勉励他继续努力。

章太炎在昆明住了数日，与唐继尧也熟悉了，唐继尧问他进攻之计，章太炎分析川贵湘鄂的形势，劝他入贵州，定四川，然后东下湘鄂，唐继尧认为有理。12月上旬，章太炎随同唐继尧从昆明出发，渡过普渡河，在丛林中行走数日，到达贵州省毕节县，这里是云贵川三省交通要道，唐继尧在这里设立了川滇黔靖国联军总司令部。

这时，重庆镇守使熊克武占据巴县，那里离毕节仅数十里。熊克武原是同盟会员，参加过黄花岗战役，是幸存者。12月21日，熊克武的川军加入川滇黔靖国联军，派人来请唐继尧去重庆指挥。唐继尧请章太炎先去重庆与熊克武联系，于是章太炎奔赴四川。章太炎到达黑龙潭时写下一诗。

昔践松花岸，今临黑水祠。

穷荒行欲匝，垂老策无奇。

载重看黄马，供厨致白黑。

五华山下宿，扶杖转支离。

黑龙潭在云南昆明市往北20余里处，上有黑龙祠。章太炎到达这荒凉

的地方,想起昔日担任东北筹边使时到过松花江沿岸,今天又到了西南的黑水祠。边远荒凉之地,他几乎都走遍了。深感自己已近老年,并无什么奇策。此地有载重的黄马,没有什么食物,只能杀熊为食。他在五华山下住宿,扶杖登山却感到身体衰弱了。从诗中可以看出章太炎这一路行程艰难,身心疲惫。

转眼到了1918年,51岁的章太炎不顾环境复杂,为了护法事业,继续在崇山峻岭中奔走。他于1月10日来到巴县。这里位于重庆南郊,是古代巴国的故地。章太炎在上海爱国学社时的小弟、"苏报案"时的狱中难友邹容的故乡就在巴县。章太炎想到当年的斗争,心潮起伏,于是备了香烛,找到邹容的祠堂,郑重地祭拜了一番,并与邹容的家人合影留念。章太炎到四川支持熊克武的护法军,并将情况报告给孙中山,孙中山任命熊克武为四川靖国军总司令。

此时唐继尧作为川滇黔靖国联军总司令,也达到了占领四川的目的。但是,他为保存实力,迟迟不肯出兵援助湖北的护法军,又经过章太炎苦口婆心的劝说,才于3月下旬组织部队出兵,以五路兵马支援湖北,四路兵马支援陕西。章太炎为滇军出师做了振奋人心的送行。

▎形势急变,护法运动终归失败 ▎

滇军兵马未行,形势却有了不利于护法运动的变化。护法军高层内部对和战问题发生了严重的分歧。孙中山一直坚持北伐,反对南北议和,主张将护法战争进行到底。身为粤湘贵联军元帅的两广巡阅使陆荣廷主张议和,擅自停战。另一位总司令,云南都督唐继尧,完全是两面派,他出兵贵州、四川,都是为自己扩大地盘。

2月间,孙中山的亲密助手、海军总长程璧光被传言有担任广东总督的可能,招至桂系军阀的疑忌。26日,程璧光步行到广州珠海码头时,遭凶徒持枪狙击,当场饮弹身亡。孙中山听闻噩耗后立刻赶赴现场,大恸不已。

军阀们已露出凶恶狰狞的面目。

这时，身居上海的原清朝两广总督岑春煊背地里操纵各派势力，提出南北议和。他于2月2日来到珠海，策划了一场改组军政府的阴谋活动，煽动在广东的国会议员，在5月4日召开国会非常会议，通过《修正军政府组织法案》，变大元帅制为政务总裁制。5月20日，选举孙中山、唐绍仪、伍廷芳、唐继尧、林葆怿、陆荣廷、岑春煊七人为总裁，又推岑春煊为主席总裁。这样就排挤了孙中山的首脑地位，既不是大元帅，又不是主席总裁，只剩下一个"总裁"的空名头。所谓的护法军政府，权力掌握在主和派的岑春煊手里，一场准备轰轰烈烈讨伐北方段祺瑞独裁政府的护法战争，就消失在改组之中。孙中山气愤至极，于5月21日离开广州，返回上海。

这期间，章太炎自重庆到宜昌，再自利川至恩施，还在为护法军讨逆四处奔走。他的目的只有一个，促使西南各军向北出击。但是，尽管章太炎唇焦舌敝，那些军阀们名义上拥戴，事实上不听，令人十分气馁。当他听到广州军政府改组的消息，不禁长叹一声，他骂那些诡计多端的军阀吃里扒外，不顾民生痛苦，不顾国家统一，只是在处心积虑地扩充自己的势力。国家的前途在哪里？民族的希望在哪里？他又迷茫了。自1917年7月以来，一年多的时间，他跋涉1.4万余里，得到的却是护法运动的失败。一番苦心，尽化灰烬。到这时，他才看清军阀们的真面目，得出结论："西南与北方者，都是一丘之貉而已。"

1918年10月11日，章太炎回到上海，他已经精疲力竭。军阀不能依靠，革命又该怎么进行下去？中国的出路又在哪里呢？他深深地陷入彷徨之中。

随孙中山护法讨逆，出征西南

143

⊛ 在各省军阀中推行"联省自治"

▌面对军阀混战的复杂局面 ▌

南方护法运动失败之后,军阀混战愈演愈烈。盘踞京城的中央政府主张向各省开战,希望用武力统一局面,而各省军阀倾向拥兵割据。当时的中国,名义上是中华民国,实际上军阀各自为政,争夺土地,战争不息,百姓依旧生活在水深火热之中。

1918年9月,段祺瑞操纵国会,选举徐世昌为总统,冯国璋下野,导致直皖派系矛盾更加尖锐。章太炎是反对徐世昌的,通电指出徐世昌有三大罪状,骂他曾经拥护袁世凯称帝是第一罪,拥护张勋复辟是第二罪,排挤黎元洪的总统地位、僭越高位是第三罪。1919年2月20日,北京政府总统徐世昌派出代表与南方政府主席岑春煊派出的代表在上海举行"和平谈判",章太炎极力反对,他召集同盟会几位元老成立护法后援会,认为"和谈"是一种阴谋,是为了分裂国家。后来由于段祺瑞派兵进攻陕西的南方护法军,"和谈"破裂。

1920年,章太炎是在多灾多难中度过的。新年伊始,他患黄疸病,卧床三月,难以动弹。6月又发热病,严重时几乎送命。7月康复后,他携妻子汤国黎回到家乡余杭,休息10多日才回上海。

这一年下半年,中国又发生几次战争。7月14日,在京畿一带发生直皖大战,连战5日。至19日,皖系首领段祺瑞下野,北京政府的权力落到直系首领吴佩孚手中。7月下旬,湘军总司令谭延闿驱逐督军张敬尧,又打了一仗。8月16日,在南方发生了第一次粤桂战争,粤系军阀陈炯明与桂系军阀陆荣廷打得欲罢不能。在军阀混战的乱局下,章太炎陷入了深深的思索,中国该怎么办?

▍试图以"联省自治"医"国病" ▍

1920年6月至7月,谭延闿举兵攻克长沙,宣布湖南实行自治,保境安民,不受中央政府节制。章太炎听到这个消息,大喜若狂,竟从病床上一跃而起,立即给谭延闿发去贺电,表示支持。谭延闿也热情邀请他到长沙去指导。这年秋天,章太炎大病初愈就欣然前往。他到了长沙,听了谭的介绍,一个心中原有的方案渐渐完善起来。他于11月9日在报上发表文章《联省自治虚置政府议》。他设计的方案有四条内容:第一,中央政府不得有一兵一卒;第二,各省军权由督军掌握;第三,中央的外交条约由各省签署才有效;第四,各省委托中央监督造币,发放权力在各省。这四条内容的中心意思是限制中央权力。在章太炎看来,中央权力太大容易出问题,比如名义上向外借款,实际上有卖国勾当,再如,贪横不法过于猖獗,都得不到制约。搞联省自治,对内可限制权力,对外保全国家领土完整。他认为具体做法分三步走:第一步,各省自治,自制省宪;第二步,联省自治,互相制约;第三步,建立联省政府,相当于外国的联邦制。这些构思都是章太炎煞费苦心设计出来的。有些做法外国没有,中国古代也没有,是章太炎的独创。他认为虚驾中央政府,可以摆脱北洋政府的统治。联省自治,为资产阶级的民主政治提供可能性,这是医治"国病"的良药,因此到处推广。

他在长沙看到谭延闿是文人督军,行事稳重,又想到四川督军熊克武也是文人,治理有方,就希望他们联合起来,建立川湘同盟,形成"联省自治"的样板。

在这一年,各省自治几乎成了风潮,继谭延闿湖南自治,熊克武在四川

宣布自治,陈炯明在广东宣布"粤人治粤",浙江都督卢永祥宣布浙江自治。章太炎从中受到极大的鼓舞,仿佛从黑暗中找到了指路明灯。这种"政治自保"在一定程度上反映了当时的政治现实,所以"联省自治"的口号流行了三四年。

章太炎是一位思想型的政治家,他手中没有军队,甚至没有坚强的政治组织,他只有一支锋利的笔,但他作为辛亥革命的元勋,作为一个资历深厚的学者,他坚信中国政坛的军阀们对自己是有所信服的,他要用自己的洞察和观点来说服他们,为国家的太平做些力所能及的事。

▌黎元洪授予他"勋一位"的大勋章 ▌

1922年4月,奉系军阀首领张作霖与直系吴佩孚为争夺北京政府的控制权发生大战。4月19日,奉军大举入关,29日张作霖下达总攻击令。直军激烈反击,彼此打了10多天,以张作霖失败告终。吴佩孚的权力不断扩大,后来由两湖巡阅使变为直鲁豫巡阅使。章太炎再次发声,在5月18日,致函北京国民裁兵会,提出废除巡阅使,认为解除他们的兵权是救国之方。但这种建议是无用的,哪个军阀愿意放弃手中的权力呢?章太炎实在是异想天开。

8月,黎元洪派人来上海给章太炎授勋,授予"勋一位"的大勋章。章太炎很高兴,在家中预设香案,穿戴整齐,恭立相迎,以音乐队前导,行三鞠躬礼,盛宴款待使者。他认为这是民国政府对他的最高奖励,因为在章太炎心目中,只有以黎元洪为总统的民国政府是正宗的、符合临时约法规定的。

▌驱逐"贿选总统"曹锟的说客 ▌

1923年,直系头子曹锟唆使军警、流氓、乞丐数百人包围黎元洪的住宅,捣乱呐喊,逼使黎元洪离开北京。黎元洪被迫乘火车离京,火车行到邻近天津的杨村一站时,又被直隶省省长王承斌扣押,逼他交出印信,并签署辞职通电后才放行。章太炎对曹锟的作为极为愤怒,发通电谴责。

曹锟驱逐黎元洪后,用巨款收买国会议员准备大选。7月11日,章太炎又发表通电,催促京津议员南下,不要参加选举。10月初,曹锟召开总统选举会议,议长吴景濂得到40万元,其余每人承诺可得5000元,钱款先存入外国银行,等总统选出后即可支取。许多贪财的津沪议员趋之若鹜,纷纷回到北京。当时出席选举大会的议员有590人,曹锟贿选成功,当上大总统。章太炎又发表声明,痛骂曹锟,说这样下三滥的总统决不承认。关于曹锟贿选总统的经过,云南国会议员刘楚湘编成一书,章太炎为这本书写下序言,将丑类钉在历史的耻辱柱上。

有一天,在上海南洋桥裕福里家中,有人求见章太炎。那人婉转说明来意,章太炎听了大怒,霍地立起身说:"原来你是来为曹锟游说的!"说罢挥拳击去,大呼家人:"拿手杖来!"那人一看势头不对,转身就跑,竟从楼梯上滚了下去。

章太炎为推行"联省自治"的主张,于1924年7月在上海召开第三次联省自治筹备会,他担任主席,在会上大声呼吁:"在此国家失统之际,请各省督军应带头加入该会"。他讲了宪法与自治的关系之后,有人提问:"各省自治会不会造成割据呢?"章太炎说:"这不用顾虑,即使造成割据,中央也有能力加以制止。比如汉高祖、明太祖,称雄一世,可驾驭群雄。当然现在缺少汉高祖那样的人来收拾乱局,那就只好采用联省自治的方式了。这样的结果虽然不一定太好,但也绝对不会太坏。"章太炎先前主张革命,现在主张联省自治,是因为他看到眼下的一盘乱局,要将国政从动乱中引向民主正义的秩序,他认为要减少暴力,减少战争,让各省自治。他不能调兵遣将,就靠自己的威望与各个军阀周旋,说服他们自治。

他成了各省军阀的座上宾

章太炎在那几年不辞劳苦,到处游说,使一些旧官僚、旧政客十分高兴,他们簇拥在章太炎身边,迎合他的论调,抵制孙中山的北伐,抵制国家的统一。各省军阀把章太炎请出来,作为文化的点缀,宣扬各自分裂的观点。

1925年4月,章太炎在孙传芳部队的护送下,亲临陕西,参加陕西督军陈树藩的"故母开吊"仪式,即为军阀已死的母亲举行的隆重葬礼。

1925年9月,湖南省省长赵恒惕出于澄清吏治、昌明内政的考虑,需要选拔一批知事(县长),邀请章太炎任主考官,亦称考选委员长。章太炎出行前,上海辛亥同志俱乐部同仁设宴欢送,长沙方面早就派代表到上海迎接。因途中经过湖北,湖北督军萧耀南也派员到沪接洽章太炎在湖北境内的接待事宜。章太炎于9月19日出发,原本安排是乘坐江新轮到汉口,改由萧耀南派专车相送,经岳州会晤吴佩孚,然后再到长沙。到岳州后,吴佩孚亲到站台迎接,登上洞庭湖畔的兵舰,密谈三小时但未涉及政治。车到长沙,省长赵恒惕率文武官员多人到站台迎接,鸣炮致敬,仪式极为隆重。经章太炎主持三轮考试,从430人中录用30人。10月底章太炎回到上海,在利源码头登岸,等候欢迎的各界人士和记者70多人。

1925年底,浙奉战争初告结束,章太炎与虞洽卿、褚辅成等人联名发起五省废督运动,这五个省是苏、浙、闽、皖、赣,是东南的富庶发达地区。当时孙传芳已成五省联军总司令,如果各省的督军可以废除,孙传芳就掌握五省的实际军权了。所以,废督运动用的是"联省自治"的名义,实际上是为孙传芳执掌五省军权开道。1926年初春,章太炎59岁生日时,孙传芳和江苏省省长陈陶遗送寿诗一轴、寿联一副、大餐券一百席、白兰地一箱。孙传芳特派代表出席祝贺。2月底,孙传芳又邀请章太炎和冯自由等人到南京议事。到达后,孙传芳在总司令部设宴洗尘,次日又亲自到章太炎下榻的旅馆拜谒。章太炎希望他"多为民众造福"，孙传芳也慷慨应诺。5月初，孙传芳到上海就任淞沪商埠督办。

8月9日，章太炎答应孙传芳的邀请，担任南京修订礼制会会长。第一天举行投壶古礼，章太炎未能赶到。第二天到会，成立大会在联军总司令部大礼堂举行，章太炎居中坐在会长席上。大会开始后，章太炎起立致辞，兴致勃勃地大谈遵行古礼的必要。

这件事后来受到鲁迅的讥讽，鲁迅在《趋时和复古》一文中说："孙传芳大帅也来请太炎先生投壶了，原是拉车前进的好身手，腿肚大，臂膊也粗，这回还是请他拉，拉还是拉，然而是拉车屁股向后，这里只好用古文'呜呼哀哉，尚飨'了。"

章太炎在半百之年，到处鼓吹"联省自治"，可以说辛苦一场，毫无效果。各地军阀表面上很客气，都说愿意考虑，实际上各怀鬼胎，他们利用章太炎的声望和"联省自治"的口号，来实行"割据自治"的目的，也以此作为反对孙中山北伐的借口。

回顾民国初年军阀混乱时期章太炎的所作所为，可以看出，章太炎是一个执着的爱国者，他为这个民族、这个国家，大声疾呼，奔走相告，要保持这个国家的独立和统一，要避免战争的发生，要爱惜广大的民众，这都是出于他的爱国的本性。但是，因为他没有得到先进的理论指导，也没有投身到民众中去，他太相信各省军阀的承诺，这是免不了要碰钉子的。

▋创办《华国月刊》▋

1923年，章太炎的弟子汪东有一天到章太炎家中来，说起用章太炎的名义办一个月刊，所有征稿、编辑、印刷、发行等工作由汪东负责。其实，汪东的主意是以章太炎卖字的收入来办刊物，但章太炎说忙于治学，没有工夫写字。汪东说自己模仿章体多年，可以代写，章太炎也不置可否。汪东就大着胆子标出润格费，对联以每副10元银币为起价，钱由各经售字画的

店家代收。

这样积累了若干资金作为成本，才开办起杂志社。汪东在外面租赁一间房屋，挂上招牌，定名为《华国月刊》，刊物封面上印有"章太炎主办"字样。该刊由章太炎任社长，他撰发刊词称"甄明学术，发扬国光"。这一刊物出版24期，是民国时期一个重要的学术刊物，办刊人员基本上是章太炎的弟子和门人，后来国民革命军北伐，打到上海。因为章太炎采取反蒋的态度，国民党政府对刊物进行封禁，使这批杂志销不出去，积压甚多，被迫停办。《华国月刊》刊发了一大批学术文章，章太炎本人有许多重要论述文章也发表在这个刊物上。

◎ 与孙中山的新政策逆向而行

▌孙中山的第一次北伐 ▌

1917年10月,俄国发生了伟大的十月革命,俄国的无产阶级夺取了全国政权,马克思主义开始在中国传播。1919年5月4日,北京爆发了大规模的学生运动,这是中国人民反帝反封建的伟大革命运动。1921年7月,中国共产党成立,标志着中国工人阶级独立地登上了政治舞台。对这样一连串的重大事件,对这样一个新的伟大时代的到来,章太炎却没有发表过任何看法。这是划时代的重要时期,旧民主主义阵营正在分化,每一个旧民主主义的革命者,或是沉沦,或是飞跃,都各自作出选择。孙中山于1918年护法运动失败后,尽管痛苦和失望,但没有停止战斗,他认真总结教训,将中华革命党改造为中国国民党,但一时还看不到出路,继续把希望寄托在重建国会上。当北洋政府提出南北议和的意见时,孙中山也颇有议和之意。章太炎坚决反对与北洋军阀议和,从而组织护法后援会。由于南北军阀的钩心斗角,议和终于未能成功。

1920年,广东军阀陈炯明赶走广州的桂军后,为壮大自己的势力,请孙中山再回广州,希望借重孙中山的威望,重树旗帜。孙中山抵广州后,重组军政府,计划发起第二次护法运动,进行北伐。1921年4月7日,广东国会召开,决议产生《中华民国政府组织大纲》。5月5日,孙中山就任非常大总统,他特意致信章太炎,说:"广东局势已定,与西南各省正在联络中,现在

民生困苦,如何苏息,急希望先生南来,助我臂力。"孙中山看重章太炎的舆论领袖地位,希望他出面支持。但是,章太炎没有响应孙中山的召唤,他一方面认为孙中山的民国政府是非法的,只是广东的一些国会议员选出来的,是少数人操纵的。他只相信以黎元洪为总统的北京政府是合法的;另一方面又讨厌孙中山周围的小人,认为皆是谄媚之徒,难以相处。他对孙中山的北伐缺乏信心,更重要的是认为孙中山的北伐不符合自己"联省自治"的主张,所以冷眼旁观。孙中山要用武力统一中国,章太炎要用和平方式统一中国,即在各省自治的基础上组成联邦共和国。

他与孙中山所谋划的根本路线不同,所以双方很难达成思想上的一致。再加上章太炎生了一场大病,卧床半年,对时代的新思潮、新文化、新学说都置若罔闻,目光依旧停留在各地军事"实力派"身上,注意力还在国会和《约法》上面,他依旧在旧的轨道上寻寻觅觅。

1922年2月,孙中山开始第一次北伐,打算从桂林出发进攻湖南。孙中山去函征求章太炎的意见。章太炎认为两湖巡阅使吴佩孚的实力正旺,不宜碰硬,建议从广东出兵,攻江西较宜。后来事实证明章太炎的意见是正确的。6月,因广东陈炯明叛变,北伐中止。

1923年10月,孙中山下令讨伐曹锟,并通缉受贿议员,邀请皖系段祺瑞、奉系张作霖、浙系卢永祥一起反对直系曹锟。这事虽然没有实际的进展,却是"反直联盟"的雏形。孙中山的想法是利用军阀的矛盾,分别击破敌对势力,但是这个想法是很难实现的。

反对"联俄联共"新政策

1923年,孙中山在桂林建立北伐大本营时,接见共产国际代表马林,马林提出改造国民党、联合工农等建议,孙中山很感兴趣。于是他接受俄国共产党和中国共产党的帮助,开始改组国民党。1924年1月,孙中山适应世界潮流的变化,在中国国民党第一次全国代表大会上,通过了重要的《大会宣言》,确立了"联俄、联共、扶助农工"三大政策,确定了国共合作的方针,把旧三民主义发展为新三民主义,接受了中国共产党提出的反帝反封建的主张。大会又批判了立宪派、联省自治派、和平会议派、商人政府派等其他派别的错误思潮,特别提到联省自治派提倡各省军阀各占一地,自立为王,以达到与中央大军阀相安无事的结果,这等于是分裂中国,是绝对不能容许的。

对孙中山的新政策,章太炎完全不理解。从一开始,他就采取怀疑和对立的态度,把"沙俄"与革命后的"赤俄"不加区别,他认为外国政治势力都是应该反对的。中国共产党接受俄国共产党的领导,是俄共的附庸。他更看不到工农的力量,认为工农没有文化,没有远见,只会胡来。在这种思想支配下,他对孙中山的政策是非常抵制的。

章太炎反对一切外国势力,源于他强烈的民族主义。他们这一辈人亲眼目睹了西方列强对中国的欺凌,受西方帝国主义迫害极深,因此有一种要反对一切外国势力入侵的本能。这时候的章太炎已经远远落在时代的后面。

1924年冬,一群反对国共合作的"西山会议派"的右派人士聚集到上海裕福里二号章太炎家中,共商抗衡大计,他们公推章太炎领衔发表《护党救国公函》。章太炎根本没有参加过国民党,却被他们挟住了要"护党",他们企图以恢复同盟会为名,重新集结力量来对抗改组后的国民党。

1925年2月,章太炎与国民党10多名右派代表人物多次商讨,准备组织一个"辛亥革命同志俱乐部",后来俱乐部成立了,挂出"辛亥同志俱乐部"的牌子,连"革命"两字都删掉了。章太炎要将反对孙中山的同盟会员独立出来,加入反对新三大政策的同盟会元老派中去,以此对抗新的革命潮流。

孙中山为国事抱病北上

1924年初,北方形势有变,奉系张作霖入关,欲与直系吴佩孚、曹锟作战,派人来广东接洽。张作霖又亲自到上海,对孙中山执礼甚恭,与孙中山在张园会见,张作霖动用汽车20辆,卫士100多人,排场隆重,表示决心追随孙中山,愿作孙先生的卫队长,一致夹击吴佩孚。张作霖表示皖系段祺瑞可以配合行动,同时已策动直系冯玉祥反戈,愿结成"反直三角同盟",共图大业。孙中山很感兴趣,在当时的形势下,"反直三角同盟"是有积极意义的,可以利用军阀之间的矛盾,起到军阀统治分化与瓦解的作用。10月中旬,冯玉祥出其不意地发动兵变,包围总统府,囚禁曹锟,组成国民军,转头与吴佩孚决战,吴佩孚不敌,率数千军队退回洛阳。冯玉祥又通电请孙中山北上主持大计。

孙中山同意北上,目的与任务是和平统一国家,实行的办法是召开国民会议,由全国各团体选出代表,共同商量国是。会议主题有二:一是解决国内民生问题;二是打破列强侵略的图谋,废除一切不平等条约。对这件事,段祺瑞也有兴趣,几次拍电报催促,愿派特使远迎孙中山,口气很恭敬,说:"大旆将临,欢声雷动。"

11月17日,孙中山抱病自广州出发,途经上海,逗留一周。章太炎特地去孙中山下榻处看望。两人见面,说到政局,章太炎说:"只怕不会收到好效果,还是不要去北京的好。"言谈中,他知道孙中山身体欠佳,只有殷殷嘱咐珍重。经过20多年的共同奋斗,两人都已垂垂老矣。这次相见,彼此感慨无限,依依不舍。

孙中山此行途经日本时,发表讲话,表示对段祺瑞政府的赞赏,并一再声明自己无政争之想,谈妥大体方针之后,不会久留北京,欲往欧美漫游。然而,孙中山抵达天津时,病势已经沉重,到北京后完全不能起床。章太炎在上海知道后,亲自开了一个医方,嘱人专送北京,希望以自己的专长能挽救孙中山的生命。

　　1924年12月下旬,段祺瑞突然单方面公布《善后会议条例》。孙中山要开的是国民会议,段祺瑞要开的是善后会议,两者性质迥异。段祺瑞竟向列强表示遵守一切旧有的条约,与孙中山的想法完全背道而驰。孙中山大为反感,这一气恼顿使肝病加重。

章太炎撰联悼念孙中山

　　进入1925年春,孙中山已病入膏肓,无药可救。3月12日,一代伟人逝世于北京。消息传到上海,章太炎悲恸不已,怀着沉痛的心情前往上海国民党总部参加会议,讨论筹备追悼事宜。总部成立上海孙中山先生治丧事务所,章太炎被公推为筹备处主任。1925年4月12日,上海各界人士数万人在西门公共体育场举行追悼大会,章太炎发表讲话,称"先生做事,抱定奋斗精神,坚苦卓绝,确为我党健者,深愿大家竟先生未竟之功,努力救国"。他撰写了一幅挽联:

　　　　　孙郎①使天下三分,当魏德萌芽②,江表③岂曾忘袭许④;
　　　　　南国本吾家旧物⑤,怨灵修⑥浩荡,武关⑦无故入盟秦。

　　上联指出,孙中山晚年与北方的皖系段祺瑞、奉系张作霖联合,行合纵连横之计,目的对付直系吴佩孚之流,正应了"使天下三分"的典故。"魏德

---

　　①孙郎,孙权,这里指孙中山。
　　②魏德萌芽,指曹丕称帝得自汉献帝的"禅让"。
　　③江表,指孙权地处江南。
　　④袭许,指攻打曹魏都城许昌。
　　⑤南国本吾家旧物,指孙中山据广东为革命大本营。
　　⑥灵修,《离骚》中指楚怀王有神明远见的德行。这里指孙中山有楚怀王的浩荡德行。
　　⑦武关,陕西丹凤县东南,秦昭襄王诱骗楚怀王会于此,强迫其入秦国,订下屈辱之盟。

与孙中山的新政策逆向而行

萌芽"讽刺直系徐世昌当上总统是从黎元洪手中抢来的。"袭许"孙中山不忘北伐,有统一中国的愿望。下联暗指孙中山这次上北京与段祺瑞、张作霖的联盟,迟早有被利用被伤害的可能。这是章太炎对孙中山北上前途的判断。事实证明,段、张果然不怀好意。

1929年,国民党政府在定都南京之后,将孙中山灵柩从北京迎回南京,举行奉安大会,章太炎又写了一副挽联。

洪以甲子灭①,公以乙丑殂,六十年间成败异;
生袭中山②称,死傍孝陵葬,一匡天下古今同。

上联指出孙中山与洪秀全的成败不一样,洪秀全彻底失败,孙中山却缔造了中华民国,功业不朽。下联说孙中山活着时承袭中山国的古名。死后葬在明孝陵的旁边,孙中山和朱元璋他们都为统一中国的事业奋斗一生,这是相同的。

章太炎又撰写了一篇《祭孙公文》,亲自参加祭典,文中满是说不尽的哀伤。综观孙中山与章太炎一生的交往,他们为推翻帝制,创建共和,涉险履危,不屈不挠20余年,期间既有分歧,也有合作,但合多于分。两人襟怀坦白,竭诚相待,纵有不同意见,却在革命和民族的大义上都始终如一,并肩战斗,一往无前。

孙中山致蔡元培的信中谈到民国政府的用人,说:"康有为反对民国之旨,终难聚合,而太炎先生不过偶有友谊小嫌,决不能与反对民国者作比例。尊隆之道,在所必讲,弟无世俗睚眦之见也。"孙中山的4部重要著作,如《赤十字章程》等,都曾请章太炎作序。孙中山的画册中,他与章太炎有4次合影,每次都请章太炎居首位,而孙中山居次位,他们的友谊是有目共

①洪以甲子灭,指洪秀全的太平天国灭亡,那年是1864年(甲子),距孙中山逝世的1925年相距61年(取约数为60)。
②中山,战国时的古国名。

睹的。

　　章太炎对孙中山的革命事业也是肯定的。他在1925年4月的一次谈话中说道:"政体一事,既不能尽仿西欧,也不能强效苏俄。长久而言,仍非三民主义不足以建国,三民主义与共产主义绝不相侔,不可以不辨。救国必自国民革命始,国民革命必自拥护三民主义始。"这是他对孙中山的肯定。

⑨ 在被通缉的压力下重返书斋

▍一个爱国者的仗义执言 ▍

1925年3月,孙中山在北京逝世后,蒋介石控制了广州国民政府的军政大权。之后,章太炎受到蒋介石政权的排挤,就很少过问政事。虽然章太炎不停地受到国民党党部的排斥和辱骂,但他的爱国精神并没有黯淡,他依旧关心国家形势,必要时仍大声发言。

1925年5月15日,上海纱厂日本资本家镇压中国罢工工人,枪杀了工人顾正红等10余人。28日,青岛工人又遭反动派屠杀。30日,上海学生在租界内游行示威,声援工人,遭到英帝国主义巡捕的枪杀,死伤学生多人。这就是历史上有名的"五卅惨案"。章太炎面对帝国主义的血腥暴行,立即发出《为上海英租界巡捕惨杀学生之通电》,强烈谴责英巡捕的恶劣行径,谴责英日帝国主义和军阀政府,要求将元凶治罪。他指出:"英捕房自谓保护治安,而学生实未携带金刃,空言求情,何害治安? 乃竟开枪杀人,波及行路,似此妄行威虐,岂巡捕之职?""连续两日,仍于马路枪杀市民不绝。是则租界吏役擅杀华人,一切可以保护治安借口,恐虽专制君主亦无此残戾也。"

6月18日,章太炎又发出《为汉口英租界惨案唤醒全国军人电》。7月1日,群治大学学生代表访章太炎,询问他对"五卅惨案"的意见,他即表示:"五卅惨剧,举国悲愤,民气激昂,实行经济绝交,一致对外,足见吾民族精神未死。沪上交涉,虽已移京,无论成败,应努力奋斗,坚持到底。""国内军阀勇于内争,怯于公战,所发言论,未尝不冠冕堂皇,查其所行适背道而驰,故军阀也不可恃。所可恃者,惟吾民众耳。"章太炎是真正的爱国者,当外国帝国主义侵犯我国利益,危害我国同胞时,他总是义无反顾地站出来,严厉斥责。而且他已清醒地认识到军阀的不可依赖性,并且看到民众的力量,这是一个巨大的进步。

▌成立"反赤救国大联合"▐

1925年10月,章太炎担任上海国民大学校长,对学生发表题为《我们最后的责任》的演讲。他对孙中山的"三大政策"始终不理解、不支持,他在演讲中说:"你们研究国学,要与反对共产党联系起来,共产党借俄国人势力来压迫中华民族,我们现在所要反对的,就是反对共产党。"又说:"如果赤化不除,大之则中土悉归他人管领,小之则吾辈为革命党者,非受其缨绋,即无保全之理。"

1926年初,国民党召开二次全会。会上,左派势力占据上风,以共产党员身份参加国民党的跨党人员谭平山选为中央执委、常务委员,并担任中央组织部部长兼秘书长,当时地位在蒋介石之上。苏俄顾问在会上很有影响,而右翼势力的西山会议派备受打击。消息传到上海,章太炎在西山会议派的鼓动下,于4月份参与组织"反赤救国大联合"并任理事,通电"反对赤化"。该会在召开第一次干事会时,章太炎任主席,发表宣言说:"自莫斯科第三国际产生以来,过激主义者假共产革命之名,行对外侵略之策……"又说,"今过激主义者,以赤化侵略中国,吾人如不思抵御,恐沦于万劫不复矣。""对于赤党,其据地称兵者,则由军人张其挞伐,其聚众骚动者,则由士工谋与抵抗。""现在的反赤之举,为国家民族危急存亡之关键。"章太炎又致电苏俄驻华大使加拉罕,说他到中国以来,一意宣传赤化,让他辞职回国。

这时,章太炎的思想已经落在时代的后面。

揭露蒋介石的倒行逆施

章太炎对蒋介石一贯不满,自从1912年陶成章被杀害之后,他对蒋介石恨之入骨。1926年8月13日,章太炎发出"反对北伐"的通电,他揭露蒋介石时说:"详其一生行事,倡义有功者,务于摧残至尽,凡口言国家主义者,谓之反革命。是其所谓革命者,非革他人之命,而革中华民国之命也。"又说:"且其天性阴骘,反颜最速,非若孙中山之可以辞解,岑、陆诸公之可以义结也。"章太炎认为蒋介石品性恶劣,在他眼中,蒋介石与军阀岑春煊、陆荣廷都是一丘之貉。

无奈之下的文化逸民

由于蒋介石对他的排斥,章太炎从1927年开始隐居上海家中,不问世事。1927年1月3日,是章太炎的六十寿辰(编者注:部分地区有在58周岁做寿的习惯),一些学生来向他祝寿,他写下一首《生日自述》的诗,很能表达他当时的心情。他吟道:

> 蹉跎今六十,斯世孰为徒?
> 学佛无乾慧,储书不愈愚。
> 握中余玉虎,楼上对香炉。
> 见说兴亡事,搴舟望五湖。

他想到自己如此不顺利的政治际遇,长吁短叹。他说:"自己虚度光阴,让时间白白流失,如今已是六十岁的老人了,在这个世界上谁能与我成为同类的人呢?自己学佛没有先天的智慧,积累了大量的书本知识,却不能治愈自己的愚昧。手中握着雕成虎形的玉器,端坐楼上,面对香炉读书。耳边听说着天下兴亡的事,我欲撑船向五湖驶去。"

在当时严酷复杂的形势下,章太炎的思想既充满对国民党反动统治的愤恨,又怀着对时局的忧虑,他甚至对政治产生了放弃的念头,真想安居书斋,做一个民国遗老,或者去漫游江湖,做一个文化逸民,这都表现了他在思想转折时期的苦闷。

▌国民党党部的第一次通缉 ▌

1927年4月12日,在蒋介石指使下,反动武装在上海进行血腥大屠杀,制造"四一二"反革命政变。这是蒋介石把共产党员从国民党中清除出去的第一步。

4月18日,蒋介石宣布南京政府成立,开始大肆镇压政敌。章太炎讥讽蒋介石执行的是"联外主义"和"民不聊生主义",是背叛民国。5月4日,上海国民党总部借纪念"五四",召开二十万人大会,通过"肃清上海各学校之共产党分子"和通缉学阀章太炎、张君劢、黄炎培……乃至刘海粟等六十六人的决议。6月16日,国民党市党部正式向国民党中央呈请对章太炎等人的通缉。在通缉令上,章太炎被列为第一著名学阀,并被查封了他章家在余杭仓前的私产。章太炎被迫潜藏到虹口区日本人吉住幸次郎开的医院。他住在该院楼上一个僻静的屋子内,屋里除了一张床、一张桌子外,只堆满了他要读的书。有趣的是,吉住的医院所在地有恒路34号不知什么时候改成余杭路,而章太炎是余杭人,就好像这条路是为纪念章太炎在此避难和住院而命名的。后来,国民党中央经过一些正直的上层人士如张继、于右任、居正、丁惟汾的疏通,蒋介石才撤销了对章太炎的通缉,说是"该逆行将就木,不欲诛术,冀其闭门思过"。于是,章太炎离开吉住的医院,回到同福里家中,躲进书斋,过着半囚禁的生活。

对时局的愤慨和迷茫

1927年秋，某日有人来到章家，与章太炎一番密谈，希望他东渡日本，主持反蒋大计。章太炎一度很犹豫，终因为夫人的坚决反对，未能成行。

在那段暗无天日的日子里，他写下几首感愤诗，其中有《避地》《宴坐起》《感事》等，诗中流露出壮志未酬，报国无门的遗憾，也表达了他对受人排挤，恶人当道的感伤。且看《宴坐起》一诗：

> 八月楼居者，金风不感凉。
>
> 黄连时作饮，朱印并晞阳。
>
> 简出衣常故，安禅酒渐忘。
>
> 晚来新雨足，蚯蚓欲窥堂。

11月27日，他给曾任北洋政府总理的李根源写了一信，表示"有识者不宜随波逐流""大抵今日不可舍者，尚是名节两字"。他又埋头研究中国医药，认为"中医能按法治之者，率视西医为胜"。他在白色恐怖的岁月里，保存了名节，坚决不与反动政权同流合污。

1928年是章太炎最消沉的一年，他蜗居书斋，对时局的变化感到愤懑，又觉得迷茫，于是写下《春日书怀》一诗：

> 傲居虽近市，弇关如深湫。
>
> 书史有常庋，井灶无停沤。
>
> 肉食渐忘味，时复新乾糇。
>
> 承泉治百合，壅兰澄麻油。
>
> 初日上露台，暴我羖羊裘。
>
> 客来固不速，昼眠亦无邮。

人生贵适志，大行非诡求。

夸父既弃杖，东野方倾辀。

文渊[①]矜顾眄，终然困壶头。

借问茂陵儿，何如马少游。

诗作大意是，租住的屋子虽临近市区，却狭小得如同闭关一样。常在书架前翻动经史一类的书籍，一日三餐不少，但已渐渐忘记肉食的滋味，有时只能用干粮充饥。种百合可以入药，兰花也要培植。初升的太阳爬上了露台，晒到羊皮袍上。来的人固然是不速之客，白天睡觉却也没有送信的邮递员打扰。人生贵在有适合自己的志趣，正确的行为不必苛求。当年夸父就是弃杖于邓林，到了东野才翻车。马援矜持于顾盼之间，最后病死于壶头山上。马援虽然风光一生，还不如他的弟弟马少游，平平淡淡地隐居民间。此诗表明作者对功名利禄的彻悟，甘愿过着远离尘嚣的生活。

又一次被国民党党部通缉

1928年6月，南京政府宣布"统一告成"，改五色旗为青天白日旗。同月，黎元洪去世。这个担任过中华民国总统的人也不在了，这些事对于章太炎来说，意味着中华民国的旗帜和人物都不在了。章太炎为黎元洪作的挽联的下款说："与五色国旗俱尽，鼎湖一去，谯周从此是元勋。"章太炎是主张以五色旗作为中华民国的国旗的却被易帜了。"鼎湖一去"即帝王之死。谯周是后主刘禅的侍臣，曾劝后主降魏，这里指那些政治上投机分子，成了功臣和首脑。这是对蒋介石政权的极大讽刺。在挽联末，章太炎署名"中华民国遗民"，他认为中华民国已经死了，他是不会在青天白日旗下做顺民的。

11月22日，他参加招商局轮船公司举行的新闻记者招待会，他在公众

---

①文渊，即东汉名将马援，字文渊，茂陵人。

在被通缉的压力下重返书斋

场合又不顾一切地评论时政,指责蒋介石一党专政,攫取国民政权,这是叛国,认为叛国者应受到国民的讨伐。

第二天,国民党上海市三区党部再次呈请通缉章太炎。《民国日报》也发表《缉办章炳麟》的社论。11月25日,国民党特别市党务指导委员会五十八次常委会通过"通缉反动分子章炳麟案"。章太炎再次遭通缉,只得再次隐匿,被迫躲到他夫人妹妹汤国夙家。

▌隐居书斋的日子 ▌

1930年夏,章太炎家由同福里八号改搬到同福里十号,面积要大一些。当年年底,章太炎悄悄回到这里,继续过着隐居的生活。国民党反动政权的迫害把他赶回书斋,迫使他重新埋首学术,这使他在学术研究上又进入一个丰收的阶段。

在这里,章太炎写下一首长诗《长夏纪事》,表达自己避世隐居的心情,这也是他晚年生活的真实写照——

> 我本山谷士,失路趋堂廉。
>
> 伐华既十稔,垂兹风日炎。
>
> 荃葛甫在御,短制无垂襜。
>
> 粥定正代粆,齑美如遗盐。
>
> 啖此胜百牢,披襟步长檐。
>
> 蔼蔼出墙树,淙淙筒中瀐。
>
> 市间或问字,百名方一谦。
>
> 漱笔籍颠棘,淀尽颖自钳。
>
> 挽玉得越巾,破觚逾苍礛。
>
> 故书适一启,蠹食殊元缫。
>
> 呼童下香药,胼汗勤自拈。

平生远膏沐，两鬓常鬇鬡。

所来跣不袜，夷惠宜可兼。

时复效禽戏，而不求青黏。

但为涤尘虑，焉识遫与淹。

大化苟我遭，老洫终如缄。

    章太炎说：我本是山野之士，在政事上迷失了道路。宣扬中华传统文化已有十年，而今重视儒学的风气日益上升。比起穿着的细布或丝绸衣物，我仍喜欢短褐无袖的粗布衣服。粥也可以代茶，切碎的腌菜十分味美，吃这些蔬菜胜过各种肉类。披上衣服在长檐下漫步。院中茂盛的树木伸出墙外，竹筒引来的山泉流水淙淙。教人学问，一百个字才写满一方丝绢。借助草药洗笔，沉积物没有了，笔锋自然流利。擦抹玉器得用越巾，破碎的瓷器堆着，超过打磨玉石的石子。旧的书籍一打开，因蠹虫蚕食而脱线的地方显露眼前。呼唤小童备下芳香的药料，手脚生茧或出汗可以自己用手搓转。我平生一向不用膏脂，两鬓须发已稀疏凋零。朋友来了，依旧赤脚不穿袜子，可谓兼有古代贤士伯夷和柳下惠的清廉之风。我平时经常练练五禽戏而不求什么延年益寿的药物。洗涤人世的俗念，怎么知道活得长寿还是短寿？假如我的生命快到尽头，我需要沉静，将始终闭口不言。

    该诗前四句讲隐居乡间的生活，又八句讲隐逸的乐趣，不讲究吃和穿；再八句讲城市生活与读书写字；其后八句说自己的老态；最后四句说自己对衰老的乐观态度。读这首诗，可了解他晚年的心境和生活。

    从1921年到1927年，可以说是章太炎人生的低潮期。这段时间客观上也给了他从事医学研究的机会。他先后写了100多篇医学著作，先后参与了上海国医学院、中国医学院的成立，曾担任过首任院长；后来又担任过苏州国医学院名誉院长兼研究院院长，推动了中医学的发展。他还培养了一批医学弟子，如章次公、陆渊雷、徐衡文等，在新中国成立后，他们在医学事业上都发挥了重大作用。

在被通缉的压力下重返书斋

165

◉ 居住上海时的家庭生活

▌居所几次迁徙，夫妻琴瑟和鸣▐

　　章太炎 30 岁到上海《时务报》工作，后来虽然往返各地，但几乎以上海为常居地，每次到上海，或居报馆，或住朋友家，没有自己固定的居所。1913 年 6 月，与汤国黎结婚之后，才有了自己的家。据汤国黎说，他们最早住在靶子路，屋子比较窄小。结婚 1 个多月时，章太炎冒着危险入京，汤夫人觅得孟纳拉路永年里（今延安中路 825 弄）的住所。秋天，她从神州女校迁入永年里。此后章太炎被袁世凯软禁 3 年，1916 年 7 月 2 日回到上海时才入住这个家。但永年里的住宅终究简陋局狭，于是他们不久就迁居长浜路也是庐（今连云路 7—9 号），距离永年里只有百米不到。也是庐的对面是新城隍庙，左邻石筱山伤科诊所，内有几个小天井，分隔成几个二层楼结构的住宅。他们的住处有一楼一底，并占有一个小天井。他们在这里住了近 5 年，大儿子章导就是在这里出生的。1917 年 7 月，正是孙中山忙于筹划护法运动的日子。汤国黎常常回忆那时章太炎与孙中山共同策划革命运动的繁忙情景。她说："我与太炎结婚后，孙中山、廖仲恺、苏曼殊等人，与太炎时常在一起，有时在我家叙谈，但在莫利爱路孙家的时间更多。太炎能独自雇人力车往孙家去，可是对自家住的里弄地名却记不清楚，因此由孙家回来时，必由人陪送。有一次，却闹了一个笑话，中山先生派人陪送太炎回家，出了孙家，门口仅有一辆人力车，太炎坐到车上，挥手令拉车工人快跑。陪送的人一时找不到其他的人力车,未能送太炎回家。拉车工人问太炎:'往哪里去?'太炎说:'我家里。'拉车工人又问:'你家在哪里?'太炎说:'在马路边弄堂口,弄口有一家纸烟店。'在上海有纸烟店的弄堂口很多,找了许多次都找不到。太炎坐在车上,一直在马路上兜圈子。凡是经过有纸烟店的弄堂口,拉车工人都问太炎:'是不是这里?'太炎都说不是。孙家陪同太炎回家的人再找到另一辆车时,太炎坐的车已不知去向。他打电话到我家询问,得知太炎尚未回家,于是向孙中山报告。孙中山再派三个人,协同原来陪送者,在'大世界'游艺场前的马路四个角上注意来往车辆。结果发现章太炎坐在车上顾盼自若地迎面而来,才拦着送回家。这件事,非但孙中山、廖仲恺等人传为笑谈,我们家里人亦为之忍俊不禁。"

章太炎与汤国黎在上海21年的生活留下许多故事,以前出版的读物中介绍甚少,近年出版的汤国黎的回忆录和章太炎孙子章念驰的回忆录,才对章太炎及其后代的事有所叙述,这里略举数例。

1921年7月,中国共产党在上海诞生,党的第一次代表大会在兴业路76号举行,几天中有4次正式会议在兴业路召开。而这些代表就住在博文女校。因为开会期间正值暑假,校舍空闲着。博文女校的校董之一正是章太炎,校牌也是章太炎写的,汤国黎则是该校的教务长。该校离章家的住处上海嵩山贝勒路礼和里不远。汤国黎常带4岁的章导在博文女校小住。章太炎早年娶的侍妾王氏遗下的次女章叕、三女章㗊跟随汤国黎身边,在附近的博文女校小学部念书。当时,汤国黎等博文女校的教员们接待中共一大代表,却不知道这些代表的真实身份,因为这些代表是以"北大师生暑假旅行团"的名义入住的。汤国黎更不知道这些人正在筹划一个新时代的到来,将要在中国开创翻天覆地的事业。

汤国黎是社会活动家,在五四运动的影响下,上海的妇女运动蓬勃兴起。30岁出头的汤国黎与一些同伴建立上海妇女参政会,积极投入社会活动。1922年10月,她们成立"女权同盟会",到会者400余人,一致推举汤国黎为临时主席。会上,章太炎、张继、陈望道都发表演讲。美国女权会代表

柏小姐也到会祝贺。

1922年仲夏，章太炎一家搬到南洋桥唐家湾菜场附近的敏体尼荫路方浜西路口的裕福里二号（今西藏中路西门路83弄）。这是一条中西式里弄，共有40余幢三层楼，每幢楼房享有一个小天井，独门独户，环境比较清静。这一年8月，黎元洪大总统为表彰章太炎创立共和的功绩，授予"勋一位"的大勋章，受勋仪式就在裕福里二号举行的。后来，曹锟为选总统派说客来试图说动章太炎，结果被赶走的事情也发生在这里。1924年夏天，章太炎第二个儿子章奇在这里出生。

▌住南阳桥时家境最为清贫 ▌

1928年，章太炎一家住在南阳桥康悌路底一条小巷内，因为地段在转角处，所以客厅成斜角形，卧室在楼梯中间的阁楼上。上海人称亭子间。章太炎这段时间比较清贫，因为不任公职，没有固定收入，生活比较拮据，平常靠卖字为生。上海著名的笺扇庄朵云轩主人常带了纸张来求他写字，大小数十件，每次留下银币50元，以此作为生活开支。

1928年7月，有一天，革命元老冯自由来访，求章太炎写两件东西，一件是孙中山的《中华民国成立宣言》，一件是《讨袁世凯檄》，这两件原稿本是章太炎手撰的，大概遗失了，冯氏要求他再写一次，作为历史文献。当时送来银币20元。不料，这件事在报上刊登了之后，不少人都来求章太炎写字，一共五六十件。章太炎不肯收钱，那些人执意赠银币几十元或几百元，也解了不少燃眉之急。

章太炎夫妇及其子女在康悌路住了三四年，此后迁入同孚路同福里居住。这时已经是1932年，章太炎65岁了。同福里新居是一座双开间弄堂楼房，书房兼会客室在楼上的一间厢房，开间较大，但光线不佳，陈设颇旧。楼中还另外辟出一间住房专放藏书。他的藏书有木版书近8000册，室内没有书橱或书架，在厢房中间搁一条板桌，凡是常用书都放在桌上，不常用的书则堆在地上。章太炎在这里居住两三年，直到1934年秋迁去苏州。

▌十分注重对两个儿子的教育 ▌

　　章太炎夫妇很重视两个儿子的教育。章导五六岁时，汤国黎教他念自己在乌镇乡下所作的五言诗："春水鸭头绿，夕阳牛背红。无风炊烟直，摇出小桥东。"教了几遍，孩子就能念得朗朗上口了。章太炎为了培训孩子的国学根底，请自己最好的学生孙世扬做章导的启蒙老师，又自编了《新三字经》作历史教材，教章导阅读。

　　小儿子章奇8岁就能作诗文、写对联。有一次章奇见父亲为人写字收润格费，他也自订润格，张贴于楼下墙壁上，写道："七言联一幅，收皮球一个；单条一幅，收火车头一个。"如此等等，章太炎看了觉得好笑。有一次，章奇在晚饭后问父亲："商务印书馆的百衲本二十四史有没有出齐？"在场的章太炎的学生左舜生说："这孩子太早熟了，一个幼童竟关心二十四史出版的事。"

　　章太炎在晚年亲笔用篆书写下《新三字经》，给两个儿子识字用。《三字经》是传统的历史教材，章太炎认为它的内容太陈旧了，应当有新的历史观，所以他亲撰了《新三字经》，那是1928年春天的事，章太炎已经61岁了，长子章导也已11岁。章太炎在这本书的扉页写上"男导，校刊"四字，让这个11岁的孩子当了一回"责任编辑"。全文分写在四册毛边纸本上，每页长25厘米，宽23厘米，共写4个字，每字8厘米见方，也是一部完整的书法作品。章太炎认为学祖国的文字，就是学历史，所以章太炎在重订的《新三字经》中写了中国的历史。

······

　　尧舜兴，禅尊位。号唐虞，为二帝。
　　夏有禹，商有汤。周文武，称三王。

夏传子，家天下。四百载，迁夏社。

汤伐夏，国号商。六百载，至纣亡。

周武王，始诛纣。八百载，最长久。

周共和，始纪年。历宣幽，遂东迁。

周道衰，王纲坠。逞干戈，尚游说。

始春秋，终战国。五霸强，七雄出。

嬴秦氏，始兼并。传二世，楚汉争。

……

《新三字经》全文532句，1596字。章太炎把中华民族五千年历史用通俗浅近的三字句一一道来，分外清晰，以此教育自己的孩子学习中华传统历史。

章太炎擅长篆体，对两个儿子从小就注意训练书法。长子章导回忆说："父亲教导我，练字先从双钩悬腕起，后练单钩悬腕，逐渐运用自如，这样下笔才雄劲有力。"次子章奇从小也写得一手好字，他7岁时写的长联就可以挂在客厅里。

▎以祖传《家训》教诲子孙 ▎

章太炎为国家事业终年奔波，很少顾家。难得在家的时候，也不忘对孩子的教育。章太炎的父亲曾留下一幅《家训》，共15条内容，恭录于纸，告诉后人要遵照执行。章太炎就以这幅《家训》教诲儿子。《家训》的前两条提到："第一，妄自卑贱，足恭谄笑，为人类中最庸下者；第二，人心妒媚，常不能绝，上者忌功害能，其次以贫贱富贵相较，常生忮心，甚乃闻人丧败，喜溢眉宇，幸灾乐祸，祸亦随之至。"章太炎一生最讲求的是人品和人格。他把立身看成是人生第一要义，也用这些来教育子女。

❀ 抗日烽火中的英雄气概

▌日军三个月占领东北全境 ▌

1928年前后，章太炎将自己埋在旧纸堆中，一心修改论文，整理文集，几乎与世事隔绝。此时外面的世界正发生一连串的大事件，中华民族已到了岌岌可危的地步。

1928年6月3日，奉系军阀首领张作霖与蒋介石作战失败，由北京乘火车退往东北。4日晨，专列途经皇姑屯车站时，张作霖被日本关东军预埋的炸弹炸死。张作霖的儿子张学良成了统治东北的"少帅"。经过蒋介石的一番工作，张学良不久易帜，几十万东北军统辖于蒋介石麾下，张学良被蒋介石任命为全国陆海空军副总司令。

1931年9月18日夜，日本人自己炸毁了一段南满铁路，随即借口护路，突然袭击沈阳北大营。当夜，沈阳失守。其时，张学良身在北平行营，接到沈阳沦陷的电话，要求"关外的东北军全部向关内撤退，不抵抗，等候交涉"。次日，沈阳所有军政机关被日军装甲部队占领，军队、航空、兵工厂及帅府机关守卫一律被缴械。日军继续疯狂进攻，20日攻入吉林省城。同日，长春、营口、铁岭、安东、抚顺、延吉等重要城市均被占领。到11月中旬，攻陷黑龙江省城。两个月后日军将东三省大部占领，年底又向锦州进逼。

日军进攻沈阳时仅上千名兵士，却所向无敌。东北军30万大军遵照蒋介石绝不抵抗的命令撤入关内。东北3000万同胞流离失所，饱受蹂躏。日

本帝国主义的侵略行径,激起全中国人民的极大愤怒。

▌章太炎发出抗日的呼声 ▐

消息传到上海,章太炎震惊了,他那颗爱国家、爱民族的心又不平静起来。他每日密切关注着战争的发展,每天起床第一件事就是阅读报纸,连平日不甚重视的晚报也要浏览一遍。他又去买来一本新地图册,对照报纸所载的地名,逐一划出。看到东北人民组织义勇军打击日本侵略军的消息,就欣喜不止。为了支援东北义勇军抗日,他写对联、屏条,托人义卖,将所卖的钱款支援抗日组织。

当时,章太炎的态度是谨慎和克制的,有一个多月没有向当局提抗议,他的学生孙思昉写信问他:"先生为何沉默不言?"章太炎回信说:"东事之起,仆无一言,以为有此总司令,有此副总司令,欲奉、吉之不失,不能也。东人睥睨辽东三十余年,经无数曲折,始下毒手,彼岂不欲骤得之哉? 因伺衅而动耳。"他指的总司令,就是指全国陆海空军总司令蒋介石,他指的副总司令,就是全国陆海空军副总司令张学良。他们奉行不抵抗主义,指挥军队后撤。奉天(辽宁)省及吉林省,由于当局的不抵抗政策,不丧失是不可能的。章太炎又在信中说:"欲使此畏葸怠玩者,起而与东人争,虽敝舌喑口,焉能见听,所以默无一言也。""奉天固不可恢复,而宣战不得不亟。虽知其必败,败而失之,较之双手奉送,犹为有人格也。辽东虽失而辽西、热河不可不守。"章太炎对蒋介石之为人看透了——蒋介石忙于对付国民党中的右翼势力和镇压国内的革命势力,对外不惜退让屈膝。

1931年12月7日,章太炎给学生马宗霍的信中又说:"东事起后,当局已不能禁人言论,而老子终无一言者,盖拥蒋非本心所愿,倒蒋非事势所宜,促蒋出兵,必不见听,是以默尔而息也。学生群呼打倒卖国政府,亦奚足怪。""逆计其人,爱国家不如爱其身,爱自身之人格不如爱自身之性命,复何言哉!"他在信中甚至称蒋介石是秦桧①,汪精卫是石敬瑭②。可见章太炎对当局的消极不抵抗行为,已经愤恨到极点。

1932年1月13日,章太炎与熊希龄、李根源、马相伯、沈钧儒、章士钊、黄炎培等著名人士联名通电,痛斥当局。电文说:"守土大军,不战先撤,全国将领,猜忌自私,所谓中央政府更若有若无。"他们发起成立"中华民国国难救济会"。通电国府诸要人,希望他们"在此万分危急之际,勿再闲散雍容,负起救国全责,联合全民总动员,收复失地,以延国命。"一起签署的社会名流近百名,这是对执政的南京政府的第一道公开的紧急呼吁。用情之急迫,用词之严厉,撼人心弦。

过了6天,至1月19日,章太炎又联合张文麐、沈钧儒等联名通电,请求国民政府出兵援救辽西,又高度赞扬东北义勇军的抗日行动。电文中引用明末的惨痛历史为当局警醒,迫切之情,急如星火。然而,南京当局依旧没有动静。

▌全力支持十九路军的英勇抗战 ▌

1932年1月,日军悍然进攻上海。日寇为了扩大侵略,蓄意制造事端,利用特务浪人在上海市内挑起事端,然后借口向上海增兵。1月底,日机大肆轰炸闸北。2月初,吴淞展开激战,驻守上海的十九路军在蔡廷锴将军率领下坚决抵抗。日军大幅增兵,超过三个师团,并有海军、空军参战。十九路军伤亡惨重。3月初,十九路军作出战略后撤,日军终止战斗,双方呈对峙状态。当激战正酣之际,左舜生去上海寓所看望章太炎,请他手书一句古话赠给十九路军的名将翁照垣,章太炎慨然允诺。翁照垣时任十九路军一五六旅旅长,正在前线拼死作战。次日,左舜生前往取件,章太炎已写就一篇千余言的长幅。左舜生大喜过望,当即往中华印刷所制成珂罗版,印

①秦桧是南宋的投降派代表,陷害岳飞,向金称臣。
②石敬瑭是后晋国主,受契丹册封为帝,自称"儿皇帝"。

制300份,分寄全国各大报馆。于是,翁旅长及前线官兵声名大噪,此文即是《书十九路军御日本事》。文中歌颂了十九路军英勇作战的事迹,写道:"自民国初元至今,将帅勇于内争,怯于御外,民间兵至,如避寇仇。今十九路军赫然与强敌争命,民之爱之,固其所也。"章太炎这番话表现了强烈的正义感和爱国精神。

有一日,他登上三楼阳台,看到日机丢下炸弹,便愤怒异常。他回到书房,磨墨展纸,写下大幅篆体长轴"吴其为沼乎"五个大字。他引用《左传》的记载,春秋末期,吴王夫差打败越军,没有听从伍子胥的话,却与越军讲和。伍子胥对人说:"二十年后,吴其为沼乎!"他说20年后,吴国会被越国打败,毁坏成荒凉的沼泽地。章太炎借这一典故比喻国民党政府不听人民抗战的呼声,必将把中国葬送在日本帝国主义侵略军的铁蹄下,中国将成为一片废墟。这是他对政府腐败的谴责。

淞沪战事持续一个多月,十九路军伤亡过多。章太炎鼓励汤国黎发动妇女界救护受伤战士。她们四处奔走,借用住房,募集技工和资金,办起伤兵医院,救护了140多名伤员,其中仅一人因伤势过重而死亡,其余皆伤愈出院。章太炎还为他们筹措路费,让他们早日回乡。此后,蒋介石与日本签订屈辱的《淞沪停战协定》,十九路军被迫撤退。

1932年初,蒋介石与汪精卫在洛阳召开所谓"国难会议",邀请章太炎出席。章太炎断然拒绝,他在《拒绝参加国难会议书》中明确指出,当局应该以实际行动来抗日,而不是用空洞诺言来欺骗民众,他说:"全国上下所当聚精会神力图攻守者,惟辽西与热河耳。""苟令江左弃地如遗,当国者将何以谢天下乎?""仆民国荒夫,焉能为党国诸贤任过也!"出言铿锵,义正词严。章太炎说:"现在不是空喊口号欺骗民众的时候,现在要紧的是集全力救辽西和热河。如果江南被侵占,你们政府怎么对得起全国人民?我只是一个老百姓,不能为卖国政府承担责任,决不替卖国政府当替罪羊。"

上海市民为使十九路军阵亡将士的遗骨免遭不测和凌辱,发起迁葬运动,章太炎便提议将烈士遗骨迁至广州黄花岗墓区,与起义的七十二烈士并葬。倡议获得社会广泛支持,并最终迁葬成功。章太炎亲撰《十九路军死难将士公墓表》,刻石于墓前,盛赞他们不朽的功绩。

▌以衰老之身北上责问张学良 ▌

1932年2月下旬,章太炎见北方战事危急,已经忍无可忍,愤而北上,他要以革命元老的身份去劝说张学良抗日。当时,吴淞口战火未熄,北上火车未通。23日,60多岁的他抱着多病之躯,迫不及待地坐轮船到青岛,再乘火车由济南到天津再到北京,一路颠簸,风尘仆仆,29日终于到达。张学良将军知道后,前来拜访章太炎。

当年章太炎任东北筹边使的时候,是中央特派的高官。张学良之父张作霖任东北第二十七师师长,曾是章太炎的下属。此后,张作霖任奉天省(辽宁省)督军兼省长,后升东三省巡阅使。1922年,第一次直奉战争爆发,21岁的张学良随父入关,任镇威军第二梯队司令,指挥东路军事。此时,张学良已经31岁,是全国的副军事领袖。

章太炎见到张学良时,情绪激动,说话时声震屋宇,他责问张学良为什么放弃东北? 他疾呼:"对日本之侵略,唯有一战!"张学良作为晚辈,是很尊重章太炎的。他无法申辩,又不能答应出兵,最后只得向章太炎出示了蒋介石给他的不抵抗密令,以说明自己的苦衷。这是张学良第一次向人透露这个密令。章太炎感到无可奈何了,唯有叹气连连。

章太炎在北京期间又去动员吴佩孚,劝他为抗日站出来说话,吴佩孚唯唯诺诺,仅敷衍而已。他又到北京大学发表演说,情绪激昂。据当时北大学生,后来的学者钱穆回忆,太炎先生上讲台,有五六个弟子分立台侧,有人翻译,有人写黑板。翻译者为钱玄同,写黑板者为刘半农。据张中行回忆,讲课地点在北京大学第三院风雨操场,也就是五四时期囚禁学生的地方。几百人的会场坐满了,迟到者只能站在场外。章太炎满头白发,个子不高,双目有神,诙谐兼怒骂,讲历史又讲时事,鼓动学生的爱国热情。

他又到燕京大学演讲,题目是《今日切要之学》,他说:"明代的知识分子,知今而不通古,清代呢,通古而不知今,所以明人治事的本领胜过清人,因此明人还能致用。清代虽要致用而亦不可能,因为他考大体的人少了,考证枝叶的多了。"他号召学生,在当下,就要学以致用,要投入到抗战的洪流中去。应学生的请求,他在北京各个大学做了8场学术演讲,这是他最后一次在北京讲学。

为"国联"提供强有力的历史证据

日寇侵占东三省后,扶植傀儡溥仪复辟,建立"伪满洲国",年号"大同",以掩盖日本的侵略罪行。蒋介石对外不抵抗,却把希望寄托于欧美列强的干涉和国联的仲裁。国联,即国际联盟,也叫国际联合会。1920年成立,有63个国家参加,标榜"维护国际和平和安全",总部设在日内瓦,1946年解散,可以说是联合国的前身。1932年3月,国联派出英国外交家李顿为首的调查团来华调查中日事件,国民党政府驻国联代表顾维钧也随团同往。日寇对国联的调查百般阻碍,甚至扣留调查团成员。

章太炎闻讯,立即致电国联的中方代表顾维钧,措辞相当严厉。他说:"日人无赖,唆使伪满洲政府拒绝足下出关,且以种种危词恫吓。仆谓服务外交者,非徒以彼辩论坛砧,亦当稍存节概。洪皓①、左懋第②或囚或杀,未尝有悔,见危受命,义如是也。"章太炎以这两位英雄人物提醒顾维钧要有节操。尽管顾氏难于扭转乾坤,但坚持满洲是中国的立场是极为明确的。

国联处事软弱,在日本帝国主义面前完全无能为力。调查团来华斡旋,历时一年,国联作出决议"请日军速撤"。日本不理。李顿调查团无功而返。

1933年2月,在国联仲裁"满洲国"事件时,日寇杜撰称东三省历来属于

---

①洪皓是南宋的使臣,出使金国却被囚10余年,从不屈服。
②左懋第是晚明的大臣,与清兵谈判,不屈被杀。

满洲人所有,迷惑了一部分不知真相的中外人士。这时,顾维钧急电章太炎,请教历史上东三省主权的归属问题。章太炎立即撰文,旁征博引地论证了东三省主权历来属我中华所有。他指出历代古书上都有明确记载,汉时已有辽东、玄菟二郡,明时亦设辽东都指挥司,驻沈阳,其地是中国内地,非同番属。东三省汉人有两千余万,满洲人不过百余万。若论民族自决,东三省当属汉人,属中国无疑。章太炎作为一个学者,用历史事实击破日寇的谎言,伸张了正义,也矫正了国际社会的视听。

▎坚决支持冯玉祥将军抗战到底 ▎

1933年1月12日,西北军首领冯玉祥特派代表到上海,与章太炎联系抗日之事,表示要不惜一切之牺牲,抗日到底。章太炎对于冯玉祥将军的抗战热忱感佩无量,立即复信,表示"可与敌一决雌雄者,唯冯玉祥将军一人",希望他与张学良将军联合抗日。信中还对蒋介石的"攘外必先安内"政策予以强烈谴责,说:"外患方亟,而彼又托名剿共,只身西上。似此情形,恐有如前清西太后所言'宁送朋友,不送家奴'。"

3月初,章太炎与马相伯又联名致信张学良,保荐冯玉祥将军任热河统军,率军御敌,指出:"今日之事,饷械固应筹备,将帅尤在得人。闻宋院长(宋子文)到北平,犹以迫冯玉祥南行为务。不用之亦已矣,又从而绊其手足,这是何等心肠?"当时,南京政府欲调冯玉祥去南方,阻碍他在北方抗日,章太炎非常不满,所以力荐冯玉祥将军任热河统军抗日。章、马向张学良将军推荐道:"以愚辈所见,今日能统十万军独当一面者,唯冯玉祥一人。""愚辈虽在草野,为作保则有余矣。"但张学良由于种种压力与束缚,未能采纳。

痛斥汤玉麟丢失热河之罪

1933年初,热河沦陷,汤玉麟15万军队大溃退。3月7日,章太炎悲愤不已,发出《致全国军民电》,谴责说:"国民政府成立以来,勇于私斗,怯于公战。前次沈阳之变,不加抵抗,说准备未完。上海战事罢后,边疆无事,八九个月,正可督军备战,简练士卒,以图最后之一战,乃主持军事者不关心于此,反以剿匪名义自图规避。今日热河衅起,才及旬余,十五万军同时溃退。汤玉麟委职潜逃,诚应立斩。而处汤之上者,其罪状岂减于汤?应请以国民名义,将此次军事负责者,不论在南在北,一律以军法判处,庶几平亿兆之愤心,为后来之惩戒。"这个公开的通电,义正词严、浩气凛然,锋矛直指最高当局。热河沦陷后,张学良成为替罪羊,也被迫辞职。

1933年3月,宋哲元部队在长城喜峰口阻击日寇,章太炎立即与马相伯①、沈孚恩②联名发表《三老宣言》,予以支持和赞扬。指出抗日的希望不应该寄托在国联的仲裁上,而应以自力自助自强,号召人们以"赴汤蹈火之精神,予前线将士以物质之补助,精神之安慰,鼓励其为民族生存而奋斗之勇气"。

5月26日,冯玉祥在张家口就任察哈尔民众抗日同盟军总司令,率吉鸿昌等宣誓抗日,并通电全国决心"武装保卫察省,收复失地,争取中国之独立自由"。察哈尔发动抗战,章太炎立即与马相伯致电祝贺,说:"执事之心,足以代表全国有血气者之心;执事之言,足以代表全国有血气者之言;执事之行,必能彻底领导全国有血气者之行。某等虽在暮年,一息尚存,必随全国民众为执事后盾。"只可惜后来察哈尔抗战因受蒋介石、汪精卫的掣肘而受挫,冯玉祥也被迫辞职。

---

①马相伯,复旦公学(复旦大学前身)创办人。
②沈孚恩,曾任上海议会议长。

鞭挞蒋介石的不抵抗主义

章太炎关心抗日,每当前线传来捷报,他必致电祝贺,无论是喜峰口之捷,还是古北之胜,并且亲自为《察哈尔抗日实录》一书作序,赞颂冯玉祥将军察哈尔抗日的功勋。当他得知华北失守,危及南京时,便愤然作诗鞭挞卖国政府。

> 淮上无坚守,江心尚苟安。
>
> 怜君未穷巧,更试出蓝看。

诗作说到,南宋当权者在淮河两岸不设防,一味实行不抵抗主义,结果把中原丢失。这些南宋小朝廷的无耻大臣无动于衷,还在江心寺里逍遥自在。可惜南宋这些当权者的卖国伎俩不算高明,试看今日南京当权者更是青出于蓝而胜于蓝了。短短一首小诗,把南京政府的卖国嘴脸刻画得淋漓尽致。

蒋介石对这位倔强的民国元勋十分恼火,又没法限制他的言行,于是派出政府要员张继到上海来,劝章太炎"安心讲学,勿议时事"。章太炎与张继在爱国学社时是结义兄弟,但事关国家公义,章太炎不能徇于私情,于是提笔作答:"吾老矣,岂复好摘发阴私以示天下不广?""吾辈往日之业,至今且全堕矣,谁实为之?吾辈安得默尔而息也?""五年以来,当局恶贯已盈,道路侧目。""年已耆艾,唯望以中华民国人民之名表吾墓道。"他大义凛然,铁骨铮铮,表现出一种义无反顾的英雄气概。

支持中国共产党的抗日主张

1935年5月,日寇又策动"华北事变",日本侵略军要求南京政府取消河北、平津的国民党政府机关，撤退驻军，取缔反日活动，为日军大规模侵入华北打开大门。南京当局再次姑息养奸，步步退让，签订了卖国的《何梅协定》。在严重的民族危机面前，中国共产党发表了《八一宣言》，号召全国民众奋起抗日救国。

12月9日，北平学生在共产党领导下，举行大规模示威游行，提出"停止内战，一致抗日"的口号，北平驻军司令宋哲元以学生受共产党煽动为借口，派出大批军警逮捕学生多人，激起全国人民的极大愤怒，这就是有名的"一二·九"运动。上海的大学生群起响应，组织请愿团赴南京抗议当局，他们挤上火车途经苏州时，遭到反动当局竭力阻挠。章太炎嘱咐国学讲习会的学生在夫人汤国黎的带领下，买食品去车站慰问爱国学生，并谴责国民党迫害爱国学生是"摧残民气"。

12月21日，章太炎致电宋哲元，说："学生请愿，事出公诚。纵有加入共党者，但问今日主张如何，何论其平素。"这封电报表明，章太炎在大敌当前的时候，对共产党的态度有了公道的表达，他看到共产党是真心抗日的，是可以信赖的，他完全以国家利益为前提，发出正义的呼声。

1936年5月，蒋介石亲自写信给章太炎，希望"先生以共信济艰之义，劝诱国人"，言下之意，不要批评政府，要与政府站在同一立场，劝导百姓听政府的话。

章太炎本来打算立即回信，但因为鼻咽部病变恶化，卧床不起。到6月4日，他挣扎着起来，回信给蒋介石，信中指出，共产党在山西一带，对日军绝不会俯首驯服，政府可以让出绥远一区，让共产党接受国民政府的改编，这是最好的办法。如果共产党不接受改编，也要以民军对待，让共产党的军队去抵抗日军。章太炎的建议，与以前对共产党的态度相比，有很明显的进步。从称"赤匪"改称"赤军"，到称之为"民军"；从反共，到劝蒋介石将察哈尔交付共产党领导；从反对第一次国共合作，到赞成第二次国共合作，他终于完成了思想上的一次大的转折与飞跃。这是他临终前10天所表示的政治态度。章太炎从本质上看到了共产党在抗日问题上是真心的，这是民族大义。

　　章太炎的晚年,正值全民抗战的前夜,在他生命的最后五年,他的一切言行都与人民的抗日事业紧密相连。他为民族利益作醒狮般的大吼,给了抗日军民以巨大的鼓舞,同时他也恢复了早年的战斗姿态,再次受到了公众的尊敬。

◎在苏州开办章氏国学讲习会

▌全家迁往苏州定居 ▌

　　章太炎凭着自己极其丰富的学识，热衷于到处讲学，他要把中华民族的文化传授给大众，激发人们的爱国热情。他一生中较大规模的国学讲习会有四次。第一次在东京，从1906年到1911年，主办国学讲习会近6年时间，听众主要是中国留日学生，也有日本学生和印度学生。第二次在北京，被袁世凯幽禁期间，从1913年到1916年，断断续续约3年，听众主要是在京的大学教员和学者。第三次在上海，从1922年4月开始，到6月17日结束。两个多月中，每周讲一次，每次2小时，每次讲1个专题，共10个专题。讲学时间安排在每周六下午，内容与在东京时讲的差不多。第一堂课有三四百人来听，济济一堂，邵力子先生也在座。第二堂课听众不到一百人，其后越来越少，结束时的那堂课只有七八十人。一来章太炎讲的余杭话，许多学生反映听不懂，二来讲的课题很专业，一般听众难理解。当时，有的听课者现场速记，并于次日发表于《申报》，还有的听课者写出听课心得在报上刊登，一时间在沪上引起轰动。

　　第四次讲学在苏州，持续时间最长，影响也最大。1932年秋天，寓居苏州的诗人金天翮、同光派诗人陈衍、前国务总理李根源和士绅张一麟等发起讲学，由金天翮致书章太炎，邀请他到苏州讲学。于是章太炎欣然前往，寓居曲石精舍。苏州学界在沧浪亭开了个盛大的欢迎会。章太炎先在坐落在公园的县立图书馆讲学,讲儒学大义、大学大义、经义与政事、读史与文化复兴之关系等,将近一个月才返回上海。

1933年,章太炎又受到邀请,再次到苏州讲学。那时他感到苏州风物醇美,可以终老,自己张罗着购下侍其巷双树草堂一所旧屋,准备举家搬迁。后来,夫人汤国黎看了此屋,环境不宜,发现住屋旁有织布厂,终日机声喧闹,不堪其扰。后来在锦帆路南首,觅得一所新建的住屋,分两幢,东面是水泥钢筋的西式洋房,西面是四进的中式楼屋,地处市中心,环境宁静,因屋主欲远行,愿按建筑原价出售,就买了下来。1934年秋,章太炎全家由上海迁居苏州。

▎颇具规模的国学讲习会 ▎

1934年冬季,章太炎在新居发起成立章氏国学讲习会。通告在报上刊登后,全国各地来学习的人络绎不绝,渐渐增加到500余人。这些人当中当地人不多,外地人须供应膳宿,原有居屋已无法应付,于是在屋后的10余亩空地建筑房屋,作讲习用,又在侍其巷旧屋设预备班,兼作宿舍。洋房那一边的标牌是"制言半月刊",中式楼房这边挂的标牌是"章氏国学讲习会"。

讲习会以研究传统文化、造就国学人才为宗旨。来报名就读的学生来自19个省,有18岁的青年,也有73岁的老人。章太炎每周讲3次,每次2小时,讲小学、经学、史学、诸子学、文学等课程,他除了主讲外,也请弟子助讲。章太炎的弟子都是海内名士或高校教员,多为男性,唯有一位女弟子叫黄绍兰,她曾著有《易经注解》4卷,又写《三体石经》,所以被破例收为弟子。讲习期限2年,分为四期,课程第一期是小学略说、经学略说、历史学略说、诸子略说、文学略说。第二期讲说文、音学五书、诗经、书经、通鉴纪事本末、荀子、韩非子、经传释词。第三期讲说文、易经、春秋、通鉴纪事本末、老子、庄子、金石例。第四期讲说文、易经、春秋、通鉴纪事本末、墨子、吕氏春秋、文心雕龙。

开学之后，章太炎先讲《左传》，后讲《尚书》，引经据典，口若悬河，不带讲义和参考书，全凭口诵手写，不但能将《说文》《尔雅》背诵全文，对《汉书》也能如数家珍。这是章太炎最后一次系统讲学，培养了许多优秀学者。这些人1949年后活跃在各大院校，形成了章门学派。

在讲学的同时，又创办《制言》杂志，于1935年8月16日正式发行，章太炎自任主编，由弟子潘景郑、沈延国、孙世扬任助理编辑。《制言》为半月刊，后来改月刊，共出63期。《制言》杂志是章太炎晚年创办的最后一个学术杂志，保存了一大批学术成果。他晚年的许多著作也发表在《制言》上。从《华国月刊》到《制言》，是研究章太炎与章门学派的重要史料。

讲习会规模大，班级多，均由汤国黎夫人调度，秩序井然。每次在礼堂集中听课时，章太炎带一听白金龙香烟，一盒火柴，进门时有招待人员扶他入座并喊道："章先生到！"众皆起立，表示敬意。章太炎点燃香烟，清茶一杯，就讲起来，听讲者则振笔疾书，各自记录。

▎简易淡泊的晚年生活 ▎

章太炎迁到苏州后，居住条件有了改善。他们居住的楼屋有两层，建构曲折多姿，小楼的过道壁上高挂一张巨大的鳄鱼皮。鳄鱼皮下挂着一帧横幅，上书"东南朴学"四字，这是黎元洪书写后赠给章太炎的。客厅陈设简朴，只悬挂何绍基的对联一副。何绍基是清代诗人，著名书法家，擅长颜体。壁的高处挂有邹容像一幅，前设横板如长几，几上有香炉。据说每月初一、十五，章太炎就沐手供香一次，寄托对患难与共的战友的怀念之情。章太炎与夫人在楼上各居一室，除三餐时见面外，其余的时间章太炎都在读书。章太炎住的是一大间，四壁都是书籍，除书之外并无其他陈设。屋中间置一床，是他独睡之处。章太炎每到中夜睡醒，忽忆及某书某事，即起床翻阅书架，往往通宵达旦。有一次，夫人一觉醒来，见书房的灯还亮着，赶紧去催他睡觉，推门进去，见他手里拿着书，神情严肃，外衣也不披一件，浑身冰凉,就知道他看书看呆了。

章太炎平常的生活是很简朴的。冬天只穿一件鼠灰色的长袍,外罩黑色马褂。在吃的方面更是随便。据夫人回忆,章太炎从不挑食,一家人坐下吃饭,他总是闷着头扒饭,筷子总夹眼前的菜,夫人把菜夹到他面前的盘子里,他就把盘子里的菜吃完,从不评论菜好不好吃。这可能与他的近视有关,更是因为他不计较饮食。夫人劝他注意营养,多进补品,如多吃鸡蛋之类,他听过又忘记了。章太炎酒量颇佳,如果无人阻止,他可一日饮酒不止,所以夫人时常监督他。

章太炎的烟瘾很大,这是他最大的嗜好,常常从早到晚,吸烟不断。他不计较什么牌子,只要有烟就好,但抽烟的技术并不高明,一支纸烟速吸几口,烟尾皆湿,未及三分之二即行丢弃,另接一支,匆匆吸几口,又如法炮制。尤其是讲课或与人谈天的时候,吸烟更加厉害,只见屋子里烟雾弥漫,而他的神采更加旺盛,谈话更健。

章太炎为人极聪明,知识又极其丰富,然而对于金钱却视若无物,因此经常受骗上当。章太炎从东北回来时,带回了他在筹边使任内所积蓄的工资以及北京等地友人所送的贺金,共有现钞7000元。回到上海靶子路家中后,亲友闻讯都来探访,当时有个在上海新闻界工作的苏州人钱某对章太炎说,这笔钱应存入银行较安全,且有利息。章太炎便将这包钱交给钱某去存款。过了一会儿,钱某持一张存款单交给章太炎,上面的数字是3500元,说:"银行职员当面点清,只有这些钱。"章太炎只恨自己交钱时并未点明数字,却毫无办法。

晚年时,章太炎到苏州买房子,有人介绍侍其巷的一幢楼房,院子里栽了几棵树,章太炎看了后说:"有楼,又有树,好!"于是答应买下,付出17000元。等到夫人去实地察看,发觉屋后有一家纺织厂,声音很嘈杂,根本没法居住,但一切手续已办妥,不能反悔,结果只有雇人看守,另觅新屋。

章太炎待人很慷慨,对患难的友人总能周济而不吝啬。湖北孙尧卿是武昌起义的组织者,晚年穷困潦倒。有一次他知道章太炎得到一笔稿费,

就写信来借款,章太炎慨然将钱寄去,毫无愠色。

一万元大洋充作办学经费

1935年春天,章太炎在苏州讲学,他的学生黄侃当时是南京中央大学教授,奉国民党中央党部之命,特地到苏州邀请太炎先生去南京讲学,并说已在中山陵山麓特地为之建筑房屋和讲学会场。章太炎以身体有病为由,没有去南京讲学。

3月29日,国民党中央执行委员会秘书长、老同盟会会员丁惟汾由黄侃陪同,自南京到苏州拜访章太炎。事实上,丁惟汾是奉蒋介石的旨意而来,章太炎便陪同他游览当地名胜古迹。3日后,丁惟汾告辞。章太炎送他出门握别,看他和黄侃坐上人力车而去。返至室内,发现客厅茶几上有丁惟汾留下的一封信。据家中仆人说,是"丁出门时,从马褂衣袋中取出这封信,放在茶几上的"。拆开后,见一纸信笺写着"供先生疗疾之用",另有1万元支票一张。章太炎很生气,说要退回去。夫人汤国黎说:"蒋介石的用意是封先生之口,希望以后不要骂他了。你不收这笔钱,也没法退回去。我看这笔钱正可救济困难的学生,不妨登报声明,说明政府的这笔钱是为办学用的。这样,取诸政府,还诸大众,亦无不妥。"于是章太炎在苏州、上海各报上登载说明,也就洗刷了被收买之嫌疑。

弟子黄侃去世,他伤心至极

1935年10月8日,章太炎的弟子黄侃因胃溃疡出血过多而英年早逝,终年不满50岁。黄侃,字季刚,是一位青年汉学家,也是章太炎最得意的门生,其父黄云鹄是著名的经济学家和文学家。黄侃幼承家训,旧学根底非常扎实,师承章太炎后,擅长音韵训诂,成就最高,历任北京大学、东南大学、武昌高等师范、金陵大学等校的教授。章太炎反袁世凯被软禁北京龙泉寺时,黄侃刚到北大任教,见老师寂寞一人,便主动留下来伴宿,同时听老师讲文学史。当时有一天深夜,黄侃被警察强行逼走,章太炎愤而绝食以抗议,师生之间的感情如同父子。当章太炎知道黄侃因急病逝去,痛彻肝肠。

章太炎曾为黄侃提前写了50寿辰的寿联。寿联是这样写的:

韦编三绝①今知命②,
黄绢③初裁好著书。

上联说黄侃好学,如今已到了天命之年。下联说黄侃以前不肯轻易著书,有述而不作之风。章太炎劝他,50岁了,可以写书了。黄侃去世后,章太炎又作挽联:

辛勤独学鲜传薪,歼我良人,真为颜渊兴一恸;
断送此生唯有酒,焉知非福,还从北叟探重玄。

黄侃勤学,但他的知识留下来的却很少,这样像颜回一样的人才夭折了,使人恸哭。他人虽然不在了,或许也是有福的,可随着北朝经学家们去探索更深的学问了。

他也是知过能改的人

章太炎是个极自信又极自傲的人。有记者请他评价胡适的哲学成就,他说:"哲学,胡适之也配谈吗?康梁多少有点根,胡适之,他连'根'都没

---

①韦编三绝,这里借用典故,孔子晚年"读《易》,韦编三绝"。
②知命,《论语》记孔子说:"五十而知天命。"
③黄绢,指黄色的纱绢,最适宜写字,是著作的好材料。

有。"但是,他也是一个知错能改的人。1935年初,他寓居苏州时,上海圣约翰大学教授屈伯刚拟出江苏、浙江历代名贤若干人,与章太炎讨论,章太炎提出不同意见。这件事,被《吴县日报》记者吴企云得知,他特地来访问章太炎。章太炎在仓促间,手书江苏名贤30人。吴记者将此名单刊登报上,标题是《章太炎贡献省府三十个江苏名贤标准人物》。学者沈颎民看到文章,有些不同意见,致信章太炎,说:"所拟的三十人中,王信似作王蘋,字信臣,闽之福清人,流寓吴江者,为蘋为信,此一疑也,乞先生教之。"次日,章太炎复信说:"王信确应作王蘋。王蘋,字信伯。前书误作王信,字蘋伯,得来书方觉其误。老年记忆力衰如此,真可笑也。"章太炎在做学问中,个别名字弄错,一经指出,立即认错,此仅小小一例。

还有一例,1921年,南京有位教授写文章批评章太炎,说他诽谤孔子窃取老子藏书是"故入人罪"。意思是故意给孔子栽赃错处。章太炎立即发表公开信,承认自己是"妄疑圣哲""狂妄逆作之论",对批评者表示感谢。

他在致友人的信中说到自己晚年的转变:"少年气盛,立说好异前人,由今观之,多穿凿失本意,大抵十可得五耳。假我数年,或可无大过。"章太炎作为一代大师,其进德修业如此谦虚,堪为后生之楷模。

晚年寿宴上说起玩笑话

1936年1月12日是章太炎69岁寿辰。这一天各省同盟会的老友不约而同地来到苏州,有200余人。宴饮时,冯自由拿出自己的近作当众朗诵起来。章太炎听了,笑着说:"这诗好,可以与梁启超的诗相媲美了。"据此30多年前,章太炎第一次到日本横滨,与孙中山、冯自由等人同在梁启超寓所,共谋维新与革命的事业时,梁启超也曾念过一首诗。章太炎想起那时候的情景,彼此是何等的激情。

这一天寿宴上,章太炎很兴奋,喝了不少酒,终究体力衰弱,忽然在礼堂中昏厥,众人急忙来扶。他苏醒过来,见前后左右有人扶住,忽而大笑起来,对冯自由说:"我非孙凤鸣,你也不是张溥泉。况且也没有汪精卫在这里,何故抱住我勿释耶?"章太炎忽发这样的感慨,是有故事的。两个月前,即1935年11月1日,国民党召开六中全会,开幕式后,中央委员集中在会议厅门前排成队列,等候摄影。《进步报》记者孙凤鸣原准备开枪射击坐在中央的蒋介石,但因蒋介石有事不参加合影,于是汪精卫坐在中间。孙凤鸣朝中央位置打了一枪,打伤了汪精卫。坐在汪精卫旁边的张继(即张溥泉)冲上去将孙凤鸣拦腰抱住。章太炎联想到这一场面,才开这样的玩笑。他说这样的话,也表示他认为蒋介石、汪精卫之流是不得人心的。

◉ 一代英杰的终结

▌临终留下爱国家爱民族的遗愿 ▌

1936年6月初,章太炎的病情已经严重恶化,却还在继续讲课,他刚讲完《尚书》时还不到放暑假的时候,为节省时间,又增加了讲说文部首的新课,预计暑假前讲完。开讲不久,章太炎疾病急发,鼻孔中有肿瘤脱落,又因为连堂讲课,气喘不止。夫人忙劝他停一停,提前一小时打铃下课。章太炎略微休息一会,说:"可以继续讲了。"等学生陆续回教室坐定,他又口若悬河地讲起来。这次讲课太辛苦了,午餐未能进食。下午,他坚持要继续讲课,夫人阻止他,他说:"饭可不食,书仍要讲。"章太炎把讲课看得太重要了,不仅仅是传授知识,更为了让更多的人继承中华文化。所以他是怀着对国家、对民族深深的挚爱来讲课的。

6月7日,晚饭后,汤国黎陪同章太炎在自家住宅的院子里散步,才走了一圈,章太炎突然昏倒。夫人忙与学生将先生扶到室内,又去请博习医院主任医师、美国人苏迈尔前来诊治。经过抢救,章太炎睁开了眼睛,但已经无法起床。13日,章太炎高烧至40度,而且持续不退。14日凌晨,他吐出喉头的鼻菌烂肉两块,人已进入弥留状态。当时,守在病床前的有汤国黎、好友李根源、医生苏迈尔三人。学生们听到老师病危,10多名学生每人手中举着一支点燃的香,鳞次跪在老师的卧室外,为先生祈祷,啜泣不止。

汤国黎紧贴着丈夫的耳朵,问他有什么话说,章太炎断续说:"设有异族入主中原,世世子孙毋食其官禄。"他弥留之间,还不忘关照子孙,日本侵略者将要大规模进攻中国,如果日本侵略者主宰中国大陆,子孙不要去为侵略者效劳,不要做汉奸卖国贼。他没有一句涉及私产如何的话。他的爱国之心已经深入骨髓,他念念不忘的唯有牺牲到底、抗战到底的意念。

7时45分,章太炎吐出了最后一口气。众人发出痛苦的哭喊声。医生诊断其为胆囊炎、疟疾、鼻衄病、气喘病并发症。终年69岁。

大殓时,按浙江人的风俗要用绸覆盖在棺材上,并将绸子打成结,叫"结彩"。一般用一色的绸,汤夫人便买了红黄蓝白黑五匹绸,按五色旗的顺序排列,铺在棺材上。当时在场的一些国民党元老和学生担心这样做会触犯当局,也有些人主张换成青天白日旗。夫人说:"太炎一生为辛亥革命的胜利,为五色旗的诞生出过力,坐过牢,他没有为国民党出过力,也没加入国民党,为什么不能用五色旗呢?我认为用五色绸为他结彩最为恰当。你们怕的话,责任由我来负。"章太炎在辛亥革命前反清,而在辛亥革命胜利后就主张五族共和。这是他思想的进步。他建立共和党、办《大共和报》、提倡共和主义,这是忠于共和国体,是多年革命的根本宗旨。夫人的话获得大多数人的支持。

▌英杰长辞,举国同悲 ▌

章太炎逝世的消息公布后,全国朝野表示哀悼,国民政府拨出专款3000元作为章氏治丧费。汤国黎选了一口楠木棺材,售价3000元。因棺材店老板是国画家陶冷月先生的学生,只收了999元。

发丧期间,章家住宅前吊唁者络绎不绝,亲自上门吊唁的还有丁惟汾、张继、段祺瑞等。尤其是国民党中央委员张继由西安专程飞到苏州,进入章家,伏地痛哭,泪如雨下。33年前,他和章太炎同在爱国学社任教,曾经与章士钊、邹容四人义结金兰。发来唁电的有蒋介石、冯玉祥、张群、张学良、杨虎城、孙科、于右任、陈果夫、吴佩孚、孔祥熙、李烈钧、唐绍仪、冯自由

等人。花圈挽联从厅堂一直摆放到大门外。

弟子马裕藻、许寿裳、吴承仕、周作人、沈兼士、钱玄同等人合写了挽联。上书：

> 素王之功不在禹下，
> 明德之后必有达人。

意为：素王，古称有王之德，不必居王之位的圣贤。章太炎就是这样的素王，其功不在夏禹之下。《左传》有言："圣人有明德者，若不当世，其后必有达人。"章太炎这样的杰出人物不在了，必有知能通达的人继承他的事业。

钱玄同还单独挽以长联。上书：

> 缵苍水、宁人、太冲、姜斋之遗绪而革命，蛮夷戎狄，矢心攘除，遭名捕七回，拘幽三载，卒能驱逐客帝，光复中华，国土云亡，是诚宜勒石记勋，铸铜立像。
>
> 萃庄生、荀卿、子长、叔重之道术于一身，文史儒玄，殚心研究，凡著书廿种，讲学卅年，期欲拥护民彝，发扬族姓，昊天不吊，痛从此微言遽绝，大义无闻。

这幅114字的长联，上联详述章太炎继承晚明清初张煌言、顾炎武、黄宗羲、王夫之等四位先辈的抗清精神，出生入死，协助建立中华民国，应当树立铜像永久纪念。下联说他对中华文化诸子百家的研究，集庄周、荀子、司马相如、许慎等学派，卓有成就，应发扬光大。

时年96岁的马相伯也送来挽联：

代人民说公道话，替党国讲正经语，卓哉①，君乎安可死。

言文学似黄梨洲②，论品行如顾宁人③，髦矣④，我也得毋伤。

马相伯的联意通俗却又深刻，他说，章太炎为国为民正直无私，是有远见卓识的人，死时也应该安心了。他像黄宗羲、顾宁人等那样优秀，我有什么可悲伤的。

主持商务印书馆的出版家张元济送的挽联是：

无意求官，问天下英雄，能不入彀⑤者有几辈。

以身试法，为我国言论，力争自由之第一人。

上联以问代叙，一针见血。说章太炎不求名利，天下人才尽为其掌握，他的道德、文章被当时的社会贤达所推崇。下联称颂他为争取言论自由，不畏强暴、披肝沥胆的革命精神。

章太炎的弟子许寿裳单独写下挽联：

内之颉籀儒墨之文，外之玄奘义净之术，专志精微，穷研训故；

上无政党猥贱之操，下作懦夫奋矜之气，首正大义，截断众流。

上联讲国学大师的博学涵盖中外文化。内，指本国文化的各家各派；外，指外来文化，玄奘、义净都是唐代高僧，佛经的翻译家。下联指革命元勋的道德操守，对党魁不卑躬屈膝，对百姓应振作奋斗，为坚持正义，不顾任何艰难险阻。

①卓哉，高超也。

②黄梨洲，思想家文学家黄宗羲。

③顾宁人，即思想家顾炎武，都是优秀之人。

④髦者，俊也。

⑤入彀，谓弓箭进入射程范围之内。

张学良也送来挽联：

> 天丧斯人，朴学难续；
> 瞻言国故，悼悲极深。

几天后又送来一幅：

> 哲人其萎，倚梁栋以何从。
> 经木既衰，抚简篇而空亡。

各界名流送来的挽联无法一一细述。先生辞世，薄海同悲。

▌国葬遥遥无期 ▌

当时在国民政府中央，由同盟会元老张继、居正、冯玉祥、李根源、丁惟汾、程潜等人出面，提请国民政府给章太炎以国葬的要求。7月1日，国民党中央政治委员会第十七次会议上作出"章炳麟应予国葬，并受国民政府褒恤"的决定。7月10日正式公布"国葬令"，其文称："宿儒章炳麟，性行耿介，学问淹通。早岁以文字提倡民族革命，身遭幽系，义无屈挠。嗣后抗拒帝制，奔走护法，备尝艰险，弥著坚贞。居恒研精经术，抉奥钩玄，究其诣极，有逾往哲，所至以讲学为事。岿然儒宗，士林推重。兹闻溘逝，轸惜实深，应即依照国葬法，特予国葬。生平事迹存备宣付史馆。用示国家崇礼耆宿之至意。此令！"

国民政府的国葬令，肯定了章太炎早期反清朝、反帝制的革命业绩，对章太炎巨大的国学成就是推崇的，但对于他反抗日本帝国主义的民族气节却未曾提及。

大殓结束后，灵柩暂停于家中灵堂内。其后，章夫人为营葬事多方奔走,难以落实。那一年,章夫人53岁,长子章导年方19岁,次子章奇12岁。在盛夏季节,章夫人携章奇赴杭州,购下张苍水墓侧一块土地作为墓地,因为章太炎生前曾替《张苍水集》作跋,对张苍水推崇备至,多次说死后要与张苍水为邻。

汤国黎与次子章奇晚上宿于旅社,寡妇幼子历尽艰辛,终于定下了墓地,只是"国葬"仍然遥遥无期。看到国民政府各有关部门都互相推诿,汤夫人万感萦怀,写诗自叹:

> 临流清泪独潸潸,逝水何心照旧颜。
> 慢说炎凉劳俯仰,却看风月忆追攀。
> 攘夷已遂平生志,旧梦空随一棹还。
> 天与斯人埋骨地,故乡犹有好湖山。

诗意凄切动人,她说:"想当年,太炎在时,各级官员如此攀仰,而今看人脸色办事何其之难。清政府被推翻了,平生志愿实现了。现在灵柩尚在,旧梦已去。好在上天眷顾,能埋在太炎生前选定的墓地,也可与故乡山水相亲近。"

1937年7月,战争的烽火已逼近苏州,敌机常来空袭。出于安全考虑,章家人先将先生的灵柩移到家中地下室内。眼看日寇日益临近,又将园内原有的一口鱼池抽干池水,砌成墓穴,把灵柩暂放于内,上面堆上新土,垒成坟墓。

▎汤国黎忠贞如玉的骨气 ▎

1937年8月,章氏全家告别章太炎的墓茔,忍痛离开苏州。家中只留下老管家颜寿荣照料。寿荣是上海松江人,长得清瘦高大,年纪比汤夫人略小几岁,家里人都叫他阿荣。11月,苏州沦陷。一日,日军进入章家,在后园看到没有墓碑的新坟,以为埋有财宝,企图动手挖掘。阿荣苦口劝阻,竟遭毒打。此时,一名日本军佐赶到,他从阿荣口中得知这新墓是章太炎先生的坟墓,便喝退军士。过了几天,那名军佐又来亲自祭奠,并在墓旁立了一根木柱,用日文书写"章太炎之墓"几个字。从此以后,再也没有日本兵来骚扰了,坟墓就这样保存了下来。

汤国黎带领老人和孩子从江苏到浙江,又到温州,经水路到达上海,避难于租界。不久,上海沦陷,汪伪政权企图利用章太炎的声望,拉汤国黎下水,劝她出来担任伪职,又说:"日本天皇有国葬章太炎的意思。"遭到汤国黎的严正拒绝。

抗战胜利后,国民政府多次请汤国黎参加国民党,并以"中央委员""国大代表"相许,汤国黎拒不理睬。而汤国黎多次与国民政府联系章太炎灵柩的"国葬"之事,仍迟迟未能安葬。这样年复一年,直到国民党垮台,"国葬令"依旧是一纸空文。国民党政府撤退台湾前,动员汤国黎一家去台湾,并将飞机票送到家中,汤国黎婉言谢绝。

人民政府厚葬章太炎

中华人民共和国成立后,国家百废待兴,但对章太炎安葬这件事,政府与党内外人士并没忘记。1951年,上海人民法院副院长叶芳炎与浙江省人民政府联系此事,浙江省政府即与西湖园林管理处联系,勘定了坟穴地段。当时,最高人民法院院长沈钧儒和高等教育部部长马叙伦也致函浙江省长谭震林,要求免征太炎先生墓地地价税的事,谭震林复信说,已告杭州市政府予以照顾。

章太炎生前好友、同盟会会员、全国政协委员田桓因此事函呈政务院总理周恩来。周总理复函说:"你的提醒很好,这是件大事,我们一定要安排好。我已发函告诉江浙两省隆重处理。"他还在信中说到:"太炎先生是一代儒宗、朴学大师,学问与革命业绩赫然,是浙江人民的骄傲。"

1955年3月,苏杭两地都成立了章太炎治丧委员会。3月29日,在苏州举行公祭后,护送灵柩到杭州。4月3日,杭州公祭后,安葬完毕。葬礼由马一浮先生主持,全国政协和江、浙两省党政机关都送了花圈。邵裴子等人致悼词,沈钧儒、马叙伦等发来唁电,周瘦鹃送挽诗挽联。

周瘦鹃的挽联是:

> 吴其沼乎,苦诵遗言惭后死;
> 国家兴矣,今将喜讯告先生。

上联说,日寇入侵的教训应当记取,这是章太炎的遗言。下联说,今日国家兴盛,章太炎的愿望已经实现。

章太炎的墓建在杭州西湖畔南屏山荔枝峰下,在距张苍水墓东南约50米处,用青石砌成圆形拱墓,墓廓前有石祭桌一张,左右有石凳各一条,墓台周围龙柏成行,墓后修竹相映,墓碑有一人高,上刻"章太炎之墓"五个大字。这几个字是由杜志远先生保存的太炎先生的亲笔。由杜志远先生的儿子、杭州佛教协会会长杜威长老贡献出来,制成墓碑。墓落成后,浙江省人民政府将此列为省重点文物单位予以保护。

在10年内乱中,章太炎墓也未能幸免,遭到破坏。1971年初春,当时的全国人大副委员长周建人途经南屏山时,请司机停车,他走到章太炎墓址前久久伫立,沉默不言,老泪潸然,良久才说了一句话:"我相信,我们的民族一定会好起来的。"

粉碎"四人帮"后,党和政府对章太炎做了实事求是的评价。1981年10月12日胡耀邦同志在纪念辛亥革命70周年的讲话中,代表中国共产党和中央人民政府肯定了章太炎的历史功绩,把他列为中华83位英杰之一,并拨出专款修复墓地。浙江省党政领导铁瑛、薛驹、毛齐华同志等数百人,冒雨参加了太炎先生墓地的修复竣工典礼。著名书法家沙孟海撰写墓联:

莂汉昌言,是旧民主革命健将,

泌丘高致,推本世纪国学宗师。

墓联说,《莂汉昌言》是章太炎的著作,为大汉民族发出呐喊之声,他是缔造民主共和国的主将之一。泌丘是隐居之处,显示他高尚的品格,为中华民族留下灿烂的文化。

墓侧则建起一座颇具规模的章太炎先生纪念馆,为人们提供了凭吊瞻仰的场所。

1986年开始,余杭人民政府开始修复章太炎的故居,这座晚清木结构建筑物有三间四进一弄,章太炎曾在此度过22个春秋,投身革命后,还多次回故居避难。现在这里已成为全国重点文物保护单位。

历经40年的搜集整理,一部比较完善的《章太炎全集》也于2017年9月,由杭州市余杭区人民政府和上海人民出版社合作出版。《全集》20卷,680万字,由原全国人大常委会副委员长许嘉璐担任编纂出版学术委员会主任。

▎革命业绩和学术成就永世长存 ▎

章太炎作为中国近代史上的一位重要人物,他的影响是极为深远的。

章太炎弟子、现代著名文学家鲁迅说:"我以为先生的业绩,留在革命史上的,实在比学术史上还要大……考其生平,以大勋章作扇坠,临总统府之门,大诟袁世凯的包藏祸心者,并世无第二人。七被追捕,三入牢狱,而革命之志终不屈挠者,并世亦无第二人。这才是先哲的精神,后生的楷模。"

章太炎弟子、原台湾大学教授许寿裳说:"章太炎先生是革命者,同时是国学大师。他的学术之大,可谓前无古人,著述精深独到,三百年来无第二人。"

梁启超在他的《清代学术概论》中说:"在此清学蜕分与衰落期中,有一人焉能为正统派大张其军者,曰:余杭章炳麟。"

著名学者、原北京大学校长胡适说:"章炳麟是清代学术史的压阵大将,但他又是一个文学家。他的《国故论衡》《检论》都是古文文学的上等作品。这五十年,其实可以说这两千年中,只有七八部精心结构的作品,章太炎的书是可以称作'著作'的书。"

章太炎弟子、原北京大学教授周作人说:"我以为章太炎先生对于中国的贡献,还是以文字音韵的成绩为最大,超过一切之上的。"

同盟会元老、国民党监察委员于右任说:"章太炎是中国近代之大文豪,亦革命家之巨子也。"

日本作家岛田虔次评价章太炎说:"在宣扬革命大义,掀起革命风潮这一点上,蜂起的孙文、黄兴也不及太炎的言论。孙文还没有力量动摇中国一般知识分子的心灵,真正地去唤醒中国内地的知识分子的民族革命意识,而且使其对立于改良派的,无论怎么说,也应该是太炎的'苏报案事件',而且作为革命前夜的最左翼的宣传报道机关的《民报》的主笔,也是十分健斗的。"

2019年,是太炎先生150周年诞辰纪念,他的革命精神永远留在中国大地上。他渊博的学识、恢宏的思想、深刻的见解也将在中国的历史上万古长青!

⊙ 举世无双的学术成就

▌ 近现代的大学问家 ▌

　　章太炎是一位大学问家,大到什么程度呢？他的学问囊括了中国政治史、文化史、学术史、思想史、哲学史、经学史、史学史、文学史、经济史、教育史、医学史、佛学史等,在所有的学术领域,他都有卓越的贡献。他通晓国学,熔铸新学,形成一个包罗万象的庞大知识体系,成为近代民族文化的开拓者和奠基人。

　　章太炎曾经自负地说,在倡导革命、创建民族国家方面,他所做的贡献,别人也可以作出,而他在创建新型民族文化方面的贡献,几乎无人可以替代或比肩。他的国学成就博大精深,上于先秦,下至清末,兼收并蓄,无不研究,又涉及东洋和西方的各个学术流派,都深入探求,融为一体。他留下的著作400余万字,他主编或参与编辑的报刊有15种。其著作内容千枝万派,浩瀚无涯；其学术思想波澜起伏,曲折萦洄；其研究精神敢于超越前人,疏通致远,构建了具有鲜明特色的学术体系,这就是他的伟大之处。

　　下面从九个方面来论述他的学术成就。

▌ 集清代三百年之大成的小学 ▌

　　第一,小学方面的成就。

章太炎的学术成就首先表现在小学方面。小学是指音韵训诂的知识。治小学不仅要辨识音、形、义，还得推演源头，得其经脉。中国9000多个常用汉字，有的一字数义，有的数字一义，相互贯穿，学好文字为学习经典提供了很大的方便。因此小学是研究中国古代文献的基础学。

传统的小学，经过千余年历代学者的努力，到清代达到了鼎盛时期。章太炎集乾嘉之大成，成为最后一位小学大师。他以顾炎武"博学于文，行已有耻"为准则，治学讲究"明道""救世"，态度讲求"实事求是"，注重"厚之根基"，从整个传统文化着眼，博览资料，详考得失，寻根探源，弄清每一个古字的含义。他自己说，对汉代经学家许慎的《说文解字》一书，前后细读70余遍，可见他小学功底之深。他没有停留在古人的基础上止步不前，他积极汲取西方文字学的研究成果，致力建立本民族特色的语言文字学，将传统小学变为一门独立的学问。

他对古代的经史子集无所不通，而且有着超强记忆，每每与人讨论，他都对答如流，甚至能具体地记得某篇文章的某页某句。据章太炎的弟子北大教授王仲荦回忆，有一次，建筑学会来电问询：建筑学上有这么一个字，应该怎么写？可用什么字来代替？章太炎立即回答，这个字在《周礼·考工记》第几页第几行，他没有翻书就答复了。他遍览清代各大师的著作，各家有何长处、有何短处，都了然于胸。

章太炎讲授《说文解字》，并非单纯地说经解经，不是单纯传授知识，他强调中国的语言文字学、典章制度、人物事迹，以此构成中国的历史。他的文字学建立在革命需要和学术进步的基础上，他是以灼热的爱国之心和渊博的学术见解来讲授《说文解字》，完全出于弘扬民族大义的目的，这正是他的可贵之处。

在研究小学的基础上，他写下《文始》一书，上探语源，下辨流变，成为近代汉语语源的第一部要著。他在前代研究语音学的基础上，将古韵分为23部，并且用汉字作为工具，确定各韵部的音值，这样就比前代学者进了一步。他说语音是语言之根，他把《说文解字》正文与各种注释一一对比，于

是疑义冰释，把文字渊源和形声妙用都说清楚了。

　　章太炎又作《小学答问》一书，这是回答弟子的问题而编成一书，书中说明本字及借字的流变之迹。他的《小学答问》《说文部首均语》《新方言》等书，可谓迈越前贤，下启后学，是研究语言必读的书。尤其是《新方言》一书，从中国语言的地理分布，探讨各地语音，以推证古代文字的意义，贡献极大。

　　章太炎所著的《国故论衡》一书，把小学的要义说得更加明白。其中的《小学略说》是语言文字学的总纲。《成均图》《音理论》《二十三部音准》是阐述古音的理论。《一字重音说》《古音娘日归泥说》《古双声说》乃是探讨古声类的理论。《语言缘起说》是论述语言的起源及词的语音变化的。这些论述，在他以前，还没有人这样全面而系统地谈论过。在训诂学方面，他使小学摆脱了经学的附庸地位。

　　现今常用的注音符号，也发源于章太炎的创造。他曾确定声母36个，韵母22个，这58个注音符号后来于民国二年（1913年），在国民政府中央教育部召开的"读音统一会"上获得通过，成为我国第一套官方公布的拼音方案，一直沿用数十年。

▍坚持"六经皆史"的观点 ▍

　　第二，经学方面的成就。

　　章太炎特别重视"六经"的修治。"六经"者，《礼》《易》《诗》《乐》《尚书》《春秋》，是儒家的经典之学，加上《论语》《大学》《中庸》《孟子》，也就是通常说的"四书五经"（《乐经》包括在《诗经》和《礼经》中）。章太炎在研究古代文献时，左右博采，硕果累累。他治经独崇汉代刘向，自称"刘子政私淑弟子"。章太炎崇尚汉学，不黜魏晋，对古文经学有特别的造诣，能推翻旧说，提出新解，认为"六经皆史"。他在研究古代六经的基础上，写出一系列著作。论述《春秋》的有《春秋左传读》《春秋左传读叙录》《刘子政左氏说》《春秋左氏疑义答问》等；论述《尚书》的有《太史公古文尚书说》《古文尚书拾遗》《尚书大义》《古文尚书讲》等；论述《诗经》的有《小雅大雅说》《六诗说》《关睢故言》《诗终始论》等；论述《易经》的有《八释卦名》《易象义》等；论述《礼经》的有《孔子制礼驳议》《王制驳议》等。另外，还有《新出三体石经考》《广论语骈技》《驳箴膏肓评》《七略别录佚文征》一系列经学研究的论著，都有独特见解，考证翔实，立论精辟。

在汉武帝"罢黜百家，独尊儒术"之后，儒学成为正统。东汉时盛行"古文经学"，东汉末"今文经学"抬头。章太炎以古文经学为正宗，坚持"六经皆史"的观点，认为读经就是读史。康有为崇尚今文经学，章太炎反对康有为神化孔子的做法，把孔子从历代统治阶级推崇的万世师表的宝座上拉回到一个教育家、史学家的地位上来。他认为"过崇前圣，推为万能，则适为桎梏矣"。章太炎从事的经学研究，已不是仅仅传统的注经释经，他力图把经学研究建立在近世科学理性主义的基础上，以恢复经学的本来面目。他一生致力于各种历史垃圾的清理，摧毁封建经学对思想学术界的禁锢，整理了许多古代典籍与文献，考证了许多史实的真伪，撰写了许多专著论文，通过这些工作来传播爱国主义思想和倡导人性的解放。

但是，他在晚年时，目睹西方文化的全盘入侵，面临中国传统文化被全部否定的危险，又起来捍卫传统的东西，甚至为早年的反孔感到遗憾。因为时代的动荡，他在不同时期有着不同观点。

▌全面研究诸子百家 ▌

第三，诸子学方面的成就。

在诸子学研究方面，章太炎独辟蹊径。在两千年来"罢黜百家、独尊儒术"的束缚下，他致力于诸子学的研究。他认为中国学术导源于先秦诸子，说玄理，孔子不如老庄；说名学，墨子、荀子优于儒家。所以在名法上他推重荀卿、韩非，在哲理上他推崇庄周。他把孔子仅仅作为诸子百家中的一

家去讨论,这在清末民初的思想家、学术家中是非常大胆的。在诸子学中,章太炎特别欣赏庄子的"愤世"精神,著有《诸子学略说》,又完成《庄子解诂》,借老庄哲学展开论述本人的哲学思想体系。他又以佛理解释老庄,完成《齐物论释》。这些作品都被胡适称之为"更为空前的著作"。章太炎对于魏晋之学颇多赞颂,因为在他看来,魏晋玄学富有批判精神,重个性而厌束缚,在学术上富有自由化风格,与他本人的学术民主思想相合。

章太炎的诸子学研究,打破了儒家独尊的封闭的壁垒,拆散了崇拜孔子偶像的堂奥,建立了近代人眼光下的古代思维世界,这让长期受到"孔教"和宋明理学束缚的人们得到了思想大解放。因此,他能成为近代杰出的思想启蒙大师。这种启蒙,不仅启迪了一大批摧毁清政府统治的仁人志士,也孕育了一大批"五四"新文化运动的旗手。

章太炎的学术思想具有一往无前的批判性。他以深厚的经学修养,严谨的求实作风,对诸子百家的著作进行考订,对儒、道、墨、法、名,各家逐一诠释和评价,开创了现代意义上的中国诸子学,打破了儒家一统天下的旧格局。当代思想史家侯外庐说:"章太炎关于周秦诸子、两汉经师、五朝玄学、隋唐佛学、宋明理学、清代学术都有详论。实在讲来,他是中国近代第一位有系统地尝试研究学术史的学者。"

章太炎以老庄学说,结合佛学,对诸子的玄学加以研究,开创了自己的哲学体系。梁启超读了他的《齐物论释》一书,惊叹说:"真是石破天惊。"章太炎将老子、庄子的哲学思想、印度的佛教思想、西方古典哲学理论,这三大哲学资源汇合成"齐物"哲学。有学者评价它"得大道之真谛,发千古之蕴秘",对诸子百家探颐索隐,精微独立,充分显示了章太炎哲学思想的现代品格。

章太炎非常欣赏和重视庄子的哲学,他对自己的两部重要著作《齐物论释》和《庄子解诂》自视甚高,自称"一字千金",是旷世未有之作。在《齐物论释》中,他借疏解庄子哲学,以阐述自己对哲学中诸重大问题的看法,例如论及中国文化的特性时,强调每个国家、每个民族都有自己独立自主的文化,所以中西文化应相互尊重,不应让近代西方文明去征服各个不同的文化,否则就违齐物平等之义。所谓"齐物"即"一往平等",只有不求强齐,才能存异,只有存异,才能平等。因此,就人格而言,应尊重个性独立。就文化而言,应尊重各国文化相异。老庄学说长期被历代统治阶级封杀,原因是儒家经典被封建社会奉为法定学说,孔子被捧为圣人,老庄被视为异端。章太炎站在摧毁封建殿堂的立场上,替法家、道家正名。所以他对庄子的愤世及对平等自由的追求精神尤加倡导。

章太炎曾写一条幅赠给鲁迅,内容取《庄子·天运篇》上的一段话:"变化齐一,不主故常;在谷满谷,在坑满坑,涂郤守神,以物为量。"上款题"书赠豫材",豫材是鲁迅的乳名,下款题"章炳麟"。庄子的话是说声音合着节拍是整齐的,又是变化的,能填满山谷沟坑,充塞人的五官,守护人的神明,万物都成为它的容器。因此,条幅所写的意思是世界上一切都是不停地变化着的,守故执常是不行的。章太炎认为,时光在流逝,社会在前进,向前看才有希望。

▎对中国历史学特别精研 ▎

第四,史学方面的成就。

章太炎在史学上的贡献尤其深刻。他对孔子是有深刻研究的,对《春秋》特别看重。章太炎对历史上的人物和制度极感兴趣,甚至各个细节都能记诵。他论各朝制度,能把枯燥平淡的史料变成酣畅精彩的文章使人读之不忘。对历代的官名也都了如指掌。对各代的风俗,他独具慧眼,溯风气之来源,穷社会之深奥。比如唐人之荒淫,累代不绝,他都能说得有据不诬。他对修史发表了不少看法,例如在《近史商略》一书中,对元史、明史都有评论,对清史体裁的纰缪尤多匡正,对今人治史的缺点也多有指摘,甚至说过"信国史不如信野史"的话。

章太炎对中国历史太熟悉了。他在讲史时,几乎不看书稿,就能滔滔

而言,如怒潮趋海,渴骥奔泉,既从容,又热烈。章太炎说:"尊信国史,保全中国语言文字,是我的志向。"为此,他有着一种舍生成仁、殉道取义的勇气。

章太炎认为历史学发达与否,关系到民族的兴衰。他一生致力提倡民族主义,即是以历史为武器。他说:"民族主义,如稼穑然,要以史籍所载人物、制度、地理、风俗之类,为之灌溉,则蔚然以兴矣。不然,徒知主义之可贵,而不知民族之可爱,吾恐其渐就萎黄也。"在史学研究的方法上,他认为过去治史者只注意地理、官制,过于狭隘,主张进一步从姓氏学、刑法学、食货、乐律等角度去综合地研究,即从社会史、制度史、文明史、经济史等方面,去开辟历史研究的新领域。他还主张治史要"寻其根株",不要"摭拾枝叶",要"实事求是、非致用之术"。他反对强行牵合某些历史现象,以此附现实,或笼统地用社会学的一段结论来取代对历史的具体分析。他主张要疑古,不要轻信前说,但也不要臆造历史,而要用科学精神来研究历史。由于章太炎学问渊博,又坚持科学态度,所以他的史论充满新见,每每为史家所重。他曾计划写一部中国通史,拟了编纂提纲,全书分五表、十二志、十记、八考记、二十七别录,约一百卷,六七十万字。这个提纲后来作为《哀清史》的附录,收入《訄书》中。由于时间紧迫,这一计划最终没能付诸实践。章太炎虽然没有专门写一部中国历史的著作,但他在史学研究领域的筚路蓝缕之功是不可磨灭的。

用无神论改造佛学

第五,佛学方面的成就。

章太炎从青年时期便开始接触佛学。30岁时与好友宋恕来往较多,宋恕劝章太炎读佛经,介绍他读《涅槃》《维摩诘》《起信论》《华严》《法华》等佛书,章太炎都读了,但尚未专精。另一位好友夏曾佑也劝他读佛书,说:"只有法相宗才算真佛学,楞严经不怎么样。"1904年,章太炎因"苏报案"入狱,由于他的抗争及狱外友人多方面疏通，劳役少了，可以允许他读佛经。蔡元培等人为他提供了数十卷佛典。这时，他专心研读了《瑜伽师地论》《因明入正理论》《成唯识论》等。他坐狱3年，一半多的时间都在研佛，使得他开始从佛学的思维方法来观察现实的复杂问题。狱后到日本，他又购买日本出版的佛书继续研究。尤其是《民报》被封禁后，他几乎不分昼夜地研诵大乘法义，对佛学有了更深的体悟。

　　章太炎深知佛学对中国文化的重大影响。他博研佛藏，在众多佛教流派中独尊唯识宗，以华严之行和法相之理来支持他的政治主张。他觉得佛学与庄子学说相近，都发扬"平等如一"的旨意，所以将佛道融合一起，撰《无神论》《大乘佛教缘说》《建立宗教论》等著作。他借佛学的"勇猛无畏"和"济度众生"作为革命者的道德标准，借此批评儒家的"竞名死利"和"道德堕废"，企图用佛学冲击封建礼教的罗网。章太炎通晓佛学，但他并不是将佛学作宗教来推行，他是无神论者，不相信鬼神，他把佛学作为民主思想启蒙运动的武器，用佛教的慈悲、平等、无我、无常等理念构筑他的哲学体系。他在上海提篮桥监狱被关了3年，狱后抵达东京，在同盟会和留日学生的欢迎会上就大谈佛学。他说："中国本称为佛教国，佛教的理论使上智人和下愚人都不能不信，佛教的戒律，通彻上下，这是最可用的。但今日通行的佛教也有许多的杂质。与他本教不同，必须设法改良，才可用得。我们今日要用华严、法相两宗，改良旧法。这华严宗所说，要普度众生，头目脑髓都可施舍与人，在道德上最为有益。这法相宗所说，就是万法唯心，一切有形的色相，无形的法尘，总是幻见、幻想，并非实在真有。有的说，佛教看一切众生皆是平等，就不应生民族思想，也不应说逐满复汉。殊不晓得佛教最重平等，所以妨碍平等的东西，必要除去。满洲政府待我汉人种种不平，岂不应该攘还？且如浮罗门教，分出四姓阶级，在佛教中最所痛恨。如今清人待我汉人，比那刹帝利种种虐待首陀更要利害十倍。照佛教说，逐满复汉，正是分内的事。又且佛教最恨君权。大乘戒律说：'国王暴虐，菩萨有权，应当废黜。'又说：'杀了一人，能救众人，这就是菩萨行。'所以提倡

举世无双的学术成就

佛教,为革命军起见,亦是最要,总望诸君,同发大愿,勇猛无畏,我们所最热心的事就可以干得起来了。"章太炎把佛学作为革命的助推剂,这是基于他爱国家、爱民族的出发点。

章太炎一生做过许多次讲演,其中讲到佛学的就有几十次。他把佛学作为增强道德的学问。他认为革命能否成功,关键是革命的私德。他认为无道德者不能革命,中国的祸根在于道德的败坏,因此他要借助佛学中的精华,致力于国民性的改造。他在《民报》上发表《建立宗教论》《人无我论》《无神论》等文章,当时有人惊呼章太炎要将《民报》办成佛报了。其实章太炎的本意就是宣传佛教的"无我"精神,要舍得生命去求得主义。一个革命者必须去除怯懦心、浮华心、猥贱心、诈伪心方可完成革命大业。他说:"要排除生死,旁若无人,布衣麻鞋,独往独来。"可谓用心良苦。

他认为"孔教"最大的污点是使人不脱富贵利禄,所以断不可用。他否定基督教,他认为上帝作为救世主是虚无的。当然,章太炎赞扬佛教完全出于政治的需要,他是把佛教拉回到世俗社会,把"神学"解释为"人学",这是有一定的积极意义的。

章太炎在东京时,曾跟随印度高僧学习梵文,他认为不学梵文,就不能深刻理解佛教教义。这时他已40多岁,学生问他要学多少年才能毕业?他说大约10多年。学生说,那时先生将近六十了。他说:"君不闻学为毕生之业乎?"他写信约请鲁迅和周作人一起去听梵文课,鲁迅因即将回国没有去,周作人去听了两个半天,觉得听不懂,而章太炎一人却坚持了半年之久。

章太炎对佛学有超强的记忆力。有一次,太虚法师来谒见章太炎,求他写一幅书法作品。章太炎立刻写道:"性空彼此无差别,力大乾坤可跌交。"这幅字原是明朝学者陈白沙为太虚上人所作。今日来求书的高僧也名太虚,他就将此句录以赠送,可见他平时读书之博,运用之灵活恰当。

欣赏和效法魏晋文学

第六，文学方面的成就。

章太炎在文学上的成就也是杰出的。友人宋恕说章太炎的文章"天下第一"。他早年精研小学，后又深窥群经，作文常用雅言古训，所以文字古奥老辣，即便康有为、梁启超这样博学的人也难以招架。章太炎中年兼取两晋文辞，使文章有清和流美之长，又有魏晋名理之风，且怀有建安之骨；既有曹孟德(即曹操)的慷慨沉雄，又有刘越石(即刘琨)的激越悲壮。

章太炎的文章曾牵动一代知识分子忧国忧民的心扉，他一生写下大量的政论文章，他主张形式与内容的统一，反对重形式，轻内容，刻意模拟，无病呻吟，反对雕琢、浮华、颓败、陈腐的旧文风。他说："文不要骈散，要以文骨为主。"他的文章从不计较形式，陡然而来，戛然而止，不落俗套。章太炎所处的年代，风雨如晦，鸡鸣不已，"痛同胞之醉梦犹昏，悲祖国之陆沉难挽"，他决心拿头颅去撞击那冰冷的旧堡垒的墙，所以他的诗文都带有悲愤之音，像一头受伤的狮子，既充满愤怒、哀痛，又有凄恻的情感，这种力量开拓了近代文学之先河。

章太炎的文章上接秦汉，下系魏晋，韵语以周汉为宗旨。他对历代文章都有研究，他认为国势盛衰，民气刚柔，都可以从文章中看出来。西汉时，国力强盛，文章雄丽刚劲。东汉时，国力少衰，文辞亦弱，但朴茂之气尚存。三国时国力乍挫，文风优美。唐代国威复振，其语瑰玮。宋代积弱，意气稍减。元清是外族入主中原，为文忧患而非壮美。他认为唐末迄于五代，文之衰弊已极，诗词堕入文字游戏，小说更是缠绵之作，桐城文体华而不实。章太炎本人喜欢魏晋文字，古朴刚峻，正可表达他的性格。但由于他在文字方面追求古文形式，古涩难懂，也影响了他的文章的普及性和战斗性。

章太炎留下的诗作数量不多，辛亥革命前的韵文不过数十篇，以五言

为主,有少量四言、七言。晚年写七律较多,除去古体诗,还有赞、颂、赋、铭、哀辞、祭文等。有人统计说他的诗在120首以上,也有人说约150首,很难定论。他的诗作中,一类是倾吐苦闷愤怒情绪的,直抒胸怀,如《艾如张》《董逃歌》《杂感》《台北旅馆书怀寄呈南海先生》《狱中赠邹容》等,激越昂扬,表现视死如归的英雄气概。另一类是叙事为主,或揭露丑类,或赞颂志士,或凭吊英雄,如《儒冠》《安昌谣》《梁园客》《祭维新六贤文》等,明朗豁达,率直真切,也有很强的煽动性和战斗性。他也写过一些白话诗,如《逐满歌》:"滑头最是康熙皇,一条鞭法是钱粮,名为永远不加赋,平余火耗仍无数……"

章太炎的多数作品倡导复古,表现中华民族所蕴藏的力量,借魏晋风骨来抵御清末文坛的靡丽文体,以适应革命的需要。在文笔上,仪容穆若,气自卷舒。面对官僚士大夫的丑恶行为,他的诗有雷霆万钧之力。对流行小说的看法,章太炎在《诸子学略说》一书中说:"小说家者流,盖出于稗官,街谈巷语,道听途说者之所造也。孔子曰,虽小道,必有可观者焉,致远恐泥,是以君子弗为也。然亦弗灭也。闾里小知者之所及,亦使缀而不忘,如或一言可采。"他充分肯定了小说家的历史地位。这些言论,在清末严重轻视小说的历史环境下,起到了解放思想的作用。

在医学上留下的宝贵遗产

第七,医学方面的成就。

章太炎在医学方面的成就,也为近代中西医家所称道。章太炎是中医学术的坚定支持者,是中医改革的先行者,又是中医教育的倡导者,他为中医学的传承和发展做出了不可磨灭的贡献。章家三代学医,祖父章鉴,因妻病误于医,使他遍购古今医书,研究医学30年,能为家人和乡邻治病,很有成效。父亲章濬继承祖业,研读家藏3000册医书,常为人治病。长兄章箴随曾为慈禧太后治病的名医仲昂庭学医,医术也颇有造诣。章太炎青年时也曾在仲昂庭（即仲学辂）处学医。在诂经精舍求学时，老师俞樾也通医学，对章太炎都有影响。章太炎晚年斋守苏州时，全心致力于考医史，验经方，撰医论，倡新医，鼓励后进。曾经有人问他："先生的学问是经学第一，还是史学第一？"章太炎答道："实不相瞒，我是医学第一。"章太炎又说："上医医国，下医医民。不为良相，则为良医。"这些重医的传统观念深深扎根在他的内心深处。

长期以来，章太炎对医学的研究从未间断。他广泛收集古今医方，亲手抄录，如今这些医方都保存在上海中医学院医史馆，其中有古代医案医方330种，精神医治抄方38种，治鼠瘘抄方11种，其他抄方5种。所有抄方都用蝇头小楷写得清楚整齐，写明出自何处，可治何种疾病，可见用功之深，研究之透。他为青年革命家邹容看过病，也为革命活动家孙中山看过病。他开药方不超过八味，一般用四五味药就很有效。

1927年，中国医学院在上海成立，推举章太炎为首任院长。后来成立上海国医学院，又推举他为院长。1934年，他定居苏州，被苏州国医学院聘作名誉院长兼研究院院长。章太炎定期会去讲学，很受师生爱戴。

章太炎也是一位有名的医论家，他对医学理论有杰出贡献。其论著中有不少独立见解，对祖国医学能批判继承，新旧合参，开中西医结合的先导。1938年，他有38篇医学论文被人汇成专辑，名为《猝病新论》，后来改名为《章太炎医论》。从这些文章就可看出他的医学水平不同凡响，其中对传染病的论治，见解精辟。他对急性脑脊髓膜炎、急性粟粒性结核、中风、脚气、黄疸、疟疾、痢疾，以及伤寒等，都有个人的见解。他对古典医籍，如《素问》《灵枢》《本草经》《中藏经》《伤寒论》《金匮要略》等进行考证，能详加辨证分析，尤其《伤寒论》一书最有价值。学苑出版社还专门出版了《章太炎先生论伤寒》一书，说明他的医学成就也是很高的。他对医学的研究为祖国医药事业留下了一份宝贵的遗产。

深入探索国家制度和法律

第八,社会学与法学方面的成就。

社会学方面,章太炎对国家政治制度有鲜明和深刻的观点,他从反对清朝政府,到批评民国临时政府,从反对袁世凯独裁政权,到反对蒋介石的祸国殃民,这种敢于批判的精神,举世并无几人。他有明确的政治主张,加上高傲的个性、急进的文风、喜欢语出惊人的表达习惯,令许多当政者都感到难以招架。他一贯反对简单照抄西方的经验,坚持从中国历史与现状的实际出发,坚定不移地以"自国自心"为基本立足点。他写下《国家论》《代议然否论》《诛政党》《政党论》等著作,针对当时如火如荼的立宪运动,发出了不同的声音。当时大多数同盟会员主张引进西方的代议制,即由民众选出代表作议员,建立议会来决定国家大事,这是资产阶级国家多数实行的政治制度。章太炎看到了代议制的根本缺陷。代议制以纳税多少为标准来决定选举权,这样能当上议员的大多数是富豪,这样的议会势必为富豪服务,这不符合广大平民的利益,也不适合中国的实际。他主张由国民普选,产生大总统,直接实行民权,政府必须接受民众的制约和监督,这才是真正的共和政体。他在《訄书·定版籍》中说到均田法,强调中国的农民问题、土地及其他资源分配问题对巩固国家政权的决定性意义,这在同时代的学者中可以说是凤毛麟角的。

在法学方面,他有专门的论述,写下《五朝法律索引》一书,他总结魏、晋、宋、齐、梁五朝的法令,提出"一要重生命,二要恤无告,三要平吏民,四要抑富人",表明他所希望建立的法律体系,最根本的是要充分维护广大民众的权利,要对政府实行有效的监督和制约。这种先知先觉的观点,在今天读来也是有现实意义的。

当时的一些知识分子盲目崇拜西方资本主义制度,照搬西方所谓"公理""进化""唯物""自然"的观念,而看不清这些言论背后的实质。章太炎发表了《四惑论》，指出西方的"公理"是把他们自己的利益说成是"公理"，实际是压制别人，是侵略有理的强盗逻辑。西方的"进化"是弱肉强食，是宣传服从强权为天性。西方的"唯物"是人完全隶属于物，是沉溺物欲，纵欲泛滥。西方的"自然"是把压迫别人作为自然法则。章太炎这些论点非常尖锐，在20世纪初提出来可谓振聋发聩。

章太炎早年也从事翻译工作，斯宾塞尔文集就是经他翻译进入中国的。1902年由他编译的日本岸本能武太的《社会学》，是第一部传入中国的社会学著作。另外，他还翻译过《希腊文学史》等。章太炎精于国学，但并非对西学一无所知，他反对生搬硬套，反对全盘西化，终身竭力维护本国文化的特性。

章太炎与当时许多思想先进的中国人一样，曾努力吸收当时外来一切文化，如哲学、社会学、人类学、考古学、民俗学、经济学，以及自然科学的成果，在进化学说方面，他曾认真研读过日本有贺长雄的《族制进化论》，芬兰韦斯特马克的《婚姻进化史》，还研究了达尔文、拉马克的生物进化论及斯宾塞和吉丁斯的社会进化论。他对西方哲学的学习可谓如饥如渴，如希腊的伊利亚、斯多葛等诸学派，以及苏格拉底、柏拉图、亚里士多德、伊壁鸠鲁等诸名家，还有康德、费希特、黑格尔、叔本华、谢林、尼采、培根、休谟、贝克莱、洛克、莱布尼兹、穆勒、笛卡尔、斯宾诺沙等各家的著述和理论，章太炎都广泛涉猎，他对大至宇宙天体，小至细胞原子，乃至声、光、电、化、数学，以及人类社会的整体结构与各个侧面，都有自己的观察与判断。他熔中西古今学说，以构筑自己的哲学体系，撰写了许多哲学论著。如《五无论》《四惑论》《国家论》《代议然否论》《俱分进化论》等，成为当时革命党的哲学代言人，是新思想运动的先驱。

▍书法上有独特的风格 ▍

第九，书法方面的成就。

章太炎的书法主要是篆书,以小篆为主,也有大篆与行楷。大篆以隶篆为主,字体粗犷,功力非凡。小篆则结合籀文,用笔刚劲,别有古趣。他的书法名气不小,求字的人也很多。人家得到他的片纸只字,小心珍藏,而他自己并不在意,往往一幅写成,看一下觉得不称心,就丢在废纸堆中,这倒给了他的侍从一个赚钱的机会。侍从偷偷拿走这些写废了的字幅,偷盖上章太炎的印章,再卖给装裱店赚钱。

章太炎晚年除著书讲学外,也常常做点应酬文字,不外乎书文题跋和书写碑铭之类。有人求他写篇墓表,通常送一二千元,他并不在乎,有时极力拒绝,一个字也不肯写。反之,他为黎元洪写一篇长文,一钱不受。

世人多知章太炎是著名的民主革命家及学者,而很少听到他在书法方面的成就。其实,他的篆书风格高淳朴茂,成就极高。在国民党统治时代,章太炎一没做官,二没田租,三没开厂经商,他的收入来源除著书讲学外,就以卖字为生。他卖字有个价格表:篆联7尺至8尺,30元。行联7尺至8尺,24元。篆中堂一丈,60元。篆榜,一尺字,每字10元等。当时,卖字的人字价分三等,他与于右任同属一等。沙孟海评价说:"章太炎的书法是古文字学别派,笔法自然近古,以小篆结合籀文,用笔刚劲。"又说:"太炎先生曾将大篆与小篆的象形字做了比较,他的大篆象形就像如今的工笔画,他的小篆象形像如今的写意画。"

章太炎在书法基本功上确实花过一番苦功,他留下的浩瀚书札手稿都以蝇头细楷写成,许多文稿还用篆体书写,用笔功夫纯熟,书写一丝不苟。他平时每日晨起总要先练一番字。章家花园内有一块四尺见方的大青砖,他当年就在砖上用清水练字。他给友人的信中说:"时亦作字,每日辄写三四十条。"

❀ 附录一 章太炎的夫人及子孙

▌章太炎的夫人汤国黎 ▌

汤国黎,字志莹,号影观,又号茗上老人。浙江桐乡县乌镇人。1883年9月24日生于上海,1980年7月27日辞世于苏州,享年97岁。

汤国黎幼时家境贫寒,9岁丧父,白天帮助寡母操持家务,以针绣贴补家用,夜晚刻苦自学文化。她由于受到维新思想影响,年少时即关心国运,谋求自立,拒论婚嫁。1905年,革命党兴起,22岁的她毅然只身到上海求学于务本女校,并以"影观"为笔名在报刊上发表诗词文章。在上海革命思潮熏陶下,1907年积极参加反抗清政府出卖苏杭甬铁路修筑权的运动,成为"妇女保路会"负责人之一,迈出了革命人生的第一步。从务本女校毕业后,她立志妇女启蒙教育,回家乡执教于女校,后任校长。辛亥革命枪声震响,她热血沸腾,重返上海,积极参与发起并组建"女子北伐队",以策应革命。1912年,孙中山就任中华民国临时大总统,汤国黎衷心拥护共和,与上海120多位女界名流共同发起成立"神州女界共和协济社",并上书中山先生呼吁"女界参政"。在中山先生热情赞许下,"神州女界协社"于1912年3月16日宣告成立,宋庆龄被选为名誉社长,汤国黎任编辑部部长。该社创办了神州女学,为民主革命培养妇女骨干,汤国黎任主讲教员,又创办《神州女报》,她负责编务,并为主要撰稿人之一。该报开女报界之先河,宣传妇女解放,鼓吹辛亥革命精神,维护共和,抨击时弊,产生了巨大的社会影响。

1913年,汤国黎经同学张默君之父张通典先生介绍与章太炎结为伉俪。是年6月15日,在上海哈同花园举行婚礼,蔡元培为之证婚,孙中山、黄兴、陈其美等革命领袖均到场庆贺。然而其时民主革命正面临袁世凯复辟帝制的危机,章、汤新婚仅1个多月,以革命为重的太炎先生即北上讨袁,自此遭袁羁禁达3年之久。3年中,太炎先生大义凛然,四易囚所,两度绝食,两次越狱,以死抗争。汤国黎与之同心相应,多次家书慰励,多方设法营救,威武不屈,诱骗不动,贫贱不移。1961年,汤国黎将其间往返家书辑成《章太炎先生家书》一册,交中华书局影印出版,并撰序云:"顾余之珍重此家书者,期与先生相见时,作共诉甘苦之印证;留示子孙,使知先生富贵不淫、威武不屈之气节;传之社会,可见专制统治者之蛮横暴敛。然则此家书亦史书也。"从中,我们可感受到革命前辈气节浩沛,光昭日月。

汤国黎与太炎先生志同道合,伉俪情深,同甘共苦23年,生有两子,长子名导,次子名奇。章导生三子二女。汤国黎除承担赡老抚幼、起居家务,还全力支持并积极参与太炎先生讨袁护法、反蒋爱民、抗日救亡等重大社会活动。1927年"四一二"大屠杀激起太炎先生的义愤,他痛斥蒋介石的倒行逆施,宣称"'中华民国'死亡了"。国民党上海特别党部两次下令"通缉著名学阀章炳麟",汤国黎把先生转移在妹妹家中,竭心照顾,百般劝慰,躲过了白色恐怖。"九一八"事变后,太炎夫妇英勇投入抗日救亡运动。为了支持十九路军在上海抗日,在太炎先生授意下,汤国黎与友人筹建了第十九伤员医院,收容并治愈抗日将士140人。"一二·九"运动中,太炎先生站在爱国学生一边,全力支持抗战主张。上海学生去南京请愿,受阻于苏州。汤国黎带了食品赶往苏州火车站,登车慰问爱国学生。1936年,当沈钧儒等"七君子"被囚苏州监狱时,汤国黎多次去狱中慰问,并设法营救。"七君子"出狱后,汤国黎又设宴庆贺。她的民主精神和爱国行为感动了无数人。

汤国黎是我国妇女解放运动的先驱者之一。她强调"国家、社会、家庭三方面,女子俱有与男子同等参与之必要"。她深刻认识到妇女的解放以社会的解放为前提,并强调在推翻旧的社会制度中实现妇女的彻底解放。在民国时期,她先后参与筹办了中国女子救国会、女子参政会、女权同盟会等进步的妇女组织,并担任领导职务。

太炎先生晚年,他的抗日主张得不到国民党南京政府的支持,又不能请缨杀敌于抗日战场,作为国学大师,他选择了弘扬国学,传播民族文化,实现救亡图存之志的道路。1934年定居苏州后,用自家积蓄购建房屋,创办了"章氏国学讲习会",并主编学术刊物《制言》半月刊。太炎先生亲自授课,汤国黎任教务长;后又办"章氏国学讲习会预备班",汤国黎任主任。其时,讲习会内外事务均由她一肩承担,她的辛勤操劳、举止得体、爱生重师深得师生赞佩。1936年6月14日,太炎先生因病逝世,汤国黎坚决主张用五色共和旗覆盖遗体,拒绝用青天白日旗。1937年,苏州为日寇侵占,汤国黎举家迁沪,她秉承太炎先生的遗志,又创办了"太炎文学院",自任院长。她为我国教育事业作出了可贵贡献,为我国培养了一批国学专家和古典文学研究人才。

上海沦陷后,汪伪政府妄图利用章门威望,游说汤国黎及章导出任要职,并扬言日本天皇有意为太炎先生举行国葬,均遭汤国黎的严正拒绝。抗战胜利后,国民党多次游说汤国黎入党,任"中央委员""国大代表",1949年前夕又再三动员她去台湾,并送来全家人的机票,汤国黎一概抗命。

1949年,汤国黎定居苏州,安度晚年。此后30余年,后又加入国民党革命委员会,曾任民革苏州市委主任委员。在社会活动中,只要是对国家、对民族、对人民有益的事,她都竭诚拥护,尽力赞助。晚年,她特别关心台湾回归,期盼实现祖国统一大业,也曾多次撰文召唤台湾故人早日归来。她在诗中写道:"祖国光辉举世知,邻邦节使竞相驰。辉煌奠定千秋业,半壁江山得几时?""睦邻爱国为天责,委婉依人性自羞,功罪分明千古事,悬崖勒马早回头。"她希望台湾人士以民族为重,不做分裂国家的罪人,为统一祖国而立功青史。

汤国黎是20世纪中国进步妇女的典型。她的一生经历了满清、民国、

洪宪、北洋、汪伪、国民党、共产党等不同政权,经历了无数的风云变幻、惊涛骇浪,但她耐苦耐烦、宠辱不惊。百年岁月始终坚持平民立场、民族正义、坚贞操守、完美道德、进步追求,在每个重大历史关头都走在时代潮流的前列。她一向认为"卑躬屈膝是最可耻的",自尊、自强、自爱、自重,风范高洁,风骨峥嵘,襟怀磊落,气度宽宏,同辈和晚辈无不以巾帼英杰而高山仰止。她刻苦勤俭,清寒自守,蔑视豪权,不齿荣华,太炎先生及子孙辈衣履多为她亲手缝制。90岁后,她还自己缝制衣服。她一生热爱劳动,在家园中种植蔬菜瓜果,是她每日要做的功课。她一生酷爱梅花,种梅、育梅、咏梅、赏梅。"年年梦绕梅花","问舍求田素愿奢,屋前屋后种梅花"是她的最奢索取;"天付一生闲,来作梅花主"是她的自豪;"岂是为春来,故向枝头放?冰雪精神绝世姿,一现昙花相"则是她的人格风神的写照。

汤国黎天性聪慧,德业双馨。幼时,她只受两年识字教育,便依靠一本字典,以及《诗韵》和《白香词谱》,学会了作诗填词。她一生写了千余首诗词和许多文章,她说:"我是自修所得,颇自珍贵也。"她的诗词审美品格,可概括为"本色"二字。所写皆眼前语,一派天籁,自然天成,"所见者见,所知者深",情深意切,韵远神驰,不依傍,不因袭。"十九未经人道",这是夏承焘先生给她的评语。在20世纪诗史上,堪称大家。

(摘于汤大民先生所著的《汤国黎先生小传》)

章太炎的子孙

章太炎46岁与汤国黎结婚,其时汤国黎30岁。他们生有二子,长子章导,1917年生。次子章奇,1924年生。章太炎老年得子,对他们尤其宠爱。

章导,字夷吾,小名阿导。据说父亲希望他将来如东晋大臣王导那样有出息。章导少年时期因家境宽裕,从小养尊处优。章太炎请自己的弟子、国学根底极好的孙世扬做启蒙老师,给章导传授国学知识。1928年,章太炎年近60岁,因为反对蒋介石被通缉,长时间在家读书写作,不问世事。

他看到原来的传统读物《三字经》有许多陈旧的内容,就自己动手编了一本《新三字经》,亲自用篆书写在毛边纸上,分成四册,作为儿子的教材。全书有532句,1596字,把中华民族五千年的历史一一道来,通俗易懂。章太炎是为了鼓励儿子,在扉页上写上"男导校刊"四字,让10多岁的章导充当一回"责任编辑"。母亲汤国黎本是诗人,担任过神州女校的教师,也任过神州女报的编辑,她从小就教章导念诗写诗。有一次,汤国黎拿出自己早年的一首诗"春水鸭头绿,夕阳牛背红。无风炊烟直,摇出小桥东"让章导念,章导念了几遍就会背诵了。章太炎又教儿子练毛笔字,要求他悬腕运笔,说这样才能把字写得雄劲有力。因此,章导从小就擅长书法,长大之后成为苏州书法界的知名人士。

次子章奇比其兄小7岁,从小就能作诗文,写对联。5岁那年,章奇见父亲为人写字收润格费,他也自订一张"润格",张贴于楼下的墙壁上。他写道:七言联一副,收皮球一个;单条一副,收火车头一个……使人看了觉得他又幼稚,又老成,颇为好笑。有一次,章奇在吃晚饭时问父亲:"商务印书馆的百衲本二十四史有没有出齐?"在场的章太炎的学生左舜生说:"这孩子太早熟了,一个幼童竟然关心二十四史出版的事。"

章太炎1936年去世时章导19岁,他没有继承父亲的国学事业,而是在当时的上海大夏大学读土木工程学。抗战胜利后成为筑路修桥的工程师。1949年,他在铁路局工作,后来从商,因受人利用在进口物资上出了问题,受了处分。晚年则任苏州市政协副秘书长。章导于1990年去世,享年73岁。小儿子章奇,16岁进上海太炎文学院读书,18岁在上海南洋模范学校毕业,又进上海交通大学学习。1947年,入美国麻省理工学院求学,后入美国明尼苏达大学,成为分析化学博士,1988年退休。他没有入美国籍,也没有去台湾,也没有回大陆,甚至没有结婚,于2015年去世,享年91岁。

章导娶妻彭望淦,生有二子,长子章念祖,次子章念驰;生二女,长女章念辉,次女章念靖。章导与前妻离异后,娶妻魏忆玉,生子章念翔。章太炎的子孙都有出息,尤其是章念驰。章念驰1942年出生,曾在上海社科院历

史所工作,现为上海东亚研究所所长、上海市政协常委,常年从事对其祖父章太炎先生生平事迹的研究,卓有成就。整理出版有《章太炎全集·医论集》《章太炎演讲集》,编有《章太炎生平与思想研究文选》《章太炎生平与学术(上下集)》,撰有《我所知道的祖父章太炎》等。他又担负海峡两岸的研究工作,对台海局势有深刻的思考,并发表了数十篇述评,对两岸关系方面作出了不少贡献。

▌章太炎的女儿和外孙、外孙女 ▌

章太炎长女章㸚,又名蕴莱,生于1893年,死于1915年,曾随父流亡中国台湾、日本。章太炎被袁世凯因于北京时,她入京伴父,因受刺激而自尽。章㸚丈夫龚宝铨,字未生,嘉兴人,1902年留学日本,1904年参加光复会,又入同盟会。1912年陶成章被暗杀后,他弃政习佛。后任浙江图书馆馆长,浙江省议会副议长。无后。

次女章叕,生于1897年,1992年去世。幼时被过继给大伯章篯。丈夫关浩然。有一养子关壮涛。

三女章㻴,又名穆君,生于1899年,1973年去世。她曾就读于南京金陵大学。丈夫朱镜宙,字铎民,乐清人。先后参加辛亥革命、反袁斗争、护法运动,任广东军政府参议,甘肃、陕西财政厅长。1949年去台湾,不久,弃政事佛。朱镜宙有一女朱振玉,小名贝贝,任"空中小姐",1948年飞机失事而亡。朱镜宙对佛学很有研究,成立台湾印经处,参与《中华大藏经》修订。著有《咏义堂全集》,包括《五乘佛法与中国文化》《八大人觉经述记》《论地藏经是佛对在家弟子的遗教》《维摩室誉语》《咏义堂文录》《思过斋丛话》、回忆录《梦痕记》(上下册)。

附录二 章太炎大事年表

1868年(同治七年)

农历十一月三十日,即公历1869年1月12日出生。

1873年(同治十二年) 6岁①

开始识字。

1876年(光绪二年) 9岁

外祖父朱有虔自海盐来,辅导小太炎读经。

1878年(光绪四年) 11岁

偶读《东华录》,萌发种族思想。

1880年(光绪六年) 13岁

外祖父朱有虔回海盐县,父兄督教。

1881年(光绪七年) 14岁

自称"有逐满之志"。

1883年(光绪九年) 16岁

因癫痫症,放弃县学童子试。

1884年(光绪十年) 17岁

初读《史记》《汉书》《后汉书》《三国志》等。

1885年(光绪十一年) 18岁

读《九经义疏》《音韵五书》等,开始研究经学。

1886年(光绪十二年) 19岁

读《学海棠经解》《南菁书院经解》。

1887年(光绪十三年) 20岁

读《明季稗史》十七种,"排满思想始盛"。

1888年(光绪十四年) 21岁

读诸子百家,始有著述之志。

1889年(光绪十五年) 22岁

在家从父学习经训。

1890年(光绪十六年) 23岁

父亲病逝,寄寓杭州外叔祖朱洁泉家。入诂经精舍受业。

---

①摘于徐立亭著《晚清巨人传章太炎》,以虚两岁计算。

1891年(光绪十七年) 24岁

考释周秦诸子。始分别古今文经师说。

1892年(光绪十八年) 25岁

纳妾王氏。

1893年(光绪十九年) 26岁

写成《膏兰室札记》四册。长女章㸚生。

1894年(光绪二十年) 27岁

与夏曾佑(穗卿)定交。撰《独居记》。

1895年(光绪二十一年) 28岁

母亲朱氏去世。

寄会费银圆十六元,加入强学会。

1896年(光绪二十二年) 29岁

写成《春秋左传读》。

1897年(光绪二十三年) 30岁

1月,离诂经精舍赴上海,任《时务报》撰述。

2月,《时务报》刊《论亚洲宜自为唇齿》。

3月,《时务报》刊《论学会有大益于黄人亟宜保护》。

4月,与康门弟子争论,"攘臂大哄"。离《时务报》馆,由沪返杭。

6月,在杭州发起兴浙会,撰《兴浙会序》。

8月,在杭州创办《经世报》旬刊。

9月,参与上海《实学报》撰述。

11月,任上海《译书公会报》主笔。

是年,二女章叕生。

1898年(光绪二十四年) 31岁

2月,谒见谭献。上书李鸿章,"欲速旋转逆流"。

3月,赴武昌谒张之洞,助办《正学报》。

5月,与张之洞"论政不合",离鄂返沪,撰《艾如张》《董逃歌》。

8月,任职上海《昌言报》。

9月,戊戌政变,撰写《祭维新六贤文》。

11月,避祸台北,任《台湾日日新报》编撰。

1899年(光绪二十五年) 32岁

2月,《致汪康年书》述及在台近况。

5月,《清议报》载《客帝论》。

6月,自台湾基隆渡日本,14日至神户。经梁启超介绍认识孙中山。

8月,《清议报》载《儒术真论》

《视天论》与《菌说》。下旬离日本返上海。

9月，《清议报》刊《安昌谣》《梨园客》，讥讽文人政客梁鼎芬。上旬由上海到杭州。致书汪康年，言《翼教丛编书后》与湘中腐儒驳难。

冬，由杭州来上海，参加《亚东时报》编务。到诚正学堂当汉文教习。居昌言报馆。

12月，《亚东时报》载《今古文辨义》。

冬，结集《訄书》，交付祝心渊带去苏州，次年四月上旬前印行。

是年，三女章㕛生。

1900年(光绪二十六年) 33岁

1月，列名参加经元善等发起反对西太后废黜光绪帝，立傅儁为大阿哥的请愿斗争。

2月，西太后下令严拿经元善等人治罪，也受通缉，因居上海租界，未遭逮捕。

3月，撰《与梁鼎芬书》，与之绝交。

4月，撰《致夏曾佑书》，言与严复面晤，研讨中西学术。

6月，上书李鸿章，劝其"更建政府"。

7月，参加唐才常在上海召开的中国议会，"宣言脱社，割辫与绝"。唐才常自立军起事失败。被追捕，归乡里，重校《訄书》。撰《客帝匡谬》、《分镇匡谬》，纠正对清廷及汉族地方督抚的幻想。

1901年(光绪二十七年) 34岁

2月19日(正月初一)，吴君遂派人来余杭告清廷追捕，避之僧寺。由杭州至上海，居吴君遂家。

8月，赴苏州东吴大学任教。往谒俞樾，撰《谢本师》，宣布脱离师生关系。

冬，江苏巡抚恩铭派员到东吴大学寻捕"乱党"，因回杭州未受捕。

是年，撰《秦献记》《徵信论》。

1902年(光绪二十八年) 35岁

2月8日，得金陵来电急赴上海，吴君遂劝往日本避之。22日，乘轮船东渡至横滨，寓《新民丛报》社。

3月，入住东京牛込区天神町支那学生寓中。会见孙中山始定交。

4月26日，与秦力山等在东京发起"支那亡国二百四十二年纪念会"，因日警阻止未成，改在横滨补行纪念式。

7月,返回上海,为广智书局"藻饰译文"。27日,由上海返余杭故里,重行删革《訄书》。

1903年(光绪二十九年) 36岁

2月,居乡里。

3月,至上海爱国学社任教。

4月,张园召开拒俄大会,演说排满革命。

6月,《苏报》刊《序革命军》,介绍《驳康有为论革命书》。30日,因清廷江苏官员勾结上海租界工部局制造"《苏报》案",入狱。

7月1日,邹容自动投案。6日,《苏报》载《狱中答新闻报》。22日,作《狱中赠邹容》。

8月4日,撰《狱中闻沈禹希见杀》。

是年,为黄中黄(章士钊)译《孙逸仙》一书题词。

是年,妾王氏去世。

1904年(光绪三十年) 37岁

5月21日,被判监禁三年,邹容监禁两年。

冬,策划创立光复会。

是年,《訄书》重订本在日本出版。

1905年(光绪三十一年) 38岁

2月,上海《国粹月报》创刊。

4月3日,邹容卒于狱中。

是年,在狱中研读佛典。

1906年(光绪三十二年) 39岁

6月29日,刑满出狱。孙中山派人到上海迎渡日本。

7月6日,于东京晤宋教仁。7日,经孙毓筠介绍加入同盟会。15日,东京留学生开会欢迎,发表演说。

9月5日,《民报》第7号出版,始任主编。

10月,成立国学讲习会,刊《国学振兴社讲义》。

秋,与孙中山、黄兴等制订同盟会《革命方略》八个文件。

12月,《民报》周年纪念会,发表《祝辞》和演说。

1907年(光绪三十三年) 40岁

1月,宋教仁来告,梁启超派人请"《民报》以后和平发言"。孙中山不同意。

2月,同盟会讨论国旗图案。

3月,应日本当局劝告,孙中山出境。因经费问题同盟会内部分歧。与张继等发起"亚洲和亲会"。

6月,因运军械事致电冯自由,与孙中山矛盾加深。

秋,任"东亚亡国同盟会"会长。

10月25日,《民报》刊《国家论》《秋瑾集序》《政闻社员大会破坏状》。

1908年(光绪三十四年) 41岁

1月,因脑病发作,辞总编辑职,由张继主持。

2月,张继离东京,由陶成章当编辑主任。

7月,《民报》刊《四惑论》《再复吴敬恒书》。

10月19日,日本政府下令封禁《民报》。

11月26日,日本东京法庭判决禁止《民报》出版,罚款115日元。

是年,在东京讲学。

1909年(宣统元年) 42岁

春夏间,学梵文,至"智度寺"听讲。

9月,于《日华新报》刊《伪〈民报〉检举状》。

11月7日,黄兴《为陶成章证谤事致孙中山书》和《为陶成章等证谤孙中山事致巴黎新世纪社书》。

1910年(宣统二年) 43岁

1月22日,巴黎《新世纪》刊《章炳麟与刘光汉及何震书五封》。

2月,在东京成立光复会总部,为会长,陶成章为副会长。

是年,在日本创办《学林》杂志。

1911年(宣统三年) 42岁

10月10日,武昌起义,尚留东京。

11月6日,在东京《致沪军都督电》妥为招待孙中山回国。16日自日本返上海。

11月24日,在上海主持"国民自治会"。

12月1日,《民国报》刊《宣言》九则。到尧化门会程德全。

是月,黄兴在汉阳"尝以扩大同盟会远询",以"革命军起,革命党消"告之。

1912年(民国元年) 45岁

1月3日,在上海成立中华民国联合会,为会长,程德全为副会长。4日,《大共和日报》创刊,任社长,撰《大共和日报发刊辞》。14日,陶成章在上海被陈其美派蒋介石暗杀于广慈医院。28日《致临时大总统书》,请孙中山调处光复会与同盟会矛盾。30日,任浙江教育会会长。

2月7日,应孙中山函邀赴南京

为总统府枢密顾问。旋即返上海。9日，闻孙中山以汉冶萍公司许日本松方正义合资，发出《宣言》反对。13日，《致南京参议会论建都书》，主建都北京。

3月，就中华民国联合会改名统一党。

5月9日，统一党和民社等合并成共和党，任副理事长，黎元洪为理事长。任袁世凯总统府高等顾问。

7月23日，离京赴武昌晤黎元洪。

8月13日，由鄂返京。

1913年（民国二年） 46岁

春，在长春设筹边使署。

3月20日，袁世凯指使凶手刺杀宋教仁。撰《宋教仁哀辞》。25日，撰《挽宋教仁联》。

4月9日，《致伯中书二》称"宋案本政府不直"。"托事南行"返上海。

5月，赴武昌，谒黎元洪。10日，在鄂电袁世凯请去"四凶"：梁士诒、陈宦、段芝贵、赵秉钧。25日，在北京受"勋二位"。

6月4日，离北京至上海。8日，出席国民党上海交通部茶话会。15

日，与汤国黎于上海哈同花园举行婚礼。18日，电总统及国务院辞去东三省筹边使职。

7月3日，《致伯中书八》称"项城不去，中国必亡"。12日，李烈钧在湖口讨伐袁世凯，爆发"二次革命"。16日，发布《宣言书》谴责袁世凯暗杀勋良罪行。《致黎元洪电》幻想其厉兵北向。26日，发表《第二次宣言》，当戮者七人：梁士诒、陈宦、段芝贵、王赓、陈汉第、熊希龄、赵秉钧。

8月11日，冒危入京，住化石桥共和党本部，被袁世凯派员监视，开始三年软禁生活。

12月9日，开始讲学。

1914年（民国三年） 47岁

1月1日，《致黎元洪书》称冒死而去为民请命。7日，以大勋章作扇坠，大闹总统府，痛骂袁世凯包藏祸心。20日，迁禁龙泉寺。

5月23日，《家书》称决意绝食。

6月，绝食斗争半月。16日移居东四牌楼徐医生寓中。

7月24日，迁入钱粮胡同4号。汤国黎复书"著书立说，以立不朽之业"。

10月15日,拟再增修《訄书》,更名《检论》。

1915年(民国四年) 48岁

1月31日,鲁迅、许寿裳至钱粮胡同寓所探望。

2月14日,鲁迅、沈尹默、钱玄同、朱希祖、马裕藻、许寿裳、马叙伦至钱粮胡同寓所贺春节。

4月,女㷏、㽬及长婿龚宝铨来京省视。

7月,《章氏丛书》由上海古文社铅字排印出版。

8月,愤怒袁世凯称帝,以"速死"二字悬于壁上。

9月8日,长女㷏厌世自经而亡。

11月,龚宝铨和三女㽬离北京返上海。

12月,袁世凯复辟称帝,申令翌年为"洪宪元年"。

1916年(民国五年) 49岁

1月1日,黎元洪派人来贺年。

4月20日,《致三女㽬书》嘱熟读《资治通鉴》。

5月18日,在日本海军军官安排下,以就医为名,企图南下,仍被暗探截回。

6月6日,袁世凯死。7日,致书代理大总统黎元洪,求见解警。25日,离开北京。

7月1日,回到上海。5日,赴余杭省墓。留杭五日,返归上海。

8月10日,致电黎元洪扫除"帝孽"。南赴肇庆,劝岑春煊反对北洋军阀。

9月7日,出游南洋群岛,年底始归上海。

12月15日,由上海赴杭州。20日,撰《黄克强遣奠辞》。

1917年(民国六年) 50岁

1月21日,不愿任国史馆长,致友人称"信国史不如信野史"。

2月9日,与谭人凤联名致电黎元洪,反对段祺瑞参加第一次世界大战的主张。

3月4日,在上海发起亚洲古学会。29日,与谭人凤联合致电黎元洪,斥"倡言宣战"的梁启超。

4月8日,亚洲古学会开第二次大会,通过"暂定简章"。

5月11日,与孙中山等联名致电黎元洪,要求严惩段祺瑞为"参战案"指使伪"公民请愿团"。下旬,亚洲古学会第三次例会,议决发行杂志《大亚洲》，推为主编。与孙中山联名致电唐继尧，团结西南力量，出师护法。

6月6日，与孙中山联名通告陆荣廷及西南各省督军，斥责倪嗣冲等叛逆活动。

7月3日，与唐绍仪、程璧光等集会孙中山上海寓所，决定通电全国，南下护法，出师讨逆。6日，与孙中山等乘"海琛"舰由上海启航南下开展护法活动。17日，抵广州。

8月4日，欢迎永丰、同安、豫章三舰抵黄埔。6日，参加广东各界欢迎海军大会。25日，参加国会非常会议。

9月，孙中山组织护法军政府就职大元帅。任护法军政府秘书长。《代拟大元帅就职宣言》。13日，由香港赴云南劝说唐继尧发兵东下。

10月下旬，抵昆明。

11月2日，电答孙中山，唐继尧"决心北伐"。随唐继尧赴川、滇、黔三省，军事指挥总部驻地贵州毕节。

1918年（民国七年） 51岁

1月，赴四川巴县祭邹容祠堂。出四川，经湖北、湖南、沿长江东下。

2月21日，发布《驳岑春煊提出议和条件之通电》。

10月11日，返回上海。

11月23日，北洋政府教育部公布1913年所拟定的注音字母。月底发表"对于西南之言论"，认为"西南与北方者，一丘之貉而已。"

1919年（民国八年） 52岁

4月，以护法后援会名义，致电各省军阀李纯、王占元、陈光远，反对他们居中播弄南北议和。

5月，五四运动扩大全国。5日，上海首先举行罢工、罢市、罢课斗争。赞成学生爱国运动。

1920年（民国九年） 53岁

春，身患黄疸，病卧三月。

4月24日，谭人凤病逝于上海，"往吊，哭之恸"。撰《前长江巡阅使谭君墓志铭》。

5月，撰《宋教仁〈我之历史〉序》。

6月，热病大作，几死。

11月9日，于北京《益世报》发表《联省自治虚置政府议》。

是年，《太炎教育谈》在四川出版。

1921年（民国十年） 54岁

1月3日，发表《与各省区自治联合会电》。

3月11日，致电熊克武、刘湘、任懋辛、赵恒惕、陈炯明、顾品珍，言联省自治。

6月20日，吴齐仁编《章太炎的白话文》，由上海泰东图书局铅字排印。

8月10日，孙中山计划由桂林取湖北省北伐，章不主张出湖南，建议由广东出江西为宜。

1922年（民国十一年） 55岁

2月27日，《致电陈炯明》逮捕吴佩孚所派赴粤代表。

4至6月，在上海讲授"国学"。

5月9日，《与孙中山书》建立反对北洋政府的同盟。18日，复北京国民裁兵会函，提出废巡阅使、撤兵裁军办法。

6月3日，电劝黎元洪择地复任大总统。19日，致电陈炯明"联省自治主义"不可弃。25日，《申报》刊《大改革议》，主张联省自治、联省参议院、委员制。

是月，《章太炎尺牍》由上海文明书局出版。

7月4日，致电黎元洪地方自治，请将沿江各省驻防军队撤回。

8月29日，黎元洪大总统授以"勋一位"。

10月29日，在上海女权运动同盟会演说。

11月1日，曹聚仁整理记录《国学概论》，由上海泰东图书局出版。

12月24日，由上海赴余杭原籍祭母冥寿。

1923年（民国十二年） 56岁

3月1日，孙中山在广州正式成立陆海军大元帅大本营。

4月12日，致电湘、川、滇、黔、粤、浙、闽等地，坚持"联省自治"。

5月2日，乘早车由上海赴杭州，游览西湖，在第一中学讲学两日。8日，返上海。

6月11日，密电黎元洪请任李根源署国务总理。

8月9日，就江浙之事快电致黎元洪、李根源，密商劝奉张迁府退兵。

9月15日，《华国月刊》创刊于上海，任社长，撰《发刊辞》，甄明学术，发扬国光。

10月6日，发表声讨曹锟贿选

意见。

是年，研究三体石经，与友人商榷。

1924年(民国十三年)　57岁

1月12日，致李根源书，缔结金兰。15日，《华国月刊》发表《与章行严论改革国会书》。

3月8日，致电湖南省议会，坚嘱自治。

4月5日，与李根源、于右任等祭扫上海邹容墓。

6月15日，《华国月刊》发表《赠大将军邹君墓表》。

7月28日，任上海第三次联省自治筹备会主席。赴金陵教育改进会讲演"劝治史学"。

8月15日，《华国月刊》发表《救学弊论》。

9月19日，致电齐燮元、孙传芳、卢永祥，应不再侵浙境，使其自治。

10月23日，奉直战争，冯玉祥倒戈反吴佩孚，为"北京政变"草长篇通电。

11月1日，发表《改革意见书》。3日奉直战争结束。

4日，参加鄂、赣、闽、皖、苏、浙六省在上海要人紧急会议，发表对时局宣言。

是年，冬，领衔发出《护党救国公函》，反对国共合作。

1925年(民国十四年)　58岁

1月14日，致李根源书说明不参加段祺瑞"善后会议"。

2月24日，上海成立"辛亥同志俱乐部"。

3月12日，孙中山逝世。参加商议治丧事宜。15日，任追悼会筹备处干事员，指示一切。

4月12日，上海召开追悼孙中山大会。撰《挽联》《祭孙公文》。20日由上海赴杭州谒孙传芳。

5月21日，发表《为华界贩卖烟土之宣言》。

6月1日，发表《为上海英界巡捕惨杀学生之通电》。

7月1日，发表对"五卅惨案"意见，支持上海工人反英斗争。

9月18日，应湖南省长赵恒惕之邀，赴长沙主考知事。

10月15日，浙奉战争开始。24日，抵鄂会见吴佩孚。27日，由汉口乘轮返上海。31日，在上海国民大学讲《我们最后的责任》。

11月18日,致电孙传芳、吴佩孚,以奉迎黎元洪南来正位为上策。下旬与虞洽卿等列名发起"苏、浙、闽、皖、赣五省废督运动","举孙传芳为总司令",另选省长主民政。

12月18日,发表《外交政策之通电》。

1926年(民国十五年) 59岁

1月30日,对新闻记者说:"打倒赤化。"

4月7日,任上海"反赤救国大联合"理事。

5月16日,在上海与程德全等出席世界佛教居士林开幕礼。

6月,任上海国民大学校长。

8月8日,应孙传芳特邀,赴南京任"修订礼制会"会长。13日,发出通电反对蒋介石北伐。

是年,撰《民国五豪赞》,以孙中山、袁世凯、黎元洪、黄兴、蔡锷为"五豪"。

1927年(民国十六年) 60岁

1月3日,60寿辰,撰《生日自述》。

2月,寓居上海,辞退国民大学校长。

5月4日,上海团体呈请国民政府通缉学阀。

6月16日,国民党上海特别市党部临时执行委员会以通缉著名学阀第一名,报呈中央。

11月27日,《致李根源书》"宁作民国遗老"。

是年,为曹亚伯《武昌革命真史》撰联,转杜甫《丹青引》句"英雄割据虽已矣,文采风流今尚存"。

1928年(民国十七年) 61岁

1月,长兄章篯(名炳森,字椿伯)病卒。

6月3日,黎元洪卒于天津,撰《祭大总统黎公文》和《挽黎公》联。

7月,为冯自由《中华民国开国前革命史》撰序。

11月21日,对新闻界称"孙中山之三民主义,东抄西袭",受上海市国民党部呈中央通缉。

1929年(民国十八年) 62岁

1月19日,梁启超病卒,撰《挽梁任公联》。

9月3日,蒋智由卒。撰《挽蒋观云》。

是年,在上海震旦大学讲演《说我》。

1930年(民国十九年) 63岁

1月13日,马通伯卒。撰《挽马通伯》。

4月4日,《答黄季刚书》,称肯所著《春秋疑义》。

7月2日,田桐卒,撰《挽田桐》二联。

9月22日,谭延闿卒。撰《挽谭祖安》。

秋,撰《三界重建水阁记》。

1931年(民国二十年) 64岁

2月24日,《与黄季刚论大衍之数书》,谈《周易》系辞。

4月5日,致李根源书,谈《安徽通志列传》苗沛霖传事。

5月1日,中国大学出版《国学丛刊》载《与吴承仕论宋明道学利病书》等文章。

8月3日,与日人谈《文选》等事。5日,蒋伯器卒,撰《蒋伯器》二联。

10月5日,《与孙思昉论时事书》,揭露日本军国主义侵略中国的阴谋,抗议蒋介石不抵抗政策。

12月7日,《致马宗霍书》,说"九·一八"事件后,"唯有一战",斥蒋介石"爱国家不如爱自身"。

1932年(民国二十一年) 65岁

1月13日,与熊希龄、马相伯等60余人通电南京国民政府,"联合全民总动员,收复失地"。19日,与张一麐、沈钧儒等联名通电"请国民援救辽西"。

2月17日,《书十九路军御日本事》,赞扬十九路军淞沪抗战事迹。23日,离上海赴北平访问张学良。29日,至北平。

3月4日,对《大公报》记者说:"对日本之侵略,只有战之一路"。24日在燕京大学讲《论今日切要之学》,号召青年拯救国家的危亡。31日,在北京大学讲《清代学术之系统》。

5月29日,离京南返。途经济南、青岛讲演,听者颇众。

6月24日,《与吴承仕论春秋答问作意书》,称《春秋答问》为30年精力所聚之书。

秋,赴苏州讲学。

是年,今文经学家廖平卒,为其撰《墓志铭》。

1933年(民国二十二年) 66岁

1月,苏州国学会成立。列名会籍,撰《国学会会刊宣言》。

2月10日,与马相伯发表联合宣言,即《二老宣言》,以历史"证明东三省当属中国",希全国同胞一致奋起自救。

3月7日,发表《呼吁抗日电》,揭露国民党政府"勇于私斗,怯于公战"。14日,在无锡国学专门学校讲《国学之统宗》。15日,在无锡师范学校讲《历史之重要》。

4月1日,与马相伯、沈恩孚发表联合宣言即《三老宣言》,动员全民族积极收复失地。4日,作《致宋哲元书》,颂喜峰口抵抗日军。8日,撰《答张继》,痛斥蒋介石"安心讲学,勿议时事"旨意。

5月31日,与马相伯电,勉冯玉祥抗日主张。

6月1日,国学会会刊《国学商兑》第1期出版。第2期更名《国学论衡》。

10月,撰《十九路军死难将士公墓表》。10日,做《民国光复》讲演。22日,在无锡国学专门学校讲学。

12月,撰《察哈尔抗日实录序》,表扬冯玉祥察哈尔抗日。

是年,吴承仕、钱玄同等于北平校刊《章氏丛书续编》。

1934年(民国二十三年) 67岁

2月9日,《与邓之诚论史书》。

3月23日,为段祺瑞70岁生日,撰《合肥段公七十寿序》。

秋,由上海同孚路寓所迁居苏州锦帆路寓所。

冬,在苏州发起章氏国学讲习会。

1935年(民国二十四年) 68岁

3月2日,复廖平弟子李源澄书,讨论《春秋公羊传》。29日,蒋介石派丁惟汾到苏州慰问送治疗费一万元,改作"讲学基金"。

4月,在苏州又办章氏星期讲演会。第三期讲《论读经有利而无弊》。

6月6日,有《答张季鸾问政书》,论述提倡民族主义为反帝爱国。

8月27日,为孔子生日举行祀孔典礼,出席演讲。

9月,主编《制言》杂志创刊,撰《发刊宣言》。16日,章氏国学讲习会正式开讲。

12月21日,《致宋哲元电》,公开反对镇压"十二·九"运动,赞成共产党抗日。

1936年(民国二十五年) 69岁

1月1日,吴稚晖在《东方杂志》第33卷第1期上发出《回忆蒋竹庄先生之回忆》,为其在"苏报案"献策清廷事辩护,中伤章氏。

3月1日,《制言》第12期刊《焦达峰传》。

4月16日,《制言》第15期刊《秦力山传》。

5月25日,撰《挽胡汉民》联。

6月,讲完《尚书》后,又加授《说文部首》。14日上午七时三刻因鼻衄病、胆囊炎、气喘病并发,于苏州锦帆路寓所逝世。

附录三　参考书目

章太炎著《章太炎全集》,上海人民出版社,2017年9月版。

汤志钧著《章太炎年谱长编(上下册)》,中华书局,2013年3月版。

章念驰著《章太炎生平与思想研究文选》,浙江人民出版社,1986年3月版。

张兵著《中国文化巨人丛书·章太炎传》,团结出版社,1998年2月版。

马勇著《民国遗民章太炎传》,东方出版社,2015年6月版。

姜义夫著《章太炎评传》,百花洲文艺出版社,2015年3月版。

丘桑主编《名师骑士》,东方出版社,1998年6月版。

许寿裳著《章太炎传》,百花文艺出版社,2004年7月版。

陈平原、桂玲玲编《追忆章太炎》,中国广播电视出版社,1997年1月版。

徐立亭著《晚清巨人传·章太炎》,哈尔滨出版社,1996年3月版。

章念驰著《我所知道的祖父章太炎》,上海人民出版社,2016年6月版。

章念驰编《章太炎生平与学术》,上海人民出版社,2016年6月版。

章念驰著《面壁集》,中国评论学术出版社,2008年9月版。

华强著《章太炎》,南京大学出版社,2015年2月版。

孙德鹏著《满地江湖吾尚在》,广西师范大学出版社,2016年7月版。

张秀丽著《大儒章太炎》,华文出版社,2009年1月版。

金宏达著《太炎先生》,中国华侨出版社,2003年9月版。

伍立杨著《潜龙在渊·章太炎传》,作家出版社,2015年2月版。

余杭章太炎故居纪念馆编《章太炎逝世八十周年暨章太炎故居保护开放三十周年纪念文集》,上海人民出版社,2017年6月版。